Sathya Sai Baba · Erfüllung in Gott

Sathya Sai Baba

Erfüllung in Gott

Bhāgavata Vāhinī

Sathya Sai Vereinigung e. V.

Titel der englischsprachigen Ausgabe „Bhāgavata Vāhinī".
Das Original erschien in Telugu, Sprache des südindischen Staates Andhra Pradesh.
Ins Englische übersetzt von N. Kasturi. Aus dem Englischen ins Deutsche übersetzt
von Mira Kiffmeyer.

Umschlaggestaltung: Hartmut Balzer.

Die Deutsche Bibliothek verzeichnet diese Publikation
in der Deutschen Nationalbibliografie; detaillierte bibliografische Daten
sind im Internet unter http://dnb.ddb.de abrufbar.
ISBN 978-3-932957-46-8

2. überarb. Auflage 2007
© der Originalausgabe by Sri Sathya Sai Books and Publications Trust,
Prasanthi Nilayam
© der deutschen Ausgabe by Verlag Sathya Sai Vereinigung e.V., Dietzenbach
Alle Rechte vorbehalten. Nachdruck, auch auszugsweise, nicht gestattet.
Sathya Sai Vereinigung e.V., Buchzentrum, Grenzstraße 43, 63128 Dietzenbach
Herstellung: !PS Paul Schrader Print+Media Service, 53757 Sankt Augustin

Zur Übersetzung

Die Sanskritausdrücke des englischen Originals wurden weitgehend ins Deutsche übertragen. Da es sich hierbei oft um philosophische Begriffe handelt, für die es im Deutschen nicht immer eindeutige Entsprechungen gibt, werden sie sinngemäß jeweils mit dem annähernd treffendsten Begriff wiedergegeben. Auf Erläuterungen der Sanskritbegriffe und -namen im Text wurde für dieses Werk verzichtet, um den teils sehr poetischen und mitreißenden Redefluss nicht zu unterbrechen. Ein ausführliches Glossar befindet sich im Anhang des Buches.

Inhaltsverzeichnis

Vorwort zur englischen Ausgabe	9
Bhāgavata	11
Geburt eines Gotterfüllten	18
Parikshit und die Prophezeiung	22
Ein Sühneopfer	27
Das große Pferdeopfer	33
Viduras Entsagung	37
Vidura, der Ratgeber	42
Dhritarāshtras Verwandlung	46
Böse Ahnungen und Vorzeichen	49
Mysterium Krishna	54
Der Schmerz der Pāndavas	62
Beginn des Kaliyuga	65
Parikshit wird zum König gekrönt	70
Der Auszug der Pāndavas	73
Parikshit regiert das Land	78
Ehrfurcht vor Krishna	83
Erinnerungen an vergangene Tage	85
Wie Takshaka entkam	92
Die Pāndavas: Vorbilder für das Kaliyuga	96
Draupadī erfährt Krishnas Gnade	100
Durvāsas' Niederlage	105
Arjuna kämpft mit den Göttern	111
Beschützer auf dem Schlachtfeld	115
Parikshit wird verflucht	119
Das Mitleid des Weisen	123
Fluch oder Segen?	128
Shuka erscheint	132
Die bezaubernde Geschichte	136
Das Zwiegespräch beginnt	140
Erscheinungsformen des erhabenen Herrn	146
Zweifel und Fragen	153
Puranas und Avatare	159

Der Rāma-Avatar	167
Der Krishna-Avatar	171
Gopāla, Gopas und Gopis	176
König und Kamerad	181
Das Schicksal der Dämonen	185
Die Schlange Kāliya	190
Der Allwissende als Schüler	195
Vom Tod zur Unsterblichkeit	201
Krishnas Herabkunft	208
Erfüllung in Nanda-Nandana	214
Glossar	221

Vorwort zur englischen Ausgabe

Lieber Leser!

Das *Bhāgavatam* oder *Bhāgavatapurāna* ist ein Zwiegespräch zwischen einem zum Tode Verurteilten und einem großen Heiligen, der ihn auf die Vollstreckung dieses Urteils vorbereitet. Wir sind alle zum Tode verurteilt. Wie dumpfe Trommeln schlagen unsere Herzen den Takt des Trauermarsches auf dem Weg zum Grabe. Der eine kommt spät dort an – der andere erreicht es früher. Auch wir brauchen den Rat und Beistand eines großen Heiligen, der uns darauf vorbereitet, dem Tod und den Gefilden, die dahinter liegen, getrost zu begegnen.

Das *Bhāgavatam* ist ein lebensspendender Strom wie der Ganges, welcher Gott, dem Herrn, entströmt und nach langer Reise wieder in ihm aufgeht. Diese Reise führt durch Landschaftsbeschreibungen, geschichtliche Aufzeichnungen, philosophische Abhandlungen, Heiligenlegenden und erkenntnistheoretische Forschung und befruchtet die weiten Ebenen des menschlichen Geistes mit den klaren und reinen Wassern der *Krishna*-Geschichten.

Der erhabene Herr ist als Sathya Sai wiedergekommen, um Recht und Ordnung *(Dharma)* unter den Menschen wiederzubeleben. Ein wichtiger Aspekt dieser Renaissance ist ein Wiederherstellen der Ehrfurcht gegenüber den alten religiösen Schriften wie Bibel, Koran, *Zend Awesta*, *Tripitaka*, Veden und dem *Bhāgavatam*. Ehrfurcht kann heutzutage nur aufkommen, wenn die innere Bedeutung der schriftlichen Darlegungen und Geschichten auf klare, einfache und ansprechende Weise erklärt wird – und zwar von genau derselben Person, die der innere Anlass für den ursprünglichen Text war.

Dieses Buch beschenkt uns mit Seiner Version dieses umfangreichen Handbuchs der Hingabe, das der Heilige Vyāsa einst auf Anregung des Weisen Nārada zusammenstellte, um Frieden und Gleichmut zu erlangen.

Lieber Leser, dieses Buch ist nicht einfach nur ein Buch – es ist ein Balsam, ein Schlüssel, ein *Mantra*. Es dient der Linderung, Heilung und Rettung, löst Fesseln und erlöst von Not und Schmerz, Sucht und Unmündigkeit.

Man öffne es in Demut, lese es mit Sorgfalt, halte es andächtig in Ehren, befolge treu seine Lehren und erreiche das höchste Ziel – dasselbe, das *Vyāsa* erreichte und *Nārada* fand, das *Shuka* lehrte und das *Parikshit* kennenlernte. Welch größere Belohnung könnte der Mensch sich erhoffen?

N. Kasturi

Prasanthi Nilayam
Gurupūrnimā-Tag
18.7.1970

Bhāgavata

Die Bezeichnung *Bhāgavata* kann auf jede Erzählung angewendet werden, die von den Erfahrungen derer berichtet, die mit Gott und den Gottergebenen, mit *Bhagavān* und *Bhakta*, in Berührung gekommen sind. Gott nimmt viele Formen und Gestalten an und übernimmt viele Tätigkeiten. *Bhāgavata* ist der Name für die Erfahrungsberichte all jener, die ihn in diesen Formen erkannt haben, und derer, die er mit seiner Gnade gesegnet und als seine Werkzeuge erwählt hat.

Das große Werk, das unter diesem Namen bekannt ist, wird von allen Meistern der Veden geehrt. Es ist ein Allheilmittel, das körperliche, geistige und seelische Krankheiten heilt. Das *Bhāgavatam* ist durchtränkt vom süßen Nektar der Unsterblichkeit und strahlt Gottes Glanz und Herrlichkeit aus.

Das *Avatar*-Prinzip, die Herabkunft Gottes auf die Erde, die Fleischwerdung des Formlosen in einem lebendigen Körper zur geistigen Erhebung aller Wesen, ist die grundlegende Tatsache, die das *Bhāgavatam* als authentisch ausweist.

Als *Bhāgavata* bezeichnen wir auch alle, die mit Gott verbunden sind; alle, die Gottes Gesellschaft suchen. Für diese ist das Buch mit dem Titel *Bhāgavatam* äußerst kostbar, ja es ist wahrlich ihre Lebensenergie. Inmitten solcher *Bhāgavatas* zu sein bedeutet Förderung der eigenen Hingabe. Wer keinen Geschmack findet an Gott zugewandten Gedanken, wird hieraus keine Freude gewinnen können. Um diesen Geschmack aber zu entwickeln, erzählt das *Bhāgavatam* dem ernsthaft Suchenden Geschichten über Inkarnationen. Dadurch entwickelt sich auf allen Ebenen des Bewusstseins die Sehnsucht nach dem freudigen Schauer der Gotteserfahrung. Wer diese tiefe Sehnsucht in sich trägt, kann ein wahrer *Bhāgavata* sein.

Man nimmt allgemein an, dass Gott sich nur aus zwei Gründen inkarniert: zur Bestrafung der Bösen und zum Schutz der Rechtschaffenen. Das ist aber nur ein Aspekt seiner Aufgabe. Den Suchern nach langem Bemühen Frieden, Freude und Erfüllung zu gewähren – auch das ist göttliche Aufgabe.

Der *Avatar*, das menschgewordene Urprinzp, ist nichts weiter als das greifbar gewordene Ergebnis der Sehnsucht der Suchenden, die formgewordene Süße der liebevollen Hingabe all jener, die hin zu Gott streben. Um dieser Suchenden und Strebenden willen nimmt das Formlose Form und Gestalt an.

Sie sind in Wahrheit die Hauptursache. Die Kuh gibt Milch, um ihr Kalb zu nähren. Das Kälbchen ist der erste und wichtigste Nutznießer. Aber wir wissen, dass auch andere ihren Nutzen von der Milch haben. Ebenso sind die *Bhaktas* die Hauptursache und ihre Freude und Erhaltung der Hauptzweck, aber es ergeben sich noch andere nützliche Vorteile, wie die Erhaltung des *Dharma*, die Unterdrückung des Bösen und die Entmachtung der Gottlosen.

Es besteht keine zwingende Regel, die besagt, dass Inkarnationen nur auf der Erde und nur in menschlicher Gestalt stattfinden können. Der Völlig-Freie kann jeden Ort, jede Form wählen. Wenn ein bestimmter Ort, eine bestimmte Form zur Erfüllung der Sehnsucht des *Bhaktas* dienen kann, dann wählt der Wille Gottes diesen Platz und diese Form. Gott ist jenseits der Begrenzungen von Zeit und Raum und ist über diese erhaben. Er steht jenseits aller Eigenschaften und Merkmale, und keine Auflistung davon kann ihn völlig beschreiben. Für ihn sind alle Geschöpfe gleich. Der Unterschied zwischen Mensch, Tier, Vogel, Wurm, Insekt und sogar einem Gott ist nur der äußerliche Unterschied zwischen „Gefäßen".

Man denke an den elektrischen Strom, der durch verschiedene Geräte fließt und sich in vielen unterschiedlichen Funktionen ausdrückt. Im Strom liegen keine Unterschiede, er bleibt derselbe. Ihm Unterschiede zuzuschreiben würde nur von Unwissenheit zeugen. Ebenso aktiviert der eine einzige Gott jedes „Gefäß" *(upādhi)* und verursacht mannigfaltige Auswirkungen. Die Weisen sehen hier nur den einen gleichbleibenden Strom, die Unwissenden empfinden alles als unterschiedlich. Gott findet Gefallen am Einheitsbewusstsein als Grundmotiv für Handlungen. Er schätzt nicht die Handlung als solche, ohne Unterschiede; sie ist den verschiedenen Bedürfnissen angepasst. Die Früchte der Handlung locken nur diejenigen, die sich mit dem Körper identifizieren, nicht aber jene, die wissen, dass sie das unauslöschliche Selbst, der *Atman* sind.

Man muss auch wissen, dass den Inkarnationen Gottes keine Grenzen gesetzt sind. Zu unzähligen Gelegenheiten ist er herabgekommen. Manchmal kommt er nur mit einem Teil seiner Herrlichkeit, ein andermal wieder mit mehr Glorie ausgestattet, manchmal zur Durchführung einer einzelnen bestimmten Aufgabe, und manchmal geht es um die Umwandlung einer ganzen Zeitepoche, eines ganzen Kontinents im Universum.

Das *Bhāgavatam* legt ausführlich die Geschichte dieser beiden letzteren Ereignisse dar. Das Schauspiel, das der *Avatar* mit den *Bhaktas*, die er zu sich heranzieht, aufführt, ist Gegenstand des *Bhāgavatam*. Das Anhören dieser Geschichte fördert die Gotteserkenntnis. Viele Weise haben das *Bhāgavatam* gepriesen und seine Wirksamkeit bezeugt und zu seiner Erhaltung für die Nachwelt beigetragen.

Im allgemeinen wird der Mensch zu Sinnesobjekten hingezogen, denn er ist ein Opfer von Trieben. Triebe suchen leicht nach Objekten zur Sinnesbefriedigung. Sie gehören zum Körper und werden nicht erst durch Übung entwickelt. Das Neugeborene sucht Milch an der Mutterbrust, das eben geborene Kalb lässt sich am Euter nieder. Dafür bedarf es keiner Übung. Um aber gehen und sprechen zu lernen, braucht das Kind einige Übung. Diese Fähigkeiten kommen nicht automatisch, sie werden durch Beispiel und Nachahmung von der Umgebung veranlasst. Auch für den Umgang mit Sinnesfreuden ist Übung unentbehrlich, denn gerade das zügellose, ungebändigte Verfolgen solcher Vergnügungen ruft Ärger, Hass, Neid, Boshaftigkeit und Eitelkeit hervor. Um sie in gesunde Bahnen zu lenken und unter Kontrolle zu halten, sind gewisse gute Übungen wie die Wiederholung des göttlichen Namens *(japa)*, Meditation *(dhyāna)*, Enthaltsamkeit und Fasten *(upavāsa)*, bestimmte Gebete zu vorgegebenen Tageszeiten *(samdhyāvandana)* und dergleichen unbedingt notwendig. Aber so sehr man auch ihren Wert preisen und ihre Ausübung empfehlen mag, die Menschen finden keinen Geschmack daran. Der Grund dafür ist, dass das Verlangen nach Sinnesgenüssen tiefe Wurzeln im menschlichen Herzen geschlagen hat. Wird man aufgefordert, etwas zu tun, das dem Geistig-Seelischen förderlich ist, fühlt man keinerlei inneren Antrieb dazu. Dennoch sollte man nicht verzweifeln und aufgeben. Man muss die Übungen strikt einhalten, bis der Geschmack daran zu keimen beginnt. Dieser Geschmack ist das Ergebnis stetiger Übung; niemand hat ihn von vornherein. Stete Übung wird die Freude daran hervorbringen.

Der Säugling kennt noch nicht gleich den Geschmack der Milch. Durch die tägliche Einnahme entwickelt er eine Abhängigkeit, die so stark ist, dass er protestiert, wenn er entwöhnt und die Milch durch Reis ersetzt wird. Die Mutter wird jedoch nicht verzweifeln. Sie überredet das Kind, jeden Tag kleine Mengen von gekochtem Reis zu sich zu nehmen. Durch dieses Vorgehen beginnt es, den Reis zu mögen und gibt die Milch auf. Milch war vorher seine natürliche Nahrung; durch Übung wird Reis zu seiner natürlichen Nahrung, so sehr, dass es unglücklich ist, wenn es einmal einen Tag lang keinen Reis bekommen kann. So verhält es sich auch mit den Sinnesgenüssen: Obwohl sie zuerst „natürlich" sind, wird nach und nach – durch Übung, spirituelle Gewohnheit, Zuhören, wenn die Weisen Empfehlungen aussprechen – der größere und anhaltendere Genuss begriffen, der aus dem Lob Gottes und der Wiederholung des göttlichen Namens resultiert. Später kann man nicht einmal mehr eine Minute ohne diese Atmosphäre leben. Man fühlt, dass nichts so süß ist wie die Erfahrung, etwas über die Herrlichkeit Gottes zu hören. Der Umgang mit Leuten, die auf Weltliches ausgerichtet sind und über die Sinne und Sinnesobjekte schwatzen, ist dann nicht mehr anziehend. Die Gesellschaft von Menschen, die sich am Lob des Herrn erfreuen, wird auf den einzelnen anziehend wirken und ihn auf Dauer tragen.

Dies ist das wahre Gütezeichen der Guten. *Sādhakas* und Jünger des Herrn muss man nach diesen Kriterien beurteilen, nicht nach äußerer Gewandung und Erscheinung. Wer sich mit Leuten abgibt, die in von den Sinnen beherrschten Gesprächen und Aktivitäten schwelgen, stellt sich selbst ins Abseits. Verbringt eure Zeit in Gesellschaft derer, die Gott zugewandt sind und sich mit Göttlichem beschäftigen. Meidet die Gesellschaft der Unfrommen. Schaut nicht auf ihr Tun und hört nicht auf ihre Worte. Nur diejenigen, die solche Menschen meiden, können *Bhāgavatas*, Gottes Angehörige, genannt werden.

Die Geschichten von *Krishnas* Herrlichkeit an einem heiligen Ort, in einem Tempel oder einem Gebetsraum zu lesen und sich daran zu erfreuen, ob im *Ashram* eines Heiligen oder Weisen oder in Gesellschaft tugendhafter und guter Menschen – das ist wahrhaft eine Quelle großer Inspiration und Freude. Es lässt den Menschen alles andere vergessen. Man kann sich auch zu frommen Menschen begeben, ihnen dienen und ihren Ausführungen über Gottes Herrlichkeit zuhören. Der Geschmack an solch gesunder und bekömmlicher Literatur ist das Ergebnis von ernsthaftem Bemühen und angesammelten Verdiensten. Hat man sich solchen Verdienst erworben, so wird man mit der entsprechenden Gesellschaft belohnt. Anfangs mag es genügen zuzuhören, später jedoch werden die Geschichten Interesse an der Art und Natur Gottes wecken, und der Sucher wird seinen eigenen Weg zur Erkenntnis suchen und finden.

Die Ausführungen der Weisen anzuhören ist viel besser, als selbst zu lesen. Man kann aber auch den Text betrachten, während man zuhört. In

Gesellschaft zuzuhören ist besser, als es allein zu tun, und natürlich ist es hervorragend, mit mehreren ernsthaften Suchern gemeinsam zuzuhören. Wenn derjenige, der den Text erläutert, selbst die wahre direkte Erfahrung gefühlt hat, so ist dies das höchste Glück, denn das zeitigt die besten Ergebnisse. Sein Gesicht wird nämlich in Freude erblühen, und Freudentränen werden in ihm aufsteigen bei der Betrachtung von Gottes Herrlichkeit. Seine Zuhörer werden diese Begeisterung auffangen und selbst dieselbe Freude erfahren. Inmitten einer Gruppe von Weinenden werden Dazukommende auch Tränen vergießen. Wenn ein kleines Kind lächelt, wird ringsum jeder mitlächeln. Ebenso werden die Worte derer, die von Hingabe an Gott erfüllt sind, die Herzen ihrer Zuhörer mit dieser Hingabe erfüllen. Unermesslich ist der Gewinn, der sich aus dem Beisammensein mit diesen Großen ergibt.

Durch diesen Vorgang des Zuhörens wird ein verschmutztes Herz umgewandelt in ein sauberes, erleuchtetes Herz, das im wahren Lichte erstrahlt. Gegen die unangenehmen Gerüche der Sinnestriebe gibt es ein wertvolles Desinfektionsmittel: eifrig darauf bedacht zu sein, dem Lobpreis Gottes zuzuhören. Das ist des süßen Duftes voll, und das Zuhören reinigt das Herz außerdem, indem es Anstoß gibt zu guten Taten.

Solch ein gereinigtes Herz ist der beste Altar oder Schrein. In dieser duftenden Laube wird Gott, der Herr, sich niederlassen, und gleichzeitig wird noch etwas geschehen: Die Bande der sechs Untugenden, die den Ort verseucht hatte, wird sich auf Nimmerwiedersehen davonmachen.

Wenn diese Laster ausziehen, wird das von ihnen abhängende üble Gefolge schlechter Neigungen und ungehörigen Verhaltens das Lager abbrechen und sich entfernen, ohne eine Anschrift zu hinterlassen! Dann wird der Mensch in seinem angeborenen Glanz von Wahrheit und Liebe erstrahlen. Er wird sich nicht daran hindern lassen, nach Selbstverwirklichung zu streben, und schließlich wird es ihm gelingen, im Allumfassenden und Ewigen aufzugehen. Er wird sich aus dem Gewirr und den Verstrickungen der Unwissenheit, der *Maya*, befreien. Die übermäßige Tätigkeit seines Geistes wird dahinschwinden, und das lang verborgene Geheimnis wird sich ihm enthüllen: Er wird *Mādhavatva*, seine eigene Göttlichkeit, entdecken.

Die Natur des Menschen ist reine Liebe. Er kann keinen Augenblick überleben, wenn ihm die Liebe entzogen wird. Sie ist wahrhaft seine Lebensenergie. Wenn die sechs Untugenden, denen der Mensch so lange verbunden war, verschwinden, ist die Liebe der einzige Bewohner des

Herzens. Liebe aber muss ein Objekt finden, einen Geliebten. Sie kann nicht allein sein. So wendet sie sich dem tiefblauen göttlichen Kinde zu, dem bezaubernden Hirtenknaben, der die Reinheit in Person, die Verkörperung von Dienstbarkeit, Opfer und Selbstlosigkeit ist und der nun in diesem gereinigten Schrein seine Wohnstatt genommen hat. Da ist nun kein Platz mehr, wo eine andere Verbindung wachsen könnte. Und so wird Schritt für Schritt diese Liebe zu *Mādhava* immer tiefer, reiner und selbstverleugnender, bis schließlich kein anderes Bedürfnis für Gedanken mehr vorhanden ist und das Individuum im Universellen aufgeht.

Wenn *Vāsudeva* in das Herz eines Menschen einzieht, dann hat *Vasudeva* keinen Platz mehr darin. Das bedeutet, wenn der Gott (deva) des materiellen Reichtums (vasu) das Herz besetzt hält, kann der göttliche *Krishna*, der auch den Namen *Vāsudeva* trägt, nicht darin wohnen. Jeglicher Versuch, alle beide im Herzen unterzubringen, muss fehlschlagen. Dunkelheit und Licht können nicht zur gleichen Zeit und am selben Ort existieren. *Dhana* und *Deva*, Reichtum und Gott, können kein gemeinsames Ziel bilden. Wenn *Dhana*, materieller Reichtum, angestrebt wird, kann *Deva* nicht gleichzeitig erreicht werden. Wenn der Mensch beide zu erlangen sucht, wird er weder *Dhana* noch *Deva* erreichen, sondern bei *Dānavātva*, dem Dämonischen, landen und teuflisch werden.

Es ist löblich, wenn der Mensch sich wie ein Mensch benimmt, und es ist rühmlich, wenn er sich als der *Mādhava* beträgt, der er in Wirklichkeit ist. Sich aber wie ein Dämon oder ein wildes Tier zu betragen, ist verabscheuungswürdig. Denn der Mensch ward lange als Mineral geboren und starb als Mineral, dann machte er Fortschritte und wurde zum Baum. Lange wurde er als Baum geboren und starb als Baum, doch im Entwicklungsprozess schritt er zum Tier weiter. Nun jedoch ist er zum Rang eines Menschen aufgestiegen. Dieser Aufstieg von einer Stufe zur anderen hat in der Wissenschaft wie in der direkten spirituellen Erfahrung Bestätigung gefunden. Nun wird der Mensch als Mensch geboren, stirbt aber leider auch als Mensch. Eine noch größere Schande ist es, wenn er ins Tierhafte zurückfällt oder zum bestialischen Dämon wird. Ehre gebührt ihm nur, wenn er sich in den göttlichen Zustand erhebt. Das ist die wahre Erfüllung seiner Bestimmung.

Meidet darum den Kontakt mit Untugenden, entwickelt die Neigung zum Tugendhaften, formt das Herz um zu einem Altar für den Herrn und zerstört alle Keime und Sprossen der Begierde – dann wird der See eures inneren Bewusstseins, der *Mānasasarovara*, veredelt zum reinsten und feinsten Milchmeer, zum *Kshīrasāgara*, auf welchem *Vishnu*, der Herr, auf der Schlange Ewigkeit ruht. Euer wahres Selbst wird sich wie *Hamsa*, der himmlische Schwan, an den sanften Fluten des solcherart verwandelten Sees ergötzen und unendliches Entzücken entdecken.

Wer kann sagen, wo die unaufhörliche Wellenbewegung des Ozeans beginnt? Das ist ein unmögliches Unterfangen. Falls jemand es aber doch beginnen wollte, so würde er die Welle, mit der er die Zählung beginnt, als Anfang betrachten, und die, bei der er seine Berechnung beendet, wäre für ihn die letzte und somit das Ende. Seine Zählung hat wohl einen Anfang und ein Ende, der Fortgang der Wellenbewegung aber kennt weder Anfang noch Schluss. Niemand kann Beginn oder Ende in dieser unbeschränkten, grenzenlosen Ausdehnung entdecken. Gottes Größe und Herrlichkeit ist der uferlose Ozean. Für jemanden, der anfängt, diesen zu beschreiben, beginnt er in diesem Augenblick zu existieren, und wenn er mit seiner Beschreibung fertig ist, so ist das für ihn das Ende. Doch Gottes Herrlichkeit ist jenseits von Zeit und Raum. Nur kleine, begrenzte und beschränkte Geister werden behaupten, dass seine Herrlichkeit einen Anfang und ein Ende habe. Die Bühne, auf der Gott sein Spiel, seine *Līlās* spielt, hat keine Begrenzungen.

Die Geschichte seiner *Līlās* ist reinster Nektar; sie hat keine anderen Ingredienzien, keinen anderen Geschmack, keinen anderen Inhalt. Jeder kann sich an jedem Teil dieses Nektar-Meeres satt trinken. Überall, in jedem Teilchen, ist dieselbe Süße vorhanden. Nichts Niedriges ist da, das die Süße beeinträchtigen könnte.

Die Liebe Gottes und die Liebe zu Gott sind ewig süß und rein, ganz gleich, nach welcher Methode man sie annimmt oder erreicht. Solche Liebe ist heilig und beglückend. Zucker ist immer süß, ob man ihn nun am Tage oder bei Nacht isst. Tag und Nacht existieren nur für den Esser, nicht für den Zucker. Zucker bleibt immer gleich.

Geburt eines Gotterfüllten

König *Parikshit* war das wahre Abbild seines Vaters *Abhimanyu*, der in die himmlische Wohnstatt der Helden aufgestiegen war. Als *Parikshit* noch ungeboren im Schoße seiner Mutter *Uttarā* heranwuchs, sah er den scharfen Pfeil, den *Ashvatthāman* abgeschossen hatte, auf sich zukommen. Dieser Pfeil versprühte Funken von Wut und schrecklicher Gewalt und zielte darauf ab, ihn zu vernichten. Doch im selben Augenblick nahm *Parikshit* eine anmutige Gestalt von strahlendem Glanz wahr. Sie war bewaffnet mit einem furchterregenden Diskus, mit dem sie den todbringenden Pfeil in hundert Stücke zerbrach. Die königliche Leibesfrucht ward von Staunen und Dankbarkeit erfüllt.

Parikshit versank in tiefes Nachsinnen über seinen Retter. „Wer ist er?" fragte er sich. „Er muss auch hier in diesem Schoß wohnen, denn er konnte den Pfeil im selben Augenblick sehen wie ich! Doch ist er so furchtlos und geschickt, dass er ihn zerstören konnte, bevor er mich erreichte. Könnte er ein Bruder von mir sein, der zur selben Zeit hier im Mutterschoß wohnt? Wie konnte er sich diesen Diskus beschaffen? Und wenn er einen Diskus hat, wieso habe ich keinen? Nein, er kann kein Sterblicher sein!" So ging er lange Zeit mit sich zu Rate.

Er konnte dieses Gesicht und diese Gestalt nicht vergessen. Einen Knaben hatte er gesehen, strahlend wie eine Million Sonnen zugleich. Gütig und selig hatte er ausgesehen und blau wie der helle Himmel. Nach der aufregenden Rettung war er verschwunden. König *Parikshit* behielt die Gestalt immer vor Augen, denn er trachtete danach, sie wiederzusehen. Wen er auch erblickte, immer versuchte er herauszufinden, ob die Gestalt jener entsprach, die er sich ehrfurchtsvoll eingeprägt hatte.

So wuchs er in ständiger Kontemplation über diese Gestalt im Schoße heran. Diese Kontemplation machte ihn zu einem glanzerfüllten Kind. Als er am Ende der Schwangerschaft das Licht der Welt erblickte, war das Entbindungszimmer von einem merkwürdigen Glanz erfüllt. *Uttarās* Dienerinnen waren geblendet von diesem Licht, sprachlos vor Staunen.

Als *Subhadrā*, *Abhimanyus* Mutter, die Fassung wiedererlangt hatte, ließ sie *Yudhishthira*, dem Ältesten der *Pāndavas*, eine Nachricht über die Geburt zukommen. Die Freude der *Pāndava*-Brüder kannte keine Grenzen, als sie die Botschaft vernahmen, auf die sie schon sehnlichst gewartet hatten. Zur Ehre des frohen Ereignisses ließen sie Musik aufspielen und Kanonen abfeuern, denn der königlichen Familie war ein Spross geboren, ein Nachfolger für den Thron der *Pāndavas*!

Das Volk, das die Kanonenschüsse vernahm, suchte den Grund für die Freude zu erfahren und eilte scharenweise in die Hauptstadt *Indraprastha*. Jeder Winkel des Königreichs schäumte über vor Freude über das Ereignis. In kürzester Zeit ward die Stadt in einen Himmelsgarten verwandelt, in welchem die Götter Audienz hätten halten können. *Yudhishthira* beschenkte alle, die da kamen, mit Süßigkeiten verschiedener Art und gab etliche Kühe als Geschenk für die Brahmanen hin. Die Hofdamen wies er an, die Frauen mit goldenen Gefäßen voll Safran und Sandelpulver zu beschenken, und an die Brahmanen wurden seidene Gewänder und Edelsteine verteilt. Die Bürger waren außer sich vor Freude, denn nun hatte das Herrschergeschlecht endlich einen Erben. Tag und Nacht gab man sich den ausgelassensten Freudenfesten hin.

Am nächsten Tage ließ *Yudhishthira* den Familienpriester *Kripācārya* kommen und die *Jātakarman*-Zeremonie für das Neugeborene ausführen. Er entlohnte die Brahmanen mit Juwelen. Die Gelehrten und Priester segneten das Kind und begaben sich wieder nach Hause.

Am dritten Tage rief *Yudhishthira* namhafte Astrologen zu sich, desgleichen berühmte Handlesekundige und Wahrsager, denn er brannte darauf zu erfahren, ob Reputation und Tradition des Königreichs gesichert seien in den Händen dieses Prinzen, der da gekommen war, um die Staatslasten auf sich zu nehmen. *Yudhishthira* empfing alle mit der üblichen Gastfreundschaft in seinem Palast. Jeder erhielt einen angemessenen Platz in der Halle, und man bot allen Duftöle und Seidenstoffe dar.

Der König verneigte sich vor den Versammelten, legte die Hände in verehrender Geste zusammen, fiel vor ihnen nieder und bat: „Oh ihr Weisen, die ihr Vergangenheit, Gegenwart und Zukunft kennt! Erkundet das Horoskop des neugeborenen Kindes, berechnet die Positionen der Sterne und Konstellationen sowie die Planeteneinflüsse, die für sein Leben richtungsweisend sind, und sagt mir, wie die Zukunft aussehen wird." Er schrieb die genaue Geburtszeit auf, legte die Notiz auf einen goldenen Teller und stellte diesen vor ihnen hin.

Die Gelehrten nahmen das Schriftstück in Empfang, zeichneten den Plan der Planetenkonstellationen auf und studierten ihn äußerst sorgfältig. Während sie begannen, ihre Schlüsse zu ziehen, teilten sie einander ihre zunehmende Freude mit. Sie waren selbst hocherfreut und fanden kaum Worte, ihr Erstaunen auszudrücken.

Schließlich stand der Rangälteste der Gruppe, ein weithin berühmter *Pandit*, auf und sprach zu König *Yudhishthira*: „Oh König! Bis zum heutigen Tage habe ich wohl Tausende von Horoskopen untersucht und die entsprechenden Konstellationspläne erstellt. Ich muss aber sagen, dass ich bislang noch keine segensreichere Konstellation gesehen habe als diese. Alle nur denkbaren guten Vorzeichen haben sich in einem einzigen Moment, nämlich im Augenblick der Geburt des Prinzen, zusammengetan. Der Augenblick zeigt die Anwesenheit *Vishnus* selbst an! Alle Tugenden werden sich in diesem Kind vereinen. Wozu diese Herrlichkeiten einzeln beschreiben – der große *Manu* ist wieder in dein Herrscherhaus gekommen!"

Yudhishthira war hocherfreut, dass seiner Dynastie solches Glück zuteil wurde. Von Freude überwältigt, faltete er die Hände und verneigte sich tief vor den *Pandits*, die ihm solch wunderbare Nachricht gebracht hatten. „Welch ein Glück für die Familie", sprach er, „solch ein Juwel von Spross ihr eigen nennen zu dürfen! Das haben wir dem Segen von Ältesten und *Pandits* wie Euch zu verdanken sowie dem Segen des Herrn, der unser Beschützer ist. Ihr sagt, der Knabe werde alle Tugenden entwickeln und viel Ruhm ernten. Doch was nützt all das, wenn er nicht die Tugend der Ehrfurcht gegen Gelehrte, Heilige und Brahmanen erlangt hat? Bitte betrachtet nochmals das Horoskop und sagt mir, ob er diese Ehrerbietung zeigen wird."

Der Anführer der Astrologen erwiderte: „In dieser Hinsicht braucht Ihr keinen Zweifel zu hegen. Er wird die Götter sowie die Brahmanen ehren und ihnen dienen. Er wird viele der in den alten Schriften vorgeschriebenen *Yajnas* und *Yāgas* ausführen. Er wird denselben Ruhm ernten wie Euer Vorfahre *Bharata*. Er wird sogar das *Ashvamedha*-Opfer vollziehen. Er wird den Ruhm dieser Familie über die ganze Welt verbreiten. Alles, was Götter oder Menschen begehren mögen, wird er gewinnen. Er wird weit über all seinen Vorgängern stehen." So rühmten sie den Stammhalter auf mannigfaltige Weise nach Herzenslust. Schließlich verstummten sie, da es ihnen Furcht einflößte, alle diese hervorragenden Eigenschaften aufzuzählen. Sie fürchteten, man möchte sie der Übertreibung und Schmeichelei bezichtigen, wenn sie weiterhin die Ergebnisse des Horoskops in allen Einzelheiten auslegten.

Yudhishthira aber war noch nicht zufrieden. Er wollte von ihnen mehr über den vortrefflichen Charakter des Prinzen hören. Dieser Wunsch ermutigte die Gelehrten, und sie sprachen: „Oh König! Ihr scheint noch mehr über einige glückverheißende Aspekte dieses Kindes wissen zu wollen. Mit Freuden beantworten wir jede genauere Frage, die Ihr stellen wollt."

Yudhishthira sah ihre Begeisterung und rückte mit der Frage heraus, die ihm am Herzen lag: „Wird während der Regierungszeit des Prinzen irgendein großer Krieg stattfinden? Falls ein Krieg unvermeidlich ist, wird er dann siegen?" „Nein", sprachen die Gelehrten, „kein Feind wird ihn belästigen. Er wird in keiner seiner Unternehmungen Niederlagen oder Fehlschläge erfahren. Dies ist die uneingeschränkte Wahrheit. An dieser Wahrheit ist nicht zu rütteln."

Als *Yudhishthira* und seine Brüder *Bhīma*, *Arjuna*, *Nakula* und *Sahadeva* diese Worte vernahmen, blickten sie einander hocherfreut an. *Yudhishthira* hub wieder an zu sprechen: „Wenn das so ist …", sagte er, doch bevor er den Satz beenden konnte, neigte er sein Haupt und versank in tiefes Nachsinnen. Die *Pandits*, die dies bemerkten, sprachen: „Ihr scheint noch mehr wissen zu wollen. Fragt nur, wir wollen gern alle Fragen beantworten." „Natürlich", sprach *Yudhishthira*, „freue ich mich über alles, was ihr bisher gesagt habt. Er wird tugendhaft sein, berühmt, siegreich, liebevoll und freundlich, und er wird alle gleich behandeln. Viele *Yajnas* und *Yāgas* wird er ausführen, er wird keine Feinde haben, und der Dynastie wird er Ehre einbringen und ihren guten Ruf wiederherstellen. All dies erfüllt mich mit großer Freude. Aber …, ich möchte auch noch wissen, wie sein Ende aussehen wird." Die Brüder sahen, dass *Yudhishthira* ein wenig die Fassung verlor, da diese Fragestellung ihn mit Besorgnis erfüllte. Seine Stimme hatte bei dieser Frage ein bisschen gezittert.

Sie trösteten ihn und sprachen: „Wozu sich jetzt darüber Sorgen machen? Das Ende muss eines Tages kommen, auf irgendeine Weise, dem kann man nicht entgehen. Irgend etwas wird der Grund sein, irgendwelche Umstände werden es herbeiführen. Geburt bringt die Möglichkeit des Todes mit sich. Die große Freude über das Ereignis hat wohl deine Gedanken ein wenig verwirrt. Wir wissen nun doch genug. Den Rest wollen wir im Ungewissen lassen, lasst uns nicht weiter nachforschen. Überlassen wir es Gott, dem Herrn."

Doch *Yudhishthira* schien nicht imstande, von seinem Wunsch abzulassen. Er wollte wissen, wie solch ein tugendhafter und vorbildlicher

Prinz seine irdische Laufbahn beenden würde. Er stellte sich vor, dass solch ein großartiges Leben ein wahrhaft wundersames Ende nehmen müsse. Darum wollte er hören, was die Astrologen darüber zu berichten wussten.

Die Gelehrten machten sich wieder an ihre Berechnungen und ließen sich dafür reichlich Zeit. Der König wurde darüber unruhig; er trieb sie an und drängte auf eine schnelle Antwort. Die Antwort lautete: „Aufgrund des Fluches eines Weisen wird dieser Prinz sein Königreich aufgeben." *Yudhishthira* wollte nun gern wissen, wie solch ein Muster an Tugend jemals den Fluch eines Weisen auf sich ziehen könnte. Diese Möglichkeit erschütterte ihn.

Mittlerweile brachten die *Pandits* hervor: „Unsere Berechnungen zeigen, dass ihn eine Schlange beißen wird." Bei dieser Nachricht verlor *Yudhishthira* völlig den Mut. All seine Freude verflog augenblicklich, und er sah sehr traurig und niedergeschlagen aus.

Parikshit und die Prophezeiung

„Oh weh!", klagte *Yudhishthira*. „Muss er schließlich solch tragisches Schicksal erleiden? Ist das der Lohn für all das Gute, das für ihn bereitliegt? Können die Folgen jahrelangen rechtschaffenen Lebens sich jäh zu einem so unseligen Ende wenden? Es steht geschrieben, dass diejenigen, die ertrinken, die von fallenden Bäumen erschlagen werden, sowie jene, die am Schlangenbiss sterben, ein schlechtes Leben im Jenseits haben. Diese Todesarten sind nicht segenbringend, heißt es. Wer auf diese Weise umkommt, wird zum Gespenst und muss leiden. Warum soll es mit diesem Kind ein solches Ende nehmen? Oh, wie schrecklich, welche Ungerechtigkeit!", jammerte *Yudhishthira* und biss sich auf die Lippen, um seinen Kummer zu unterdrücken.

Die Brahmanen beeilten sich, ihn zu trösten. „Großer König", wandten sie ein, „es besteht kein Grund, sich dem Kummer hinzugeben. Solch ein hervorragender Mensch wird niemals solch eine Tragödie erleiden. Wenn wir die Stellung der Planeten im Horoskop dieses Kindes betrachten, erkennen wir deutlich zwei glückliche Konstellationen,

Vajrayoga und *Bhaktiyoga* genannt, beide stark und segensreich. Er wird daher, sobald er von dem Fluche erfahren wird, sein Königreich aufgeben, Frau und Kinder verlassen, sich an die Ufer des heiligen Flusses *Bhāgīrathī* zurückziehen und sich ganz Gott, dem Herrn, überlassen. Der große Heilige *Shuka*, der Sohn des großen *Vyāsa*, wird dort erscheinen und ihn durch Gesang und Lobpreis der Herrlichkeit *Krishnas*, des Herrn, in die Erkenntnis des Selbst, in *Ātmajnāna*, einweihen. Auf diese Weise wird er seine letzten Tage an den heiligen Ufern des Ganges zubringen und seinen letzten Atemzug in Anbetung des Herrn tun. Wie kann solch einem Menschen ein Unglück oder Elend widerfahren? Er wird nicht wiedergeboren werden, denn durch *Bhaktiyoga* wird er das Einssein mit *Purushottama*, dem Herrn von allem und allen, erlangen." Diese Worte bewirkten, dass *Yudhishthira* alle Sorgen fallen ließ und froh und glücklich wurde. „Wenn es sich so verhält", sprach er, „dann handelt es sich nicht um einen Fluch, sondern um einen einzigartigen Segen!"

Hierauf erhoben sich alle von ihren Plätzen. Die Brahmanen wurden, ihrem Wissen und Stande entsprechend, gebührend geehrt. Sie erhielten Juwelen und seidene Gewänder, und der König ließ sie nach Hause geleiten. *Yudhishthira* und seine Brüder begaben sich in ihre Paläste, verbrachten aber noch viele Stunden im Gespräch über die Ereignisse des Tages und die glücklich beseitigten Befürchtungen. Sie waren voll Freude über die Wendung, die die Vorhersagen schließlich genommen hatten.

Das Kindlein in der Wochenstube wuchs heran wie der zunehmende Mond. Da es nach einer Reihe schrecklichster Gefahren als Erbe des großen Kaiserreiches geboren war, wurde es von jedermann geliebt und gehütet wie ein Augapfel, ja, wie das eigene Leben. *Draupadī*, die untröstlich war über den Verlust ihrer eigenen Kinder, der Upapāndavas, *Subhadrā*, die über den Verlust ihres Sohnes *Abhimanyu* trauerte, und die *Pāndava*-Brüder, die befürchtet hatten, dass der schreckliche Pfeil, den *Ashvatthāman* auf das noch im Schoße *Uttarās* heranwachsende Kind *Abhimanyus* gerichtet hatte, das Schlimmste bewirken und das *Pāndava*-Geschlecht für alle Zeiten ausrotten könnte – sie alle waren erleichtert, oder besser gesagt, überglücklich beim Anblick des Kindes. In höchstem Glück verbrachten sie die Tage im Gespräch über das bezaubernde Kind, das sie aus den Frauengemächern holten, wann immer es sie drängte, es zu sehen und in den Armen zu halten.

Auch das Kindlein strahlte. Es schien die Gesichtszüge eines jeden zu studieren, der zu ihm kam oder es liebkoste. Lange und sehnsüchtig betrachtete es ihre Gesichter. Alle waren erstaunt über dieses seltsame Verhalten. Jeder, der zu ihm kam, wurde Gegenstand dieser forschenden und prüfenden Blicke des Kindes, das entschlossen schien, jemanden oder etwas aufzuspüren in dieser Welt, in die es hineingeboren ward.

Einige sagten traurig: „Es sucht seinen Vater, *Abhimanyu*." Andere entgegneten: „Nein, nein, das Kind sucht nach *Krishna*, dem Herrn." Wieder andere meinten, es scheine irgendeine göttliche Ausstrahlung entdecken zu wollen. Tatsache war und blieb, dass das Kind jeden prüfend betrachtete, auf der Suche nach einem ihm bekannten Zug oder Zeichen, oder um irgendeine Gestalt zu entdecken, die es im Sinn trug. *Parīkshā* nannten alle diesen „Entdeckungszug", den das Kind unternahm, und so begann jeder innerhalb wie außerhalb des Palastes noch vor der offiziellen Taufe das Kind *Parikshit* zu nennen, „den, der *Parīkshā* ausübt", d.h. der alles genau betrachtet und untersucht.

Der Name *Parikshit* blieb haften. Ob Fürst oder Bauer, Gelehrter oder Dummkopf, Herrscher oder einfacher Bürger, jeder nannte das Kind *Parikshit*. Seine Bekanntheit und sein Ruhm wuchsen von Tag zu Tag, und sein Name war in aller Munde. An einem glückverheißenden Tage ließ *Yudhishthira* den Hohepriester zu sich rufen und beauftragte ihn, einen geeigneten Tag für die *Nāmakarana*-Zeremonie festzusetzen.

Der Priester berief seine Gelehrten und Astrologen, und nach eingehendem Studium der Planetenkonstellationen ermittelten sie einen Tag, der ihnen allen für das Ereignis geeignet schien. Sie legten auch genau fest, zu welcher Stunde die Namensgebung stattzufinden hätte. Die Landesfürsten wurden eingeladen, der Zeremonie beizuwohnen, ebenso die weltlichen und geistlichen Gelehrten und die führenden Persönlichkeiten unter den Bürgern der Stadt. Der König sandte seine Boten aus, um Heilige und Weise wie auch Persönlichkeiten, die sich durch spirituellen Reichtum auszeichneten, zum Fest einzuladen. *Arjuna* begab sich zu *Krishna*, dem Herrn, und bat ihn ehrerbietigst, das Kind bei diesem festlichen Ereignis mit seiner Gnade zu segnen. Es gelang ihm tatsächlich, *Krishna* bei seiner Rückkehr mitzubringen.

Bei *Krishnas* Ankunft machten sich die Weisen und Brahmanen, Fürsten, Landesverwalter und Bürger bereit, ihn mit größter Ehrerbietung zu empfangen. Die *Pāndava*-Brüder warteten prächtig gekleidet am Haupttor des Palastes, um ihn willkommen zu heißen. Als der Wagen des Herrn gesichtet wurde, erklangen Trommelwirbel, Trompeten schmetterten einen Willkommensgruß, und frohe Rufe erschollen aus jeder Kehle. *Yudhishthira* ging dem Wagen entgegen und umarmte den Herrn, sobald dieser ausgestiegen war. Er ergriff *Krishnas* Hand und führte ihn in den Palast, wo für ihn auf einem Podest ein besonderer Thron errichtet worden war. Nachdem *Krishna* Platz genommen hatte, nahmen auch alle andern ihre Plätze gemäß Rang und Stand ein.

Sahadeva begab sich in die inneren Gemächer, und das Kind wurde hereingetragen. Es lag auf einer goldenen Platte, die wie die Sonne glänzte und mit den herrlichsten Juwelen geschmückt war. Die Priester sprachen Gebete zur Anrufung der Götter, damit diese das Kind segnen und ihm Glück und Gesundheit verleihen möchten.

Sahadeva legte das Kind in der Mitte der großen Versammlungshalle nieder. Dienerinnen und Kammerherren kamen nun in langen Reihen auf den Platz zu, auf dem das Kind lag. Sie trugen goldene Teller voller Duftwässer und Blumen und Stoffe aus Seide und Brokat. Hinter eigens angebrachten Vorhängen beobachteten die Königinnen *Rukminī*, *Draupadī*, *Subhadrā* und *Uttarā* voller Freude das glückliche Geschehen und die fröhlichen Bewegungen des Kindes. *Sahadeva* nahm das Kind und legte es auf ein Bett von Blumen auf dem Podium, das man für die Namensgebungszeremonie errichtet hatte. Das Kind jedoch erhob sich und begann, auf allen Vieren davonzukrabbeln, ohne sich von den Einwänden der Dienerinnen einschüchtern zu lassen. Offensichtlich hatte es etwas anderes vor!

Sahadevas Bemühungen, der Reise des Kindleins ein Ende zu setzen, erwiesen sich als zwecklos. *Yudhishthira*, der die Unternehmungen des Kindes mit Interesse beobachtete, sprach lächelnd: „*Sahadeva*! Halte ihn nicht auf, lass ihn! Wir wollen sehen, was er tut." *Sahadeva* ließ das Kind los und ließ ihm freie Bahn. Nur behielt er es genau im Auge, damit es nicht falle oder sich verletze. Wachsam verfolgte er jede Bewegung.

Sobald das Kind nun Bewegungsfreiheit erlangt hatte, begab es sich schnurstracks zu dem Platze, wo *Krishna* saß, als sei dieser ein alter Freund, den es begrüßen wollte. Das Kind griff nach *Krishnas* Füßen und flehte ihn mit Blicken an, auf den Schoß genommen und geliebkost zu werden! Der Herr sah seine Sehnsucht und lachte, dann beugte er sich gnädig nieder und hob das Kind auf seinen Schoß.

Endlich auf seinem Schoße angelangt, starrte der kleine Prinz dem Herrn ins Gesicht, ohne mit der Wimper zu zucken. Er wandte den Kopf nicht ab, zupfte nirgendwo mit seinen Händchen herum und gab keinen Laut von sich. Er saß nur still da und starrte. Jedermann war höchst erstaunt über dieses völlig unkindliche Benehmen. Auch *Krishna* teilte die Gefühlsregung, die die ganze Halle durchflutete.

Zu *Yudhishthira* gewandt, sprach *Krishna*: „Ich konnte es nicht glauben, als man mir berichtete, dass dieses Kind jeden anstarrt, der ihm vor die Augen kommt, und dass es die Gesichtszüge studiert. Ich dachte, das sei eine neue Erklärung dieser Priester für die üblichen Kinderspiele und -scherze. Aber dies ist wirklich ein Wunder. Das Kerlchen versucht sogar, mich genau zu erforschen! Also, ich will sein Verhalten doch selbst ein wenig untersuchen."

Alsdann versuchte *Krishna*, der Herr, die Aufmerksamkeit des Kindes von sich abzulenken, indem er eine Reihe Spielsachen vor ihm aufbaute und sich vor seinen Blicken verbarg, als erwarte er, dass das Kind ihn schnell vergessen werde. Doch dessen Aufmerksamkeit ließ sich auf keinen anderen Gegenstand ziehen. Es hatte seine Augen unverwandt auf den Herrn gerichtet und suchte ihn und sonst nichts. Es versuchte einzig, zu dem Platz zu gelangen, an dem es *Krishna* vermutete. Als *Krishna* sah, dass seine Versuche, die Aufmerksamkeit des Kindes von sich abzulenken, fruchtlos waren, erklärte er: „Dies ist kein gewöhnlicher Knabe. Er hat alle meine Prüfungen bestanden. Der Name *Parikshit* ist in der Tat der passendste für ihn. Er wird diesem Namen schon jetzt völlig gerecht!"

Da begannen die *Pandits*, Verse herzusagen, die ihren Segen für das Kind ausdrückten. Die Brahmanen rezitierten passende Textabschnitte aus den Veden. Trompetenklänge ließen die Luft erzittern. Frauen sangen segenbringende Lieder. Der Lehrer der Familie tauchte ein mit neun Edelsteinen besetztes Juwel in einen mit Honig gefüllten goldenen Becher und schrieb damit den Namen auf die Zunge des Kindes. Auf einem goldenen Teller lagen Reiskörner, über die ebenso der Name geschrieben wurde. Dieser Reis wurde dann über dem Kopf des Kindes ausgestreut, als Zeichen für Wohlstand und Glück. So wurde die Zeremonie der Namensgebung auf prächtige Weise gefeiert. Die Damen und Herren, die zugegen waren, erhielten ihrem Stande entsprechend allerlei Geschenke, bevor sie sich verabschiedeten. Jedermann sprach voller Bewunderung über die wundersame Weise, wie das Kind sich den Schoß des Herrn ausgesucht hatte. Viele priesen den jetzt schon so festen Glauben des Kindes.

Yudhishthira, der erstaunt war über das einzigartige Betragen des Kindes, ging zu *Vyāsa*, dem großen Heiligen, um ihn nach dem Grund dieser seltsamen Suche zu fragen und etwas über die Folgen davon zu erfahren. *Vyāsa* sprach: „*Yudhishthira!* Dieser Knabe ruhte noch im Mutterschoß, als der auf ihn gerichtete todbringende Pfeil *Ashvatthāmans* gerade sein Ziel treffen wollte. In diesem Augenblick kam *Krishna*, der Herr, in die Behausung des Ungeborenen und rettete es vor der Vernichtung. Dieses Kind wollte wissen, wer es gerettet hat in dem Schoße, in dem es lag. Es begann, jedermann genau zu betrachten, um herauszufinden, ob er wohl dieselbe Ausstrahlung besäße wie jene, die es als Ungeborenes wahrgenommen hatte. Heute sah es diese göttliche Gestalt in all ihrer Herrlichkeit, und darum bewegte es sich schnurstracks auf *Krishna* zu und bat, auf den Schoß genommen zu werden. Das ist die Erklärung für das merkwürdige Benehmen, über das du dich so wunderst."

Als *Yudhishthira Vyāsas* Worte vernahm, vergoss er Tränen der Freude und Dankbarkeit. Überglücklich über die grenzenlose Gnade Gottes brachte er dem Herrn seine ehrfürchtigen Huldigungen dar.

Ein Sühneopfer

Die Namensgebungszeremonie des Prinzen hatte den Untertanen des Staates wie auch den Palastbewohnern und den Angehörigen der königlichen Familie große Freude gebracht. *Yudhishthira* jedoch, der älteste der *Pāndava*-Brüder, meinte, es müsse noch mehr getan werden. Er gab sich mit diesem Freudenfest noch nicht zufrieden. Am selben Abend noch versammelte er alle Ältesten und Gelehrten, Regenten und Volksführer und bat *Krishna*, den Herrn, den Vorsitz der Versammlung zu übernehmen und so alle zu erfreuen. Auch die Weisen *Vyāsa* und *Kripa* waren anwesend.

Als *Yudhishthira* zu der Versammlung kam, stand er zunächst einige Sekunden lang still vor der Menge, dann fiel er vor *Krishna*, dem Herrn, und *Vyāsa*, dem Heiligen, nieder. Danach wandte er sich an die Regenten, Gelehrten und Volksführer mit den Worten: „Durch eure Hilfe, Mitarbeit und guten Wünsche, durch den Segen des nun hier anwesenden Herrn und Gottes und durch die Segnungen der Weisen und Heiligen, in deren Herzen er wohnt, konnte ich die Feinde besiegen. Durch diesen Sieg konnten wir unser verlorenes Königreich zurückgewinnen. Nun ist wiederum durch diese Segnungen das Licht der Hoffnung in unseren Herzen aufgegangen, die durch Sorge um das Fortbestehen dieser Dynastie verdüstert waren. Das Geschlecht der *Pāndavas* wird fortbestehen durch diesen Prinzen, der seinen Namen, *Parikshit*, heute vom Herrn empfangen hat.

Wiewohl dies alles mich sehr erfreut, muss ich euch doch verkünden, dass Sorge mich überwältigt, wenn ich dieses Bild von einer anderen Seite betrachte. Ich habe zahllose Sünden begangen, indem ich Verwandte und Freunde getötet habe. Ich habe das Gefühl, dass ich dies sühnen muss, sonst kann ich nicht glücklich sein und auch meine ganze Familie und mein Volk nicht. Deshalb möchte ich die Gelegenheit nutzen, um euch in dieser Sache um Rat zu fragen. Unter euch sind viele, die das wirkliche Sein erfahren und *Brahmajñāna* erlangt haben. Auch den großen Heiligen *Vyāsa* haben wir heute unter uns. Ich bitte euch, mir zu einer Bußübung zu raten, durch die ich mich von diesem ungeheuren Sündenberg befreien kann, den ich durch den Krieg zusammengetragen habe."

Als *Yudhishthira* diese Frage in aller Demut und voller Reue gestellt hatte, sprach *Krishna*: „*Yudhishthira*, du bist berühmt als *Dharmarāja*, als König des *Dharma*, und du solltest um *Dharma* Bescheid wissen. Du weißt, wie kompliziert es sich verhält mit *Dharma* und Moral, Gerechtigkeit, richtigem und falschem Verhalten. Darum erstaunt es mich, dass dieser Krieg und der Sieg dir Kummer bereiten. Weißt du denn nicht, dass ein *Kshatriya* keine Sünde begeht, wenn er einen Feind tötet, der bewaffnet und mit der Absicht zu töten auf dem Schlachtfeld erscheint? Alle Verletzungen, Schmerzen und Verluste, die im Kampf mit bewaffneten Feinden auf dem Schlachtfeld zugefügt werden, sind frei von Sünde. Der *Dharma* eines *Kshatriya* besteht darin, dass er das Schwert ergreift und, ohne an sich selbst zu denken, bis zum Schluss kämpft, um sein Land zu retten. Du hast nur deinem *Dharma* gemäß gehandelt. Wie kann *Karman*, nach den Richtlinien des *Dharma* ausgeführt, sündig sein? Es ist nicht recht, daran zu zweifeln und zu verzweifeln. Sünde kann dich weder berühren noch um dich sein oder dich belästigen. Warum fürchtest du imaginäres Unheil und suchst Heilmittel für nicht vorhandene Sünden, statt dich über das Namensfest des neugeborenen Prinzen zu freuen? Sei ruhig, sei glücklich!"

Auch *Vyāsa* erhob sich und wandte sich an den König mit den Worten: „Sündhafte und schändliche Taten sind in der Schlacht unvermeidbar. Sie sollten kein Anlass zum Kummer sein. Das Hauptziel im Kampf sollte darin liegen, dass man den *Dharma* vor seinen Feinden beschützt. Wenn die Kämpfenden dies im Sinn behalten, befällt sie keine Sünde. Eine schwärende Wunde muss mit dem Messer behandelt werden, es ist keine Sünde, daran chirurgisch tätig zu werden. Ein Arzt, der alles über die Operation weiß und trotzdem den Menschen nicht durch diese Operation rettet, macht sich der Sünde schuldig.

Ebenso ist es mit dem Feind, der die Quelle von Ungerechtigkeit, Grausamkeit, Schrecken und Laster ist. Wenn der Chirurg, der die Heilmethode kennt, diese Geschwüre nicht behandelt, weil er ungern das Messer gebraucht (der Chirurg ist in diesem Falle der *Kshatriya*), dann sündigt er, wenn er sich zurückhält und nicht, wenn er das Schwert gebraucht. *Dharmarāja*, du sprichst im Wahn! Ich kann es verstehen, wenn andere, die weniger klug sind, von solchen Zweifeln heimgesucht werden, aber ich frage mich, wieso gerade dich diese Furcht vor Sünde beunruhigt.

Sollten unsere Worte dich aber nicht überzeugen, so kann ich dir noch ein anderes Mittel empfehlen, das alle Ängste aus dem Weg räumen wird. Mancher Herrscher hat früher nach einem Kriegsende dazu Zuflucht genommen, um die Auswirkungen der Sünden zu beseitigen. Es ist das *Ashvamedha*-Ritual, das Pferdeopfer. Wenn du willst, kannst auch du diesen Opferritus als Sühnezeremonie durchführen. Dagegen ist nichts einzuwenden. Aber glaube mir, du bist frei von Sündenschuld, auch ohne Sühne. Da dein Glaube nicht ganz fest ist, schlage ich zu deiner Zufriedenstellung dieses Opfer vor." Nach dieser Erklärung nahm *Vyāsa* wieder Platz.

Da erhoben sich alle Ältesten, Gelehrten und Führer wie ein Mann und zollten *Vyāsas* wertvollem Vorschlag Beifall. Mit lauten Rufen bekundeten sie ihre Zustimmung und Wertschätzung. „Oh, wie glückverheißend", riefen sie, „wie bedeutsam!", und sie segneten *Dharmarāja* für sein Bemühen, sich von den sündigen Folgen des Krieges zu befreien. *Dharmarāja* jedoch trug noch schwer an seinem Leid und war nicht frei von Furcht. Tränen standen in seinen Augen.

Kläglich flehte er die Versammlung an: „Wie sehr ihr auch meine Unschuld beteuert, mich überzeugt es nicht! Mein Geist bringt es nicht fertig, eure Beweisführung anzunehmen. Es mag Herrscher gegeben haben, die sich nach ihren Kriegen durch das *Ashvamedha*-Opfer gereinigt haben. Das waren gewöhnliche Kriege der herkömmlichen Art. Doch mein Fall ist ein ganz besonderer. Meine Sünden sind dreifach schlimmer, denn erstens habe ich Verwandte und Freunde umgebracht, zweitens habe ich heilige Vorgesetzte wie *Bhīshma* und *Drona* getötet, und zum dritten habe ich viele gekrönte Häupter niedergemacht. Welch schlimmes Schicksal! Ach, welch abscheuliche Taten habe ich begangen!

Kein anderer Herrscher kann sich solchen Frevels schuldig gemacht haben. Nicht ein *Ashvamedha*-Opfer, nein, drei müssen vollzogen werden, um diese Schuldenlast zu bereinigen. Erst dann kann ich Frieden finden. Erst dann kann mein Herrscherhaus glücklich und sicher sein. Dann erst kann die Verwaltung meines Königreiches gesichert und lohnend sein. Ich bitte *Vyāsa* sowie die anderen Ältesten und Weisen um ihre freundliche Zustimmung."

Bei diesen Worten rollten *Yudhishthira* die Tränen über die Wangen. Seine Lippen bebten vor Kummer, und sein Körper war von Reue gebeugt. Bei diesem Anblick schmolz das Herz der Weisen vor Mitleid, die Untertanen des Königs wurden von Mitgefühl bewegt, *Vyāsa* und selbst *Vāsudeva* waren ergriffen. Viele der *Pandits* vergossen Tränen, ohne es zu merken. Die Versammlung war sprachlos vor Staunen. Augenblicklich erfasste jeder, welch weiches Herz *Yudhishthira* besaß. Auch seine Brüder *Bhīma*, *Arjuna*, *Nakula* und *Sahadeva* standen demütig mit ehrerbietig gefalteten Händen da und erwarteten das erlösende Wort *Krishnas*, der den Platz des Vorsitzenden innehatte.

Dann stimmte die Versammlung einmütig den drei *Ashvamedha*-Opfern zu, um *Dharmarāja* von seiner Pein zu erlösen. Einer der Weisen fasste die Ansicht des ganzen Rates in Worte: „Wir werden deinem Wunsch nicht im Wege stehen. Wir nehmen ihn rückhaltlos an. Wir wollen die *Yāgas* ganz den *Shastras* gemäß bis in die Abschlusszeremonien durchführen, denn wir wollen vor allem deinen Seelenfrieden. Wir sind bereit, alles zu tun, was dich zufriedenstellt." Diese Sätze wurden von allen Versammlungsmitgliedern mit lautem Beifall bestätigt.

Als *Dharmarāja* dies hörte, sprach er: „Ich bin in der Tat gesegnet; wahrlich, ich bin gesegnet!" Er bedankte sich aufrichtig für die versprochene Mitarbeit. Dann ging er zu dem Platz, wo *Krishna* und *Vyāsa* saßen, und fiel zu ihren Füßen nieder. Er umfasste *Krishnas* Füße und bat: „Oh *Madhusūdhana*! Du hast doch mein Gebet gehört und meinen Schmerz miterlebt. Ich bitte dich inständig, uns bei dem bevorstehenden

Yāga die Gnade deiner göttlichen Anwesenheit zu gewähren, auf dass du mir die Frucht dieser Opferhandlung sicherst und mich von der Sündenlast befreist!"

Krishna lächelte, richtete den vor ihm am Boden Liegenden auf und sprach: „*Dharmarāja*! Sicher werde ich dein Gebet erhören. Doch hast du eine Last auf deine Schultern genommen, die schwerer wiegt als eine ganze Gebirgskette. Dieser *Yāga* ist keine Kleinigkeit! Darüberhinaus ist der Veranstalter der berühmte König *Dharmarāja*. Das bedeutet, dass das Opfer deinem Stande gemäß gefeiert werden muss. Ich weiß, dass du nicht die Mittel für dieses kostspielige Unterfangen hast. Könige beziehen ihr Geld nur von ihren Untertanen. Es ist nicht wünschenswert, für ein Opferritual Geld aus ihnen zu pressen. Nur Geld, das auf gute Weise verdient wurde, darf für solch heilige Riten verwendet werden, sonst erntet man Unheil und nichts Gutes. Auch deine Regenten können dich nicht unterstützen, denn durch den vergangenen Krieg sind auch sie aufs erbärmlichste verarmt. Es ist offensichtlich, dass sie nichts erübrigen können. Wie konntest du, da du dies alles weißt, beschließen, drei *Ashvamedhas* hintereinander zu feiern? Ich möchte wissen, woher du angesichts all dieser widrigen Umstände solche Kühnheit nimmst. Und nun hast du es auch schon öffentlich vor dieser großen und vornehmen Versammlung verkündet! Du hast mir nicht den geringsten Hinweis auf diese kostspielige Idee gegeben. In dem Fall hätten wir uns einen Plan ausdenken können. Nun ja, es ist noch nicht zu spät. Wir wollen uns noch ein wenig beraten und dann einen Beschluss fassen. Eine kleine Verzögerung macht nichts aus."

Dharmarāja hörte sich die Worte des Herrn an und lachte dann laut heraus! „Oh Herr!", rief er, „ich weiß, dass du mit mir ein Schauspiel aufführst. Ich habe noch nie etwas ohne gründliche Überlegung beschlossen, noch habe ich mir je Sorgen gemacht über Geld und Mittel. Da wir dich als Beschützer haben, dich mit deiner unerschöpflichen Gnade – wie sollten wir uns da Sorgen um irgend etwas machen? Wenn ich den *Kalpataru*, den wunscherfüllenden Baum, in meinem Garten habe, brauche ich mich doch nicht um die Suche nach Wurzeln und Knollen zu kümmern. Der allmächtige Herr, der uns all diese schrecklichen Jahre hindurch beschützt hat, wie die Lider die Augen schützen, wird uns auch an diesem Punkt des Weges nicht im Stich lassen.

Für dich, der du mit einem Atemzug riesige Berge in Staub verwandeln kannst, ist dieses Kieselsteinchen doch kein Problem. Du bist mein

Reichtum und meine Schatzkammer. Du bist mein Lebensatem. Was immer du sagen magst, ich will es ohne Zögern ausführen. Alle meine Stärke, mein Reichtum bist du und du nur allein. Alle meine Lasten, die Last des Staates und diese neue Last von drei *Yāgas* inbegriffen, lege ich dir zu Füßen. Du kannst tun, was du willst. Du kannst den Wert meiner Worte bestimmen und ausführen, was ich vorhabe, oder es ablehnen und die drei *Yāgas* widerrufen. Es macht mir nichts aus. Ich bin zufrieden und glücklich, ganz gleich, wie deine Entscheidung ausfallen mag. Es ist dein Wille, nicht meiner."

Den Herrn, der im Herzen wohnt, braucht man natürlich nicht besonders zu bitten und anzuflehen. *Krishna* ließ sich erweichen; er nahm *Dharmarāja* auf und stützte ihn. „Nein", sprach er, „ich habe nur im Scherz gesprochen, um deinen Glauben und deine Hingabe zu prüfen. Ich wollte deinen Untertanen hier zeigen, wie stark dein Glaube an mich ist. Du brauchst dir in keiner Hinsicht Sorgen zu machen. Dein Wunsch soll erfüllt werden. Wenn du dich an meine Anweisungen hältst, kannst du mit Leichtigkeit das für die *Yāgas* benötigte Geld beschaffen, und zwar, ohne die Regenten zu quälen oder die Untertanen zu pressen."

Dharmarāja war hocherfreut über diese Worte und sprach: „Herr, wir werden deinem Befehl gehorchen." Darauf sprach *Krishna*: „Höre! In früheren Zeiten hat ein Herrscher namens Marut einen *Yāga* auf eine Weise gefeiert, an die seither keiner heranreichen konnte. Die Halle, in der dieser *Yāga* durchgeführt wurde, sowie jeder Gegenstand, der damit zusammenhing, waren von Gold. An die amtierenden Priester wurden Goldbarren ausgeteilt, statt lebender Kühe wurden Kühe von Gold verschenkt und anstelle von Ländereien verteilte man riesige Goldplatten! Die Brahmanen waren nicht imstande, sie heimzutragen und nahmen nur soviel mit, wie sie heben oder tragen konnten. Den Rest warfen sie einfach fort. Diese Goldstücke kannst du nun in Massen für deine *Yāgas* haben. Du kannst sie dir holen."

Dharmarāja war nicht sogleich einverstanden, er hatte Bedenken. „Herr!", sprach er, „das ist Eigentum derer, denen es gegeben wurde. Wie könnte ich es ohne ihre Einwilligung benutzen?" *Krishna* entgegnete: „Sie haben es fortgeworfen und waren sich dabei dessen, was sie taten und was sie da aufgaben, völlig bewusst. Sie leben heute nicht mehr. Ihre Nachkommen wissen nichts von diesen Schätzen, die nun unter der Erde liegen. Denk daran, dass alle unterirdischen Schätze, die keinen Besitzer haben, dem König gehören, in dessen Gebiet sie liegen.

Wenn der König sie in Besitz nehmen will, hat niemand das Recht, Einwände zu erheben. Beschaffe diesen Schatz recht bald und bereite alles für die Feier der *Yāgas* vor!", befahl *Krishna*, der Herr.

Das große Pferdeopfer

Dharmarāja nahm *Vāsudevas* Rat und *Vyāsas* Segen an. Er sandte seine Brüder mit dem Heer aus, das Gold herbeizuschaffen, das die Brahmanen einst fortgeworfen hatten. Nachdem sie sich durch geheiligte Opferspenden gereinigt hatten, zogen sie aus und entdeckten die riesigen Goldschätze, die Marut zum Schluss seines Opfers den Priestern geschenkt hatte. Sie hatten das Gold links und rechts ihres Heimweges fortgeworfen. Nun sammelte das Heer alles ein und brachte es auf Kamelen, Elefanten, Wagen und Karren zur Hauptstadt. Sie brauchten einige Tage, bis sie *Hastināpura* mit dieser Fracht erreichten. Unter lautem Beifall des Volkes wurde das Gold abgeladen.

Die Bürger waren erstaunt über den großen Erfolg dieses Feldzuges und priesen das Glück der *Pāndavas*. Vor Freude hüpfend und tanzend empfingen sie die Prinzen und das Gold in der Stadt unter lauten Jubelrufen, bis sie heiser waren. Sie malten sich schon die Großartigkeit und Pracht des Opfers aus, für das dieses Gold beschafft worden war.

Noch am selben Tage begann man am Ufer des Ganges mit den Vorbereitungen für den Aufbau des Opferaltars und alles, was dazu noch weiter nötig war. Das geheiligte Gebiet umfasste mehrere Quadratkilometer. Der Boden wurde geebnet und gesäubert, das Podium errichtet, und auf dem weiten Gebiet erhoben sich prächtige Gebäude. Terrassen und Veranden wurden angebaut, und alles wurde mit Flaggen und Girlanden geschmückt und verziert.

Als der heilige Tag näherrückte, suchten Stammesführer, Brahmanen, Gelehrte und Heilige aus allen Himmelsrichtungen den heiligen Ort auf. In ihrer Begeisterung trieben sie einander an, möglichst schnell dorthin zu gelangen. Sie bezogen die ihnen zugewiesenen Unterkünfte, wo sie standesgemäß und ihren Bedürfnissen entsprechend untergebracht wurden. In der Nacht zählten sie die Minuten in froher Erwartung des großartigen und wirkungsvollen Opfers, das sie bei Tagesanbruch erwartete.

Der Morgen kam, und der heilige Augenblick nahte. Die Priester nahmen ihre Plätze ein und machten sich bereit, die Einführungsgelübde abzulegen. Sie standen *Krishna* und dem König zugewandt und sprachen: „Oh König! Wie wir vernommen haben, habt Ihr beschlossen, nicht ein, sondern drei *Ashvamedha-Yajnas* durchzuführen. Ist das richtig? Wenn ja, wünscht Ihr, dass wir sie nacheinander durchführen, oder sollen wir jeden *Mantra* und jeden Ritus dreimal wiederholen und so alle drei *Yajnas* gleichzeitig abhalten? Bitte gebt Eure Wünsche bekannt, dann wollen wir alle Teilnehmer und Opferpriester entsprechend anweisen."

Darauf entgegnete *Dharmarāja*: „Was soll ich sagen – ihr wisst es doch am besten. Ich werde jedem Vorschlag von eurer Seite zustimmen. Ich ersuche nur *Vāsudeva* um Zustimmung für den Weg, den wir einschlagen wollen." Mit diesen Worten wandte er sich mit bittendem Blick *Krishna* zu. *Krishna* überließ die Entscheidung den Brahmanen. Sie berieten sich eine Weile und verkündeten schließlich, dass die Auswirkungen von drei *Ashvamedha*-Opfern gewährleistet seien, wenn jedes *Mantra* dreimal wiederholt würde und die den Vorsitz führenden Brahmanen das Dreifache der üblichen Gebühr erhielten. *Vāsudeva* ließ erkennen, dass er diesem Vorschlag zustimmte, und daraufhin erklärte *Dharmarāja* sich einverstanden. Er bat, mit dem *Yajna* zu beginnen.

Die Brahmanen erschütterten Himmel und Erde mit der Rezitation ihrer *Mantren*. Nach den einleitenden Riten zogen die Opferpferde aus zu ihrem vorgesehenen Rundlauf. Diese Pferde waren in grandiosem Maße aufgeputzt und trugen auf ihren Stirnen die Proklamation, die jeden, der es nur wagen wollte, herausforderte, sie in Gewahrsam zu nehmen. Wenn der Eine, der der Empfänger aller *Yajnas*, der *Yajnasvarūpa* selbst ist, die Rolle des Vorsitzenden übernommen hat, ist das Glück der Teilnehmer und Zuschauer nicht mit Worten zu beschreiben. Mit der *Pūrnāhuti*-Zeremonie kam der *Yajna* zu einem erfolgreichen Ende.

Die Sachverständigen für die Opfer-*Mantren*, die Weisen und die Brahmanen wurden mit Geschenken und Belohnungen überhäuft. Unzählige Kühe, ausgedehnte Ländereien und riesige Mengen Goldes verschenkte der König. Die ganze Nation war in Hochstimmung. Jeder pries den *Yajna* als unbeschreiblich prächtig und hervorragend. Alle, die gekommen waren, wurden zu jeder Zeit aufs üppigste verköstigt. Die

Weisen und Asketen, die diese Freigebigkeit sahen, priesen *Dharmarājas Yajna* als noch großartiger denn den einst von Marut vollzogenen! Sie waren hocherfreut ob der glücklichen Gelegenheit, an diesem Opfer teilnehmen zu dürfen. Einst hatten die Menschen sich damit rühmen dürfen, dass *Indra*, der Götterkönig, den Vorsitz bei Maruts *Yajna* geführt hatte, und sie hatten gemeint, dass es dadurch jedem anderen Opfer in unvergleichlicher Weise überlegen war. Doch nun beglückwünschte man *Dharmarāja*, dass er *Yajnasvarūpa*, die Verkörperung des *Yajna* selbst, nämlich *Vāsudeva*, als Opfervorsitzenden hatte gewinnen können. Dieses Glück übertraf das des Herrschers Marut bei weitem und war sehr viel schwieriger zu erlangen!

Als der *Yajna* beendet war, eilten die Gäste, die von weither gekommen waren, nach Hause, und auch die anderen begaben sich auf den Heimweg. Die Könige und Stammeshäuptlinge verabschiedeten sich ehrerbietig von *Dharmarāja* und kehrten in ihre Verwaltungsgebiete zurück. Die Verwandten des Königs blieben noch einige Tage und reisten ab, sobald sie es an der Zeit fanden.

Krishna aber beschloss, noch einige Zeit mit den *Pāndavas* zu verbringen, und blieb in *Hastināpura*. Die *Pāndavas* waren entzückt über diese außerordentliche Gnade und trafen alle angemessenen Vorkehrungen für den Aufenthalt des Herrn. Sie standen ihm jeden Tag zu Diensten, ließen ihre Augen sich sattsehen an seiner Schönheit und erfüllten ihre Herzen mit seinen gnadenreichen Worten der Unterweisung. Sie verbrachten diese Tage in allerhöchster Freude. Nachdem *Krishna* einige Zeit auf diese Weise in der Hauptstadt der *Pāndavas* zugebracht hatte, kehrte er zurück nach *Dvārakā* und nahm *Arjuna* mit. Die Einwohner von *Dvārakā* waren überglücklich, als ihr Herr wieder in seine Hauptstadt zurückkehrte. Sie begrüßten ihn begeistert und ehrerbietig und genossen glückselig den Anblick des Herrn.

Inzwischen gelangte die Nachricht nach *Hastināpura*, dass *Vidura*, der Onkel der *Pāndava*-Brüder, in der Umgebung der Stadt in Mönchskleidern umherzog. Die Nachricht wanderte von Mund zu Mund und kam schließlich König *Dharmarāja* zu Ohren. Er vernahm die Neuigkeit mit Überraschung und Freude. Er sandte einige Kundschafter aus, um herauszufinden, ob die Nachricht der Wahrheit entsprach, und bald kehrten sie mit der willkommenen Botschaft zurück, dass *Vidura* tatsächlich gekommen war. *Dharmarāja* konnte sich kaum fassen vor Aufregung.

„Oh, wie beglückt ihr mich!", rief er aus. „Dieser heilige Augenblick lässt neue Blätter sprießen am ausgetrockneten Stamm der Hoffnung! Oh, nun kann ich *Vidura* sehen und ihm dienen, ihm, der uns gehegt und gepflegt, beschützt und geleitet hat! Ich hatte schon gefürchtet, dass sich mir niemals diese Gelegenheit bieten würde!"

Die erfreuliche Kunde wurde durch Höflinge bei den Königinnen, Prinzessinen und Damen des königlichen Haushalts verbreitet. *Dharmarāja* blieb auch nicht untätig. Mit allen, die ihn umgaben, besprach er das große Ereignis. Er wollte seine Freude mit anderen teilen. Dem Heer gab er Befehl, die entsprechenden Vorkehrungen zu treffen, um den Weisen *Vidura*, den Bruder seines verstorbenen Vaters, einen der vornehmsten Jünger des Herrn, in der Hauptstadt willkommen zu heißen. Auch die Bürger der Stadt wurden aufgerufen und gebeten, einen großartigen Empfang vorzubereiten.

Sie schmückten die Straßen und Häuser, errichteten Bögen und hängten Girlanden und Flaggen auf. In jeder Straße wurden den Kindern, Frauen und Alten besondere Sitzplätze zugeteilt, die ihnen einen guten Blick auf den Umzug und den großen Heiligen sicherten. Es war rührend anzusehen, wie so viele alte Männer und Frauen an ihren Stöcken voranstolperten, eifrig bemüht, einen Blick auf *Vidura* zu erhaschen, den sie als Verkörperung des *Dharma* priesen, als den wahrlich göttlichen Paten der *Pāndavas*.

Einige hatten zuerst gedacht, dass die Meldung, *Vidura* sei am Rande der Stadt erschienen, auf irgendeiner Traumvision beruhe und nicht tatsächlich wahr sein könne. Sie hatten schon so viel erlebt, dass sie das Gerücht nicht hinnehmen konnten, ohne sich persönlich zu überzeugen. Nie hätten sie geglaubt, dass *Vidura* jemals nach *Hastināpura* zurückkehren würde. So versammelten sie sich an bestimmten Aussichtspunkten und bereiteten sich auf den großen Augenblick vor, da ihre Augen auf dem Heiligen ruhen würden. Den ganzen Weg entlang quollen alle Häuser über von Menschen, und in den Bäumen hingen Girlanden aus unternehmungslustigen Jünglingen, die aufgeregt und erwartungsfroh dem ankommenden Gast zujubelten.

Der König bestieg in zeremonieller Kleidung den königlichen Triumphwagen und verließ den Palast mit seinen Brüdern, um den berühmten Jünger des Herrn nach Hause zu geleiten.

Vidura schritt ihnen auf bloßen Füßen langsam und würdevoll entgegen. Sein langes Haar war ungekämmt, und er war in Mönchsgewänder gehüllt. Der König und seine Brüder stiegen von ihren Fahrzeugen, verneigten sich ehrerbietig vor *Viduras* Füßen und folgten ihm dann zu Fuß in respektvollem Abstand. Die Bürger rannten auf *Vidura* zu und warfen sich vor ihm nieder, trotz aller Versuche der Wächter, sie zurückzuhalten. Die *Pāndavas* waren nicht imstande, ihre Willkommensgrüße in Worte zu fassen; ihre Freude war grenzenlos. Nur ihre Augen verliehen mit Tränen der Dankbarkeit ihrer Freude Ausdruck. Sie umschlangen *Vidura* fest mit ihren Armen und baten ihn inständig, den Triumphwagen zu besteigen, so dass die Zuschauermengen in allen Straßen sich nach Herzenslust an seinem Anblick erfreuen könnten. *Vidura* ließ sich überreden. Im königlichen Gefährt sitzend, gewährte *Vidura* den Menschenmassen am Wege seinen heiligen Anblick. Schließlich erreichte der Zug den Palast. Eine süße Flut von Gesang und Freudenkundgebungen durchströmte an diesem Tage die Straßen der Stadt.

Manche Bürger blieben in ihrer Begeisterung wie angewurzelt stehen. Das mühsame Leben im *Tapas* hatte *Vidura* so verändert, dass er ein anderer zu sein schien, umstrahlt von göttlichem Licht wie *Indra*, der Götterkönig. Die Menschen teilten einander ihre Freude und ihren Jubel mit. Viele vergossen auch Tränen, wenn sie an die Prüfungen und Leiden *Viduras* dachten und an den Frieden, den er dadurch erlangt hatte. Auch die Königinnen und Prinzessinen durften verschleiert *Viduras Darshan* genießen und waren überglücklich.

Viduras Entsagung

Im Palaste angekommen, erkundigte sich *Vidura* nach dem Wohlergehen eines jeden seiner Verwandten. Dann kam *Kuntī Devī*, die Königinmutter, herein, umfing ihn mit liebevollen Blicken und sprach: „Endlich ist es uns vergönnt, dich zu sehen, o *Vidura*!" Mehr konnte sie nicht hervorbringen.

Nach einer Weile begann sie wieder: „Wie konntest du so lange fortbleiben, ohne dich um die Kinder zu kümmern, die du mit so viel Liebe aufgezogen hast, und ohne an mich und die anderen zu denken, die dich so verehren? Dank deiner Gnade sind meine Kinder nun Herrscher über dieses Land. Wo wären sie nun, wenn nicht du sie aus manch gefährlicher Lage gerettet hättest? Manches Unglück hat uns heimgesucht, das größte Unglück aber war deine Abwesenheit. Das hat uns am stärksten getroffen. Selbst die Hoffnung, dich noch einmal zu sehen, war in uns erloschen. Jetzt blühen unsere Herzen wieder auf. Unsere von Verzweiflung zunichte gemachten Bestrebungen und Bemühungen vereinen sich wieder. Heute ist unser Glück endlich vollkommen. Oh, welch glücklicher Tag!" *Kuntī* verstummte und wischte ihre Tränen fort.

Vidura hielt ihre Hände, aber auch er konnte seine Tränen nicht zurückhalten. Er erinnerte sich der mannigfaltigen Ereignisse, die sich in der Vergangenheit der *Kaurava*- und *Pāndava*-Sippen zugetragen hatten. „Mutter *Kuntī Devī*" sprach er, „wer kann den Fügungen des Schicksals entgehen? Was geschehen muss, geschieht. Die guten und schlechten Taten der Menschen zeitigen gute und schlechte Ergebnisse. Wie kann man sagen, der Mensch sei frei, wenn er durch dieses Gesetz von Ursache und Wirkung gebunden ist? Er ist eine Marionette in den Händen dieses Gesetzes, es zieht an den Fäden und bestimmt die Bewegungen. Unsere Vorlieben und Abneigungen haben keine Bedeutung. Alles ist Gottes Wille und seine Gnade." Während *Vidura* so die grundlegenden spirituellen Wahrheiten auslegte, die das Menschenleben bestimmen, saßen die Brüder *Dharmarāja*, *Bhīma*, *Nakula* und *Sahadeva* dicht bei ihm und hörten aufmerksam zu.

Kuntī hob schließlich den Kopf und sprach: „Durch deinen Segen haben wir den Krieg gewonnen, aber es lag nicht in unserer Macht, *Subhadras* Sohn und die Söhne *Draupadīs* zu retten. Das Unglück hat uns schwer heimgesucht. Natürlich hast du recht: Niemand kann seinem Schicksal entrinnen. Nun gut, lass uns das Vergangene vergessen. Es ist sinnlos, sich über etwas zu grämen, was nicht mehr zu ändern ist. Ich muss sagen, dass der Durst meiner Sehnsucht nun beträchtlich erleichtert wurde, denn ich durfte dich nun endlich sehen. Wo bist du die ganze Zeit gewesen? Erzähle!"

Vidura erwiderte, dass er eine Pilgerreise zu einer Reihe heiliger Stätten unternommen habe. Hingerissen lauschten die Brüder seinem Bericht und überhäuften ihn mit Fragen. *Dharmarāja* betonte, dass er kaum den Tag erwarten könne, an dem auch er alle diese heiligen Erfahrungen durchleben dürfe. Wann immer *Vidura* ein bestimmtes Heiligtum erwähnte, faltete *Dharmarāja* anbetend die Hände und stellte sich mit geschlossenen Augen den heiligen Ort vor. „Warst du in *Dvārakā*?", warf *Bhīma* ein. „Bitte erzähle uns, was du dort erlebt hast!" Auch *Dharmarāja* schaltete sich ein: „Du musst doch *Krishna*, den Herrn, dort getroffen haben? Berichte uns bitte ganz ausführlich, was geschah!" Auch *Kuntī Devīs* Neugier wurde geweckt, und sie sprach: „Ja, erzähle uns alles! Mein Sohn ist jetzt dort, du musst auch ihn gesehen haben. Wie geht es allen? Den alten Eltern *Nanda* und *Yashodā* geht es hoffentlich gut? Und wie geht es *Devakī* und *Vasudeva*?" *Vidura* wurde mit Fragen überschüttet, noch bevor er anheben konnte zu sprechen.

Er war auch nicht allzu eifrig bemüht, die Fragen zu beantworten. Er sprach, als wolle er vermeiden, zu tief in dieses Thema verwickelt zu werden. Auf dem Wege nach *Dvārakā* hatte er von *Uddhava*, *Krishnas* Vertrautem, erfahren, dass der *Yādava*-Stamm ausgestorben war und *Krishna* seine menschliche Laufbahn beendet hatte. *Vidura* wollte den *Pāndavas* keinen Schmerz zufügen, nun, da die Freude über das Wiedersehen mit ihm nach so langer Zeit sie gerade aufgerichtet hatte. „Warum sollte ich, der ihnen so viel Freude bereitet hat, ihnen die Freude wieder nehmen?", sagte er sich. „Sie werden es ja doch von *Arjuna* erfahren, der mit der traurigen Botschaft von *Dvārakā* wiederkehren wird." So behielt er die Nachricht zurück, die ihm immer wieder auf der Zunge lag, und begnügte sich damit, sich selbst und die anderen mit der Beschreibung von *Krishnas* Herrlichkeit zu beglücken. „Ich wollte die Freunde und Verwandten nicht in diesem Asketengewand aufsuchen", sprach er, „daher habe ich keinen der *Yādava*-Führer getroffen und auch *Nanda*, *Yashodā* und die anderen nicht." Das war alles, was er sagte, und weiter ließ er sich nicht über *Dvārakā* und seine Pilgerfahrt aus.

„Zu euch bin ich gekommen", fuhr er fort, „weil ich erfuhr, dass ihr den Krieg gewonnen habt und endlich in Frieden euer rechtmäßig ererbtes Königreich regiert. Ich fühlte mich zu diesen Kindern hingezogen, die ich von ihren frühesten Jahren an erzogen habe. Die Zuneigung zu ihnen hat mich hierher gebracht. Von allen Verwandten und Freunden lockte es mich einzig euch zu sehen, sonst wollte ich niemanden besuchen." Mit diesen Worten ging er auf die Lehren des *Vedanta* über, die er gern mitteilen wollte. Am Ende der Unterhaltung bat *Dharmarāja*, *Vidura* möge doch die für ihn hergerichteten Gemächer beziehen, und er geleitete ihn selbst dorthin.

Er wählte einige Leute aus, die er beauftragte, *Vidura* zu bedienen und bat ihn, hier auszuruhen. *Vidura* gefiel der Gedanke, seine Zeit an solch luxuriösem Orte zuzubringen, nicht sonderlich. Um aber *Dharmarāja* nicht zu enttäuschen, bezog er das Haus. Er legte sich auf das Bett und ließ die Vergangenheit vor seinen Augen vorüberziehen. Er seufzte, als ihm bewusst wurde, dass die Machenschaften, die sein blinder Bruder *Dhritarāshtra* ersonnen hatte, um die *Pāndavas*, die Kinder seines Bruders *Pāndu*, zu vernichten, auf ihn selbst zurückgefallen waren und die Auslöschung seiner eigenen Familie bewirkt hatten. Er bewunderte *Dharmarāja* für die Großherzigkeit, die er *Dhritarāshtra* bewies, obwohl dieser die *Pāndavas* auf mannigfache Weise gequält hatte. *Dharmarāja* verehrte ihn mit großem Glauben und tiefer Ergebenheit und tat alles für seine Bequemlichkeit. *Vidura* fühlte äußersten Abscheu, als er sich die Schlechtigkeit von *Dhritarāshtras* Herzen vor Augen führte. Er schämte sich für den alten Mann, der in aller Seelenruhe im Luxus des Palastes schwelgte, statt sich um Loslösung von den nichtigen Sinnenfreuden zu bemühen und die Verwirklichung des Zieles menschlichen Lebens, nämlich Befreiung aus dem Kreislauf von Geburt und Tod, anzustreben. Dass sein Bruder die wenigen ihm noch verbleibenden Jahre auf Erden vergeudete, bereitete ihm unerträgliche Pein.

Die Hellsichtigkeit, die er als *Yogi* erlangt hatte, zeigte ihm, dass auch die *Pāndavas* bald nicht mehr da sein würden. *Krishna*, der sie auf Erden behütet hatte, würde auch im Jenseits hervorragend für sie sorgen. Der blinde König jedoch würde nach dem Fortgang der *Pāndavas* noch mehr leiden. Als *Vidura* dies bedachte, beschloss er, diesen unglückseligen Bruder auf eine Pilgerreise zur Vollendung und Verwirklichung seines Schicksals zu schicken, und zwar unverzüglich. So glitt er schnell hinaus in die Dunkelheit und begab sich unbemerkt geradewegs zu *Dhritarāshtras* Gemächern.

Der blinde König und *Gandhārī*, seine Königin, hatten natürlich erwartet, dass *Vidura* sie aufsuchen würde, denn auch sie hatten erfahren, dass er in die Stadt gekommen war. Als *Vidura* nun hereinkam, umarmte *Dhritarāshtra* ihn unter Freudentränen. Er konnte nicht an sich halten, zählte eine nach der anderen die Katastrophen auf, die ihn und seine Kinder heimgesucht hatten, und beklagte sein Schicksal. *Vidura* suchte ihn mit den tiefen Weisheiten der heiligen Schriften zu trösten. Doch er entdeckte bald, dass das versteinerte Herz des Alten nicht durch die Anwendung kühler Ratschläge schmelzen würde, und er merkte, dass die Dummheit dieses Mannes nur mit harten Schlägen zu heilen war.

So begann er, einen anderen Ton anzuschlagen und verlegte sich auf Vorwürfe und Beschimpfungen. Das rüttelte *Dhritarāshtra* auf. „Bruder", protestierte er, „wir brennen vor Schmerzen über den Verlust unserer hundert Söhne, und du stichst noch mit den Schwertern deiner bösen Beschimpfungen in unsere Wunden! Noch bevor wir die Freude über unser Wiedersehen nach so langer Zeit auskosten können, versuchst du, uns noch tiefer ins Leid zu stürzen. Warum tust du das? Ach, warum soll ich dir Hartherzigkeit vorwerfen? Alle lachen mich aus, jeder schiebt mir die Schuld zu; es steht mir nicht zu, dich zu kritisieren." *Dhritarāshtra* senkte den Kopf in die Hände und schwieg.

Vidura erkannte, dass dies der günstigste Augenblick war für eine Lektion über Verzicht, die einzige Möglichkeit, ihn vor der Verdammnis zu retten. Er wusste, dass er nun in bester Absicht handelte, denn er wollte, dass sie auf eine Pilgerfahrt gingen, um sich mit Heiligem zu erfüllen und große und gute Menschenseelen zu treffen. Sie sollten Gott, den Herrn, in ihrem Inneren erkennen und sich auf diese Weise erlösen. Daher entschloss er sich zu noch härteren Worten, um *Dhritarāshtra* und die Königin umzustimmen. Obwohl ihre augenblickliche Hilflosigkeit und Aussichtslosigkeit ihn mit Mitleid erfüllte, bedachte *Vidura* doch die kommenden Tage der Not, in denen sie allen Mut brauchen würden, den nur *Jnāna* allein ihnen verleihen konnte. Darum war er fest entschlossen, sie zum Handeln anzutreiben.

„Oh du törichter König!", sprach er. „Schämst du dich denn gar nicht? Können dir irdische Vergnügungen noch Freude bereiten? Was bringt es dir, dich im Schmutz zu wälzen, bis du stirbst? Ich denke, nun ist's mehr als genug. Die Zeit ist eine Kobra, die auf der Lauer liegt, bereit, dir den Todesbiss zu versetzen! Und du wagst noch zu hoffen, dass du ihr entkommen und ewig leben kannst! Noch nie ist jemand, ganz gleich wie groß und mächtig, diesem tödlichen Biss entkommen. Du läufst in dieser vergänglichen Welt dem Glück hinterher und versuchst, ein bisschen armselige Befriedigung deiner Wünsche zu erlangen. Du vergeudest wertvolle Jahre! Verleihe deinem Leben Bedeutung. Es ist noch nicht zu spät, dir einen Ruck zu geben. Gib diesen Käfig auf, den du dein Zuhause nennst. Treib dir die schäbigen Vergnügungen dieser Welt aus dem Kopf. Denk an die Freude, die dich erwartet, an die Welt, die dich am Ende dieser Reise begrüßt. Erlöse dich! Entziehe dich dem törichten Schicksal, dieses Leben im Schmerz der Trennung von Familie und Freunden zu beenden. Lerne zu sterben mit dem Gedanken an den Herrn an erster Stelle im Augenblick des Dahinscheidens. In Freuden im tiefsten Dunkel des Waldes zu sterben, ist viel besser, als in Leiden im Palast dieser Hauptstadt dahinzugehen. Geh, geh und tue Buße. Fort von diesem Ort, diesem Gefängnis, das du dein Heim nennst!"

Vidura, der Ratgeber

Vidura ermahnte *Dhritarāshtra* noch weiter: „Du hast dieses vorgerückte Alter erreicht und führst dennoch schamlos und ohne zu zögern das Leben eines Hundes! Vielleicht magst du dich nicht dafür schämen, ich aber wohl! Schande über dich! Deine Art, die Tage zu verbringen, ist schlimmer als die einer Krähe."

Mehr konnte *Dhritarāshtra* nicht ertragen. „Genug, genug!", rief er, „Bitte, hör auf! Du quälst mich zu Tode. So spricht man doch nicht mit seinem Bruder. Wenn ich dich so reden höre, kann ich nicht glauben, dass du *Vidura*, mein Bruder, bist. Der würde mich doch nicht so grausam schelten. Ist denn *Dharmarāja*, bei dem ich jetzt lebe, ein Fremder? Habe ich denn bei einem Unbekannten Zuflucht genommen? Was sprichst du da? Warum diese harten Worte? *Dharmarāja* umsorgt mich mit großer Liebe und Zuwendung; wie kannst du da behaupten, dass ich ein Bettlerleben wie ein Hund oder eine Krähe führe? Wenn du solche Gedanken hegst, so ist das Sünde. Dies ist nur mein Schicksal, und sonst nichts." *Dhritarāshtra* senkte stöhnend den Kopf.

Vidura lachte spöttisch. „Hast du denn keinerlei Schamgefühl, dass du so sprichst? Wenn *Dharmarāja* aus reiner Güte besser für dich sorgt als für seinen eigenen Vater, wenn er dich mit mehr Liebe umhegt, als deine eigenen Söhne es tun, so spiegelt das nur seinen guten Charakter wider. Es beweist die Größe der Bedeutung seines Namens. Aber solltest du nicht selbst für deine Zukunft sorgen? Mit einem Bein stehst du schon im Grabe, und immer noch füllst du dir in blinder Bequemlichkeit den Magen und räkelst dich im Überfluss. Denk einmal einen Moment lang daran, wie du *Dharmarāja* und seine Brüder gepeinigt hast, um den üblen Absichten deiner bösartigen Söhne zu dienen, und wie du eine List nach der anderen zu ihrer Vernichtung ersonnen hast! In ein Haus

aus Wachs hast du sie gesteckt und dieses dann angezündet; vergiften wolltest du sie! Ihre Königin hast du auf die niedrigste Weise vor einer riesigen Versammlung beleidigt. Zusammen mit deiner abscheulichen Brut hast du den Söhnen *Pāndus*, deines eigenen Bruders, einen Schmerz nach dem anderen zugefügt. Du blinder, seniler, dickhäutiger Elefant! Auf dem Thron hast du gesessen und ständig alle, die um dich waren, gefragt: ‚Was geschieht jetzt? Was passiert nun?' Wie kannst du hier bleiben und *Dharmarājas* Gastfreundschaft genießen, wenn du an die Schandtaten denkst, die du zu seiner Vernichtung ersonnen hast? Als du ihren Tod plantest, waren sie da nicht mehr deine Neffen? Oder wurden sie erst jetzt zu deinen Neffen, seit du bei ihnen wohnst? Und du erzählst mir so stolz und ohne Scham, dass sie dich gut behandeln!

Wozu so viele Worte machen? Das verhängnisvolle Würfelspiel fand doch auch auf dein Betreiben hin statt, oder etwa nicht? Willst du das leugnen? Nein! Ich war Zeuge dieses Spiels. Ich habe dir damals abgeraten, aber hast du dir das zu Herzen genommen? Wo waren denn da das Mitgefühl und die Liebe, die du nun so freigebig verströmst? Nun verschlingst du wie ein Hund das Futter, das die *Pāndavas* dir servieren, und führst ein verabscheuungswürdiges Leben!"

Diese Worte *Viduras*, die ihn wie schmerzhafte Hammerschläge trafen, bewirkten, dass in *Dhritarāshtra* ein Widerwille gegen seinen Lebenswandel erwachte. *Vidura* beabsichtigte, ihn zu einem gottgeweihten Einsiedlerleben anzuspornen, damit er zu sich selbst fände, bevor es zu spät war. Endlich merkte *Dhritarāshtra*, dass *Vidura* die reine Wahrheit sprach und ihm ein wahres Bild seiner niederen Natur vorhielt. „Bruder", sprach er, „jawohl, alles, was du gesagt hast, ist wahr, ich muss es einsehen. Ich habe es jetzt erkannt. Doch was soll ich tun? Ich bin blind und kann daher nicht allein in die Wälder gehen, um dort in mich zu gehen. Ich brauche einen Gefährten. Was soll ich tun? Aus Angst, dass ich Hunger leiden könnte, lässt *Gandhārī* mich keinen Augenblick allein."

Vidura sah, dass *Dhritarāshtra* seine Haltung geändert hatte und Licht ahnte. Daher betonte er nochmals seinen Ratschlag und sprach: „Blind bist du vor allem geworden, weil du so an deinem Körper hängst. Wie lange kannst du den herumschleppen? Irgendwo, irgendwann muss er am Wegrand zurückgelassen werden. Wisse, dass du nicht dieser Körper bist, nicht dieses Bündel übelkeiterregender Dinge. Dich mit der körperlichen Erscheinung zu identifizieren ist ein Zeichen äußerster

Dummheit. Ständig belagert der Tod mit seinem Heer von Krankheiten den Körper. Doch du bist dir dessen nicht bewusst, erwägst nicht das Für und Wider; du schläfst dich aus und schnarchst. Bedenke, dass dieses Schauspiel auch ein Ende hat! Irgendwann muss der Vorhang fallen. Darum eile ohne Zögern an eine heilige Stätte, meditiere über Gott und rette dich. Lass dort den Tod kommen und deinen Körper davontragen, das ist der allerbeste Schluss. Stirb nicht wie ein Hund oder Fuchs irgendwo und irgendwie. Steh auf und geh! Lerne loszulassen! Gib diese Täuschung auf, brich aus aus diesem Hause!"

So wurde im Herzen *Dhritarāshtras* der Same der Entsagung gesät. Lange dachte er nach, dann brach er in Tränen aus. Seine Lippen bebten, und seine Hände tasteten nach allen Seiten, um *Vidura* zu finden. Schließlich hielt er dessen Hände und sprach: „*Vidura*! Was kann ich dir erwidern? Du hast mir den wertvollsten Rat gegeben, der sich zu meinem Besten auswirken wird. Obwohl du an Jahren jünger bist, macht deine Weisheit dich zum Ältesten von uns allen. Dir steht es völlig zu, so zu sprechen, wie du es für richtig befindest. Betrachte mich nicht als Außenseiter. Hab Geduld und höre mich an. Ich will sicher deinem Rat folgen." Dann begann *Dhritarāshtra*, seinem Bruder seine Lebensumstände darzulegen.

„*Vidura*", sprach er, „wie kann ich von hier fortgehen, ohne *Dharmarāja* Bescheid zu geben, der besser für mich sorgt als irgendein Sohn? Es wäre nicht recht, einfach so davonzugehen. Dann könnte es aber sein, dass er darauf besteht, mit uns zu gehen; so ist nun einmal seine Art. Du musst mich aus diesem Zwiespalt befreien. Bring mich irgendwohin, wo ich mich dem *Sādhana* widmen kann."

Auf diese Bitte entgegnete *Vidura*: „Was du da sagst, klingt merkwürdig. Du gehst nicht in die Wälder, um an Festessen teilzunehmen, einen Karneval zu erleben oder die Schönheit der Landschaft zu genießen. Du gibst alles auf, im vollen Bewusstsein der Entsagung! Du beginnst ein Leben der Buße und der spirituellen Disziplin, und im selben Atemzuge sprichst du von ‚um Urlaub bitten' und ‚Abschied nehmen' von Verwandten und Bekannten! Das ist sonderbar. Du entschließt dich, den Körper aufzugeben, um dem höchsten Ziel nachzugehen, und gleichzeitig überlegst du, wie du dazu Erlaubnis einholen kannst von Menschen, die über den Körper mit dir verwandt sind. Diese Bindungen sind dem *Sādhana* nicht dienlich. Sie können dich niemals befreien. Schnür sie zusammen und lass sie in der Versenkung verschwinden.

Verlass diesen Ort mit nichts weiter als den Kleidern, die du trägst. Vergeude nicht einen Augenblick deines Lebens!"

Gnadenlos und ohne die Tonart zu wechseln, gab *Vidura* ihm seinen Rat und betonte die Wichtigkeit sofortigen Verzichts. *Dhritarāshtra* saß auf seinem Bette, hörte aufmerksam zu und überlegte den nächsten Schritt. „*Vidura*", sagte er, „du hast völlig recht. Ich brauche dir nichts über meine besonderen Schwierigkeiten zu erzählen. Dieser Körper ist hinfällig, die Augen sind blind. Ich brauche doch wenigstens irgend jemanden, der mich führt, nicht wahr? Deine Schwägerin hat ihre Augen mit einem Verband ‚erblinden' lassen, um meine Behinderung zu teilen und auf die gleiche Weise zu leiden. Wie können wir beiden blinden Menschen im Wald umherziehen? Wir mussten uns unser Leben lang auf andere verlassen."

Vidura sah, wie dem alten Manne die Tränen über die Wangen liefen. Er hatte Mitleid mit seinen Qualen, doch zeigte er es nicht, sondern sprach beruhigend: „Nun, ich will euch gern in den Urwald bringen. Ich bin bereit. Was könnte schöner für mich sein, als dich zu diesem heiligen Zweck von hier zu erlösen. Komm, steh auf, komm mit!" *Vidura* stand auf. Auch *Dhritarāshtra* erhob sich von seinem Bett. *Gandhārī* stand neben ihm, eine Hand auf seine Schulter gelegt, und bat: „Herr, ich will mit euch gehen, ich bin zu allem bereit."

Dhritarāshtra jedoch sprach: „Oh, es ist sehr schwer, Frauen im Urwald zu behüten. Es wimmelt da von wilden Tieren, und das Leben dort ist voller Entbehrungen." In dieser Art sprach er noch lange weiter, aber sie wandte ein, dass sie ihren Herrn und Gebieter nicht verlassen könne. Entbehrungen könne sie ebensogut ertragen wie er, und es sei ihre Pflicht, ihm bis zum Tode zu dienen; sie folge hiermit nur den von den Juwelen der indischen Weiblichkeit errichteten Traditionen. Es entspräche nicht dem *Dharma*, sie an der Erfüllung ihres *Dharma* zu hindern; das Leben in den Frauengemächern des Palastes ohne ihren Herrn wäre ihr unerträglich, viel lieber wolle sie mit ihm im Dschungel leben. Sie bat ihn inständig um Erlaubnis, ihn zu begleiten.

Dhritarāshtra blieb stumm, er wusste nicht, was er sagen sollte. Dafür ergriff *Vidura* das Wort: „Jetzt ist nicht die Zeit, sich in Spitzfindigkeiten zu ergehen. Wie könnte diese Frau, die nie einen Augenblick ohne dich zugebracht hat, dich plötzlich verlassen und von dir getrennt leben? Das wäre nicht recht. Lass sie mitgehen; wir nehmen sie mit. Für alle, die sich zur Buße aufmachen, sollte es weder Angst noch Täuschung geben, weder Hunger noch Durst, keinen Schmerz und kein Leiden. Solches zu beklagen oder zu erwarten, hat nichts mit Buße zu tun. Was scheren dich Entbehrungen, wenn du dem Körper entsagen willst? Komm, es gibt keinen Grund zu zögern." *Vidura* setzte sich in Bewegung und führte *Dhritarāshtra,* in aller Stille gefolgt von *Gandhārī,* deren Hand auf der Schulter ihres Gatten lag.

Unbemerkt von Wächtern und Bürgern führte *Vidura,* der heilige Jünger des Herrn, das Paar durch Seitenstraßen hinaus aus dem Stadtbezirk. Er trieb sie zur Eile an, denn er wollte den Wald noch vor Tagesanbruch erreichen. Zuvor musste jedoch noch der Ganges mit einem Boot überquert werden, und weit und breit war kein Fährmann zu finden, der sie vor Sonnenaufgang hätte hinüberfahren können. So waren sie gezwungen, am Ufer des heiligen Flusses zu warten. *Vidura* ließ das Paar ein Weilchen in einer Laube rasten und besorgte ein Boot, das sie alle in der Dunkelheit ans andere Ufer brachte.

Dhritarāshtras Verwandlung

Mit *Vidura* erreichten *Dhritarāshtra* und *Gandhārī* den Wald. *Vidura* suchte einen Platz aus, an dem sie ihre Bußübungen verrichten konnten. Er beriet sie auch hinsichtlich der besten Mittel und Wege auf der Suche nach Selbstverwirklichung. In heiliger Gesellschaft und mit heiligen Gedanken verbrachten sie ihre Tage.

In *Hastināpura* war inzwischen bei Sonnenaufgang *Dharmarāja* erwacht, hatte seine rituellen Waschungen vollzogen und die zeremonielle Anbetung des Hausfeuers ausgeführt. Auch die täglichen Almosen an die Armen hatte er ausgeteilt. Nun begab er sich wie gewohnt zu Fuß zum Palaste seines väterlichen Onkels *Dhritarāshtra,* denn nie begann er mit der Erfüllung seiner täglichen Pflichten, ohne sich zuvor den Staub von dessen Füßen auf sein Haupt getan zu haben. *Dharmarāja* traf den König und die Königin nicht in ihren Gemächern an. Er wartete eine Weile auf ihre Rückkehr und schaute immer wieder überall nach, in der Erwartung, dass sie jeden Augenblick auftauchen würden. Es fiel ihm jedoch auf, dass die Betten unbenutzt aussahen – die Kissen wiesen keinerlei Gebrauchsspuren auf, und die Möbel schienen unberührt. Er überlegte einen Augenblick, ob die Zimmer wohl schon aufgeräumt worden waren, verwarf den Gedanken jedoch wieder. Die Furcht, dass die beiden fortgegangen sein könnten, befiel ihn. Er eilte in *Viduras* Gemach und entdeckte, dass auch er geflüchtet sein musste, denn sein Bett war ebenfalls unbenutzt.

Von den Dienern erfuhr er, dass der Heilige von seinem Besuch beim König und der Königin nicht zurückgekehrt war. *Dharmarāja* erschrak zutiefst. Er ging zurück in den Palast, durchsuchte sorgfältigst jedes Zimmer und fand seine Befürchtungen bestätigt. Seine Hände und Beine zitterten vor Verzweiflung, die Zunge wurde ihm trocken, und er war nicht mehr fähig, auch nur ein Wort hervorzubringen. Er fiel zu Boden, als wäre das Leben aus ihm entwichen. Als er wieder zu sich kam, konnte er nur undeutlich stammeln. Er rief nach *Vidura*, immer wieder, und die ihn umringenden Beamten hegten schon die schlimmsten Befürchtungen. Jedermann eilte, von Schreckensahnungen getrieben, herbei, um zu fragen, was denn geschehen sei. Im Kreise umstanden alle ihren Herrn und warteten auf seine Befehle.

In diesem Augenblick erschien, völlig überraschend, *Sanjaya*, *Dhritarāshtras* Wagenlenker. *Dharmarāja* erhob sich und ergriff *Sanjayas* Hände. „Meine Eltern sind fort", sprach er, „ich fand ihre Zimmer leer. Warum haben sie das getan? Sag, haben sie dir irgend etwas verraten? Wenn ich wüsste, wo sie sich aufhalten, könnte ich zu ihnen eilen, mich ihnen zu Füßen werfen und um Vergebung für all meine Verfehlungen bitten. Sag schnell, *Sanjaya*, wohin sind sie gegangen?" Aber auch *Sanjaya* wusste nichts über ihren Verbleib. Er wusste nur, dass *Vidura* dahinter stecken musste. Auch er vergoss Tränen und sprach, *Dharmarājas* Hände haltend, mit vor Gefühlserregung bebender Stimme: „Herr und Meister, glaube mir, ich spreche die Wahrheit. Gewiss hat *Dhritarāshtra* mich selbst in Kleinigkeiten befragt und meinen Rat eingeholt, doch in dieser Angelegenheit hat er gehandelt, ohne sich mit mir zu beraten, ja, ohne mich überhaupt zu benachrichtigen. Ich bin völlig überrascht. Obwohl ich ihm nahe war, weiß ich nicht das Geringste über seine Reise. Ich kann mir auch nicht vorstellen, warum er so gehandelt hat. Ich hätte mir nie träumen lassen, dass er mich derart hintergehen könnte. Er hat mir wohl Achtung gezollt und Vertrauen in mich gezeigt, aber er hat mich hintergangen. Ich kann nur sagen, dass das mein Unglück ist." *Sanjaya* begann, wie ein Kind zu weinen.

Dharmarāja tröstete ihn und sagte, dass in Wahrheit alles eine Folge von *Dhritarāshtras* eigenen Sünden sei und nicht *Sanjayas* Schuld. „Hieran kann man das Ausmaß unseres Unglücks ermessen!", sprach er. „Unser Vater verließ uns, als wir noch Kinder waren, und dieser Onkel hat uns von jungen Jahren an aufgezogen. Wir haben ihn als Onkel wie auch als Vater verehrt und versorgt. Ich muss unwissentlich einen Fehler begangen haben; bewusst ist mir das nicht möglich. Onkel und Tante quälten sich im Schmerz über den Verlust ihrer hundert Söhne. Ich wollte ihnen gern ein wenig Frieden verschaffen. Daher dienten meine vier Brüder und ich ihnen von ganzem Herzen, damit sie diesen schrecklichen Verlust vergäßen. Wir haben dafür gesorgt, dass auch nicht das Geringste im Dienst an ihnen außer acht gelassen wurde. Unsere Verehrung und Zuneigung ist unvermindert. Weh über uns, wenn sie diesen Ort verlassen haben! Welch ein Unglück, was für ein Schicksalsschlag!", jammerte *Dharmarāja*.

„Mein Onkel und meine Tante sind alt und schwach und außerdem blind. Ich begreife nicht, wie sie es fertiggebracht haben, von hier fortzugehen. Wie müssen sie nun leiden! Nicht ein einziger Diener ist mit ihnen gegangen. Wozu habe ich denn so viele? In ihrem Ungeschick können sie längst in den Ganges gefallen sein. Oh, ich Unglücklicher! Wie meinen Augapfel habe ich die beiden gehütet, und nun habe ich nicht verhindern können, dass dieses tragische Schicksal sie ereilt." *Dharmarāja* schlug sich in tiefem Schmerz an die Brust.

Seine Brüder hörten seine Klagen und eilten dem Weinenden zur Seite. Auch *Kuntī*, die Mutter, erkundigte sich ängstlich nach dem Grund diesel Schmerzes. Sie schaute in alle Zimmer, und da sie *Gundhārī* und ihren Schwager nicht fand, fragte sie *Sanjaya*, was ihnen zugestoßen sei. *Sanjaya* war nicht in der Lage, Antwort zu geben; er konnte nur noch weinen. „Wohin sind sie gegangen, alt und hilflos wie sie sind? Sagt es mir!" rief *Kuntī*, doch niemand konnte ihr antworten. *Dharmarāja* hatte seine Brüder zu sich herangewinkt und machte Handbewegungen, die sie nicht deuten konnten. Dann nahm er allen Mut zusammen und erhob sich vom Boden. Es gelang ihm, ihnen mitzuteilen, was seit Sonnenaufgang geschehen war, und er bat *Bhīma*, Streitkräfte in alle Richtungen auszusenden. Sie sollten die Vermissten suchen und finden, denn blind wie sie waren, konnten sie noch nicht weit gekommen sein.

Bhīma, *Nakula* und *Sahadeva* gehorchten ihrem Bruder und sandten überallhin Truppen aus. Alle Straßen, Gassen und Seitengässchen wurden durchsucht. Sie schauten in alle Brunnen, sahen in allen Teichen und Seen nach, doch keine Spur des blinden Paares war zu entdecken. Da man annahm, dass sie in den Ganges gefallen waren, wurden Spezialisten herbeigerufen, um die Ufer abzusuchen und sogar in die Fluten zu tauchen, um irgendeine Spur zu entdecken. Doch alle Bemühungen waren vergebens. Die *Pāndava*-Brüder waren untröstlich, dass sie das Königspaar nicht vor seinem schrecklichen Schicksal bewahren konnten.

Währenddessen saßen *Dhritarāshtra* und *Gandhārī* in vorschriftsmäßiger Haltung in seliger Kontemplation über Gott und übten strenge Kontrolle über ihren Geist aus. Dieweil sie sich so in göttlicher Kontemplation verloren und aufgingen in diesem allerhöchsten Glück, raste ein riesiger Waldbrand über sie hinweg und verzehrte auch sie in seinem heftigen Ansturm.

Vidura aber hatte den Wunsch, seinen Körper im Heiligtum von *Prabhāsakshetra* abzulegen. Er floh vor dem Feuer, und voll Freude über das äußerst glückliche Ende des Paares setzte er seine Pilgerfahrt fort. So erreichte er schließlich den Ort, den er für seinen Schlussakt erwählt hatte. Hier legte er jene Hülle ab, die aus den fünf Elementen zusammengesetzt und daher materiell und vergänglich ist.

Böse Ahnungen und Vorzeichen

Dharmarāja, geschüttelt vom Schmerz über die Abreise seines Onkels und seiner Tante, erlitt einen weiteren, schier unerträglichen Schmerzanfall, der ihn wie Nadelstiche unter die Fingernägel traf. Wohin er sich auch wandte, überall in seinem Königreich begann er üble Vorzeichen zu sehen. In allem, was um ihn herum geschah, bemerkte er Spuren von Falschheit, Grausamkeit und Ungerechtigkeit. Dies alles beggenete ihm auf Schritt und Tritt und verwirrte ihn.

Die Folge war, dass ihn erneut unerklärliche Ängste befielen. Sein Gesicht wurde bleich vor Besorgnis, gezeichnet von ständiger Unruhe und Sorge. Die Brüder *Bhīma*, *Nakula* und *Sahadeva*, die dies bemerkten und auch beunruhigt waren, brachten ihrem ältesten Bruder gegenüber ihre Bereitschaft zum Ausdruck, die Ursachen für seine merkwürdige Traurigkeit zu ergründen. Mit gefalteten Händen standen sie vor ihm und baten: „Herr und Meister! Von Tag zu Tag sehen wir deine Miene düsterer werden, und du scheinst mit jeder Stunde tiefer in ergründlicher Pein zu versinken. Vor Schwäche kannst du kaum noch fest auf deinen Beinen stehen. Falls einer von uns dir Schmerz verursacht hat, lass uns das bitte wissen. Wir wollen darauf achten, dass es nicht wieder geschieht, und wir bitten dich um Verzeihung. Falls die Gründe aber woanders liegen, so brauchst du es uns nur zu sagen. Wir wollen unter Einsatz unseres Lebens alles in Ordnung bringen und deinen Frieden wiederherstellen. Mit solch gehorsamen Helden wie uns, die wir bereit sind, jeden, wie groß und mächtig er auch sei, zur Vernunft zu rufen, brauchst du dich doch nicht dem Schmerz hinzugeben. Verrate uns den Grund und erteile uns deine Befehle."

Dharmarāja erwiderte: „Was soll ich sagen, liebe Brüder? Überall sehe ich unheilvolle Zeichen. Wohin ich auch schaue, vom gewöhnlichen Heim der Stadtbewohner bis in die Einsiedeleien der Heiligen und Weisen, sehe ich nur schlimme Vorzeichen, Unglück und Unterdrückung der Freude. Ich habe mir einzureden versucht, dass alles nur ein Ergebnis meiner umnebelten Einbildungskraft sei, und ich tat mein Bestes, um wieder Mut und Vertrauen zu fassen. Ich wollte nicht meinen Ängsten zum Opfer fallen. Aber es gelang mir nicht. Wenn ich an alle die Dinge dachte, die ich gesehen hatte, wurde meine Furcht noch größer.

Was noch mehr zu meiner Traurigkeit beitrug: Ich sah Dinge geschehen, die wider Sitte und *Dharma* waren. Nicht nur ich allein bemerkte all dies. Die Gerichtshöfe dieses Königreichs erhielten Eingaben und Klagen über Unrecht und Ungerechtigkeit, Rechtsverletzungen und Missetaten, die mich zutiefst schmerzen.

Ich sah noch Schlimmeres. Gestern abend, bei der Rückkehr von einer Rundfahrt durch das Königreich, sah ich, wie eine Kuh sich weigerte, ihr neugeborenes Kälbchen zu säugen und zu betreuen! Das ist äußerst seltsam und unnatürlich. Auch sah ich einige Frauen liederlich auf dem Markt herumlungern. Ich hoffte, sie würden bei meinem Anblick nach Hause eilen – doch nein! Nichts dergleichen geschah. Sie achteten keine Autorität, gingen weiter, als sei ich nicht vorhanden, und unterhielten sich schamlos mit den Männern. All das sah ich mit eigenen Augen, und schnell verließ ich jenen schrecklichen Ort.

Ganz in der Nähe des Königspalastes sah ich im Hineingchen einen Brahmanen Milch und Yoghurt verkaufen! Ich sah Menschen, die aus ihren Häusern kamen und die Türen hinter sich schlossen! Sie befestigten irgendein Eisenstück daran, so dass sie nicht geöffnet werden konnten. (*Dharmarāja* bezieht sich hier offenbar auf Schlösser, die in seinem Königreich unbekannt waren, da niemand Angst vor Dieben hatte. A.d.Ü.) Mein Gemüt war durch alle diese traurigen Veränderungen äußerst beunruhigt.

Ich versuchte, alle diese Zustände zu vergessen, und begann, die Abendrituale durchzuführen, die heilige Zeremonie, bei der Opfergaben ins geweihte Feuer gegeben werden – aber wisst ihr, was geschah? Ich konnte das Feuer nicht entzünden, so sehr ich mich auch bemühte! Welch ein Unheil! Meine Befürchtungen, dass diese Vorkommnisse Vorboten eines großen Unglücks sind, werden auch noch durch andere Ereignisse bestätigt. Meine Vorahnungen werden jede Minute aufs neue genährt. Ich fühle mich zu schwach, der Sache Herr zu werden. Ich denke, dass wohl das *Kali*-Zeitalter begonnen hat oder gerade beginnt.

Wie sonst sollten wir folgenden Tatbestand erklären: Eine Frau hatte Streit mit ihrem Mann und klagt nun vor dem Richter, dass man ihr erlauben solle, zu ihren Eltern zurückzugehen und ihn zu verlassen. Wie soll ich solch einer Klage im Gerichtshof gegenüberstehen: Soll man ihr erlauben, die Ehe aufzulösen und in das Haus ihrer Eltern zu ziehen, um ihren Mann im Stich zu lassen? Die Klage jener Ehefrau wurde gestern am Gerichtshof angenommen! Wie könnte ich solche Greuel unbeachtet lassen?

Wozu noch all diese Geschehnisse aufzählen! Habt ihr gehört, dass die Pferde in den königlichen Stallungen gestern zu weinen begannen? Mir wurde berichtet, dass sie reichlich Tränen vergossen hätten. *Sahadeva* hat versucht, die Ursache ihres großen Kummers zu ergründen, konnte jedoch nichts herausfinden und war verwundert und bestürzt. Hier kündigt sich eine ungeheure Zerstörung an, und keine unbedeutende Gefahr, kein geringes Übel." *Dharmarāja* stützte sein Kinn mit der Hand und versank in tiefes Nachsinnen.

Bhīma ließ sich nicht entmutigen. Mit verächtlichem Lachen sprach er: „Die Vorfälle, die du da erwähnst, mögen geschehen sein, ich will das nicht bestreiten, aber wie könnten sie uns Verderben bringen? Warum sollten wir alle Hoffnung fahren lassen? Alle diese Regelwidrigkeiten können durch Verwaltungsmaßnahmen und deren Zwangsdurchführung in Ordnung gebracht werden. Es überrascht mich, dass du dich derart um diese Kleinigkeiten sorgst, die wir leicht in rechte Bahnen lenken können. Oder fürchtest du, dass wieder ein Krieg ausbrechen könnte? Falls du die Verwüstungen eines neuerlichen Krieges befürchtest – diese Möglichkeit ist ausgeschlossen. Alle unsere Feinde mitsamt ihrem Anhang sind mit Stumpf und Stiel ausgerottet. Nur wir fünf sind übrig, und Feinde oder Freunde könnten wir höchstens unter uns suchen. Zwischen uns werden aber keine Rivalitäten ausbrechen, nicht einmal im Traum. Was also beunruhigt dich? Ich verstehe deine Sorgen nicht. Die Leute werden dich auslachen, wenn du dir diese Kleinigkeiten auf Kosten deines Seelenfriedens so zu Herzen nimmst." *Bhīma* ließ seinen mächtigen Streitkolben von der rechten Hand in die linke wandern und ließ ein Lachen hören, das halb wie Hohngelächter klang.

Darauf entgegnete *Dharmarāja*: „Mein Unterscheidungsvermögen und meine Einsicht stehen, was diese Angelegenheiten betrifft, den deinen nicht nach. Auch fürchte ich nicht im geringsten, dass Feinde uns überwältigen könnten. Schließlich haben wir die berühmten Krieger *Bhīshma* und *Drona* und die anderen besiegt, die imstande waren, mit einem einzigen Pfeil die drei Welten zu vernichten. Was könnte uns irgendein Feind anhaben? Was könnte uns beunruhigen, die wir die schrecklichsten Unbilden mit Tapferkeit ertragen haben? Wie könnte jetzt zwischen uns Uneinigkeit entstehen, da wir in Tagen der Not so fest zueinanderstanden?

Vielleicht hegst du den Verdacht, dass ich befürchte, mir könne persönlich etwas zustoßen? Nun, nie wird mich der Gedanke beunruhigen, dass mir etwas geschehen könnte, denn dieser Körper ist nicht mehr als eine Seifenblase, ein Gemisch aus den fünf Elementen, das nur darauf wartet, wieder in seine Bestandteile zu zerfallen. Die Auflösung muss eines Tages geschehen, der Körper muss versagen, zerfallen, verwesen, zu Asche oder Erde werden. Sein Schicksal ist mir gleichgültig.

Meine einzige Sorge gilt nur einer bestimmten Angelegenheit. Ich will es euch verraten und nicht versuchen, den Ernst der Lage zu verschweigen. Hört also! Vor ungefähr sieben Monaten zog unser Bruder *Arjuna* nach *Dvārakā*, und wir haben seither nichts über das Befinden des Herrn von *Dvārakā* erfahren. *Arjuna* hat uns noch nicht einmal benachrichtigt, ob er in *Dvārakā* angekommen ist. Natürlich sorge ich mich nicht im geringsten um Arjuna und ob er nun *Dvārakā* erreicht hat oder nicht. Ich weiß, dass ihm kein Feind gewachsen ist. Und wenn ihm ein Missgeschick zugestoßen wäre, so hätte *Krishna* uns zweifellos benachrichtigt. Ich bin also sicher, dass man sich um ihn keine Sorgen zu machen braucht.

Ich muss euch gestehen, dass meine Sorgen *Krishna*, den Herrn, selbst betreffen; mit jeder Minute nimmt meine Angst zu. Mein Herz leidet unerträgliche Qualen. Mich überwältigt die Furcht, dass er diese Erde verlässt und an seinen ewigen Wohnsitz zurückkehrt. Gibt es einen größeren Grund zur Sorge?

Sollte dieses Unglück tatsächlich eingetreten sein, so werde ich nicht weiter über dieses Land regieren – nicht als Hinterbliebener des Herrn. Für uns *Pāndavas* repräsentiert dieser *Vāsudeva* alle unsere fünf *Prānas* zusammengenommen; wenn er uns verlässt, sind wir nur noch wertlose, kraftlose Leichname. Wenn der Herr auf Erden waltet, wagen sich solch verhängnisvolle Zeichen nicht hervor. Unrecht und Ungerechtigkeit können nur in seiner Abwesenheit freies Spiel haben, daran besteht kein Zweifel. Meine innere Stimme sagt mir, dass dies die Wahrheit ist."

Diese Erklärung *Dharmarājas* stürzte die Brüder in den allertiefsten Schmerz. Nun verloren sie allen Mut. *Bhīma* erholte sich als erster von dem Schrecken, so dass er sprechen konnte. Eine Welle von Traurigkeit drohte ihn zu ersticken, doch nahm er allen Mut zusammen und sprach: „Dass *Arjuna* noch nicht zurückgekehrt ist oder wir noch nichts von ihm gehört haben, sollte dir keinen Anlass geben, solch ein schreckliches Unglück auszumalen und dir Katastrophen vorzustellen. Es muss einen anderen Grund geben für *Arjunas* Stillschweigen. Vielleicht hat *Krishna* selbst vergessen, uns eine Nachricht zukommen zu lassen. Lasst uns abwarten und alles zu klären versuchen. Wir wollen uns nicht den Hirngespinsten hingeben, die ein unruhiger Geist eventuell webt, und ihnen noch den Deckmantel der Wahrheit umlegen. Ich nehme mir heraus, so zu sprechen, weil ich weiß, dass überspannte Nerven leicht imstande sind, solche Ängste hervorzurufen."

Dharmarāja ließ sich jedoch nicht umstimmen und entgegnete: „Du kannst sagen, was du willst, und noch so geschickt argumentieren: Ich fühle, dass meine Deutung stimmt. Wie sonst könnte gerade mir eine solche Vorstellung in den Sinn kommen? Schaut, meine linke Schulter zittert! Dieses Zeichen bestätigt, dass meine Furcht berechtigt ist. Ihr wisst, dass es ein schlechtes Omen ist, wenn die linke Schulter eines Mannes zittert, oder bei einer Frau die rechte. Nun ist dies an meinem Körper geschehen, und das ist ein schlechtes Zeichen. Nicht nur die Schulter, mein ganzes Sein – Geist, Körper, Verstand, alles ist erschüttert. Meine Augen trüben sich, ich kann immer weniger sehen. Ich sehe die Welt als ein Waisenkind, des Herrn und Beschützers beraubt. Ich verliere mein Gehör, meine Beine zittern hilflos, und meine Glieder sind versteinert und leblos.

Braucht ihr noch einen schlagenderen Beweis für das Fortgehen des Herrn? Liebe Brüder, glaubt mir! Selbst wenn ihr mir nicht glaubt, ändert das nichts an den Tatsachen. Die Erde bebt unter unseren Füßen. Hört ihr nicht die schaurigen Klänge, die aus dem zu Tode gequälten Herzen der Erde aufsteigen? Seen und Teiche werden erschüttert, so dass sie Wellen schlagen. Himmel und Luft, Feuer, Wasser und Erde beklagen ihr Schicksal, denn sie haben ihren Herrn verloren. Wieviele Beweise braucht ihr noch, um euch überzeugen zu lassen? Vor einigen Tagen kam die Nachricht, dass blutige Regenschauer in einigen Teilen unseres Königreiches niedergegangen sind."

Bei diesen Worten begannen *Nakula* und *Sahadeva,* hemmungslos vor ihrem Bruder zu weinen. Ihr Herz war vom Schmerz getroffen, und sie konnten sich nicht mehr aufrecht halten – ihre Beine versagten den Dienst.

Mysterium Krishna

Bhīma konnte noch ein wenig Mut aufbringen. „Bruder", sprach er, „erlaube mir, sogleich nach *Dvārakā* zu eilen und mit einem ausführlichen Bericht über alles sofort zurückzukehren, um deine Ängste zu zerstreuen." Noch während *Bhīma* auf den Knien um Erlaubnis bat, ging die Sonne unter, und von überall her begannen die Lampen, ein schwaches Licht auszusenden.

Währenddessen eilte ein Wächter vom Haupteingang herein und verkündete, dass *Arjuna* gekommen sei und sich den königlichen Gemächern nähere. Alle erhoben sich, als sei plötzlich das Leben in sie zurückgekehrt. Voll Begierde auf die Neuigkeiten aus *Dvārakā* eilten sie *Arjuna* entgegen. *Arjuna* trat ein, verzweifelt und verzagt, und ließ kein Zeichen der Freude erkennen. Ohne seine Brüder anzusehen, stürzte er zu *Dharmarājas* Füßen nieder.

Diese Anzeichen bestätigten *Dharmarājas* Befürchtungen, und er wollte nun Genaueres erfahren. Er fragte, wie es um die Freunde und

Verwandten in *Dvārakā* bestellt sei. *Arjuna* konnte den Kopf weder heben noch wenden. Die Brüder sahen, wie seine Tränen über *Dharmarājas* Füße strömten, und wurden starr vor Schrecken. *Dharmarāja* verlor jegliche Haltung. Er versuchte, *Arjuna* aufzuheben, schüttelte ihn bei den Schultern und schrie ihm in seiner Qual ins Ohr: „Bruder! Was ist passiert? Was ist mit den *Yādavas* geschehen? Berichte uns! Unsere Herzen zerspringen. Erlöse uns aus dieser Todesnot!"

Doch von *Arjuna* kam keine Antwort. Er konnte sich weder erheben, noch war er imstande, Worte hervorzubringen. *Dharmarāja* fuhr fort, ihn mit Fragen zu überschütten, erkundigte sich nach dem Wohlergehen der *Yādavas* und anderer, erwähnte alle mit Namen und fragte nach jedem einzelnen von ihnen. Auch auf dieses verzweifelte Schnellfeuer reagierte *Arjuna* nicht. Weder antwortete er, noch hob er sein Angesicht, um seinem Bruder in die Augen zu schauen.

„Du brauchst uns nicht alles zu erzählen, nur eines: Was sollst du uns von *Vāsudeva* ausrichten? Wie lautet seine Botschaft an uns, sag uns das!", bat *Dharmarāja*. *Arjuna* hielt es nicht mehr aus. Er ließ dem Schmerz, den er so lange zurückgehalten hatte, freien Lauf: „Wir haben keinen *Vāsudeva* mehr! Wir sind Waisen. Wir konnten ihn nicht halten, unser Glück hat uns verlassen!", stieß er hervor, dann fiel er wieder aufs Angesicht und schluchzte.

Sahadeva erfasste die Lage und die möglichen Folgen und schloss alle Türen der Halle, dann bemühte er sich, den Schmerz zu lindern.

„Weh uns, dass wir dies erleben müssen! Oh Schicksal, wie kannst du die Welt nur so grausam behandeln?" jammerten die Brüder im Chor. „Oh Herr, warum hast du die *Pāndavas* derart verlassen? Warum dieser Treuebruch? Dass wir überlebt haben, nur um diese Botschaft zu vernehmen, ist die Folge einer Anhäufung von Sünden seit Generationen!" So erklangen ihre Fragen und Erklärungen. Dann versank jeder von ihnen tief in seinem eigenen Schmerz, seiner eigenen Verzweiflung, und düstere Stille senkte sich über die Halle.

Dharmarāja erlangte als erster die Fassung wieder. Die Tränen aus den Augen wischend, fragte er *Arjuna* mit kläglicher Stimme: „Kannst du uns berichten, wie es den Eltern geht und *Nanda* und *Yashodā* und den anderen *Yādavas*? Erzähle uns von ihnen. Sicher sind sie gebrochen vom Schmerz über die Trennung von unserem Herrn. Wenn schon wir uns so vom Kummer überwältigt fühlen, wie muss es dann erst um sie stehen? Sie müssen doch völlig verzweifelt sein. Wie können sie noch atmen? Ach, es ist sinnlos, sich den Schmerz einzelner Personen vor Augen zu führen – die ganze Stadt *Dvārakā* muss in einem Meer untröstlichen Schmerzes versunken sein!"

Dharmarāja schluchzte vor Trauer bei dieser Vorstellung. Da *Arjuna* ihn so sah, sprach er: „Bruder! Die Leute von *Dvārakā* sind weitaus besser dran als wir. Wir sind die Allerunglückseligsten. Wir sind verhärtete Kreaturen, die einzigen, die die Schreckensnachricht von *Vāsudevas* Scheiden aus dieser Welt überlebt haben. Alle anderen haben die Welt verlassen, noch bevor die Nachricht von seinem Weggehen bekannt wurde."

Darauf rief *Dharmarāja*: „*Hari, Hari*, o Gott! Was hast du da gesagt? Ich verstehe nicht – wurde *Dvārakā* von einer Flutwelle verschlungen? Oder sind barbarische Horden eingefallen und haben die Stadt überwältigt und die Einwohner ermordet? *Arjuna*, sag uns, was geschehen ist! Unsere Phantasie malt sich schon die schrecklichsten Bilder aus, setze dem ein Ende!" *Dharmarāja* ergriff *Arjunas* Hand und wandte sein Gesicht empor, um ihn zu einer Antwort zu bewegen.

„Nein", sprach *Arjuna*, „kein Meer wurde wild und verschlang *Dvārakā*, kein Herrscher führte sein Heer gegen die Stadt. Bosheit und Gemeinheit verbreiteten sich aufs Irrsinnigste unter den *Yādavas* selbst und erregten Streit und Hass unter ihnen in solchem Maße, dass sie sich mit ihren Waffen gegenseitig umbrachten."

„*Arjuna*, eine überwältigende Kraft muss die *Yādava*-Sippe, jung und alt, gezwungen haben, sich selbst in diesem Massaker zu opfern. Denn ohne Ursache gibt es keine Wirkung, nicht wahr?", fragte *Dharmarāja* und erwartete, Näheres über die Ursachen der Schlacht zu hören.

Arjuna wartete eine Weile, um den erneut aufsteigenden Schmerz zu überwinden; dann begann er, von den Ereignissen zu berichten. Die drei anderen Brüder scharten sich dicht um ihn und *Dharmarāja* und lauschten der tragischen Geschichte.

„Ich habe erfahren, dass auch nicht das kleinste Ereignis ohne den Willen *Vāsudevas* stattfinden kann. Davon bin ich mittlerweile völlig überzeugt. Er ist derjenige, der die Fäden der Marionetten hält und die Puppen ihre Rollen spielen lässt. Er aber setzt sich selbst auch noch unter die Zuschauer und tut, als kenne er Handlung, Geschichte und Rollenverteilung nicht. Die Schauspieler können von seiner Regie nicht im geringsten abweichen, sein Wille leitet und bestimmt jede Bewegung und jeden Schritt. Die verschiedenen Gefühle und Geschehnisse, durch die sich das Schauspiel auf der Bühne entwickelt, haben ihren Einfluss auf die Herzen der Beteiligten, im Herzen des *Sūtradhārin* jedoch erregen sie nicht die geringste Bewegung.

Er bestimmt, was eine Person sagen und eine andere tun soll, und er gibt ihnen die passenden Worte und Taten ein. Die Folgen der Taten, die jeder einzelne in früheren Leben ausgeführt und in dieses mitgebracht hat, tragen auch noch ihr Teil zu diesem Schicksal bei. Die *Yādavas*, unsere Verwandten und Freunde, waren, wie ihr wisst, religiöse Persönlichkeiten voller Hingabe an Gott. Vielleicht hat irgendwann ein Heiliger sie mit einem Fluch belegt, oder sie haben irgendeine schwerwiegende Sünde begangen – welche Erklärung hätten wir sonst für diesen plötzlichen Umsturz in ihrer Geschichte, für diese unerwartete Tragödie?

Sie hielten in *Prabhāsakshetra* einen prunkvollen *Yajna* ab. Volle sieben Tage lang wurde das Opfer gefeiert, in nie dagewesener Pracht und Größe. Beim Abschlussopfer wurden Gaben in wahrhaft vedischem Ausmaß ins heilige Feuer geopfert, wobei *Krishna*, der Herr, selbst anwesend war. Später nahmen die Teilnehmer und Priester das zeremonielle Bad im heiligen Wasser, dann erhielten die Brahmanen ihren Anteil an den Opfergaben und verteilten diese noch an die *Yādavas*. Alles geschah in vollkommener Ruhe, Zufriedenheit und Freude.

Gegen die Mittagsstunde wurde Essen an die Brahmanen ausgeteilt, und danach setzten sich die *Yādavas* in langen Reihen nieder, um am Festessen teilzunehmen. Das Unglück wollte es, dass einige *Yādavas* dabei zuviel berauschende Getränke zu sich nahmen und derart die Selbstbeherrschung verloren, dass sie ihre eigenen Verwandten für Feinde hielten. Sie begannen Streitereien, die in ernsthafte Kämpfe ausarteten. Es muss ein Teil des göttlichen Planes gewesen sein, denn ein Mann mag noch so ungebärdig und gemein sein – niemals würde er doch eigenhändig seine eigenen Kinder und Eltern umbringen! Oh, wie entsetzlich! In dem nun folgenden allgemeinen Handgemenge töteten Söhne ihre Väter und Väter ihre Söhne. Bruder erschlug Bruder, der Schwiegersohn den Schwiegervater und der Schwiegervater den Schwiegersohn in einer wahnsinnigen Orgie blinden Hasses, bis keiner mehr am Leben war!" *Arjuna* konnte nicht mehr weitersprechen. Er lehnte sich an die Wand und hielt den Kopf, der ihm vor Schmerz und Pein zu zerspringen drohte, mit beiden Händen fest.

Dharmarāja hatte den Bericht mit Schrecken und Staunen vernommen. Er legte seine Hände auf *Arjunas* Rücken und sprach: „Was erzählst du da? Das ist eine unglaubliche Geschichte. Da über deine Zunge nie die Unwahrheit kommt, bin ich gezwungen zu glauben, dass alles der Wahrheit entspricht. Wie ließen sich sonst solch plötzlicher Charakterumschwung und ein solches Blitzmassaker erklären? Nirgendwo habe ich jemals solch tiefe gegenseitige Freundschaft gesehen wie bei den *Yādavas*. Außerdem weichen sie niemals im geringsten von dem von *Krishna* für sie vorgezeichneten Pfad ab, auch nicht im wildesten Getümmel. Dass diese Leute alle Regeln guten Benehmens missachten und einander zu Tode prügeln sollten, und das auch noch in *Krishnas* Anwesenheit, das ist mehr als seltsam. Ein solcher Umschwung findet nur statt, wenn das Ende der Welt bevorsteht.

Ach, *Arjuna*! *Krishna* hätte doch dem Kampf Einhalt gebieten können. Hat er nicht versucht, zwischen den Parteien zu schlichten und sie auf ihre Plätze zu verweisen? *Krishna* ist doch der erfahrenste Meister der Kriegs- sowie der Friedenskunst. Dass er nicht versucht hat, diese Tragödie zu verhindern, lässt mir diese furchtbare Zerstörungsgeschichte noch erstaunlicher erscheinen."

Dharmarāja saß in tiefer Trauer, das Haupt auf die geballte Faust gestützt, die andere Hand auf seinem Knie. Die Tränen rannen ihm fortwährend über die Wangen. *Arjuna* versuchte, einige Worte des Trostes zu finden: „O König!" sprach er, „du weißt um *Krishnas* Größe und Gnade, dennoch stellst du Fragen und hegst Zweifel, ob er dies oder jenes wirklich getan hat. Was soll ich da entgegnen? Das Schicksal der *Yādavas* gleicht dem unseres eigenen Stammes. Waren wir und die *Kauravas* nicht Brüder? Auf beiden Seiten hatten wir Verwandte, die uns zugetan waren. Wir hatten denselben *Shyāmasundara-Krishna* in unserer Mitte, und dennoch mussten wir die Schlacht von *Kurukshetra* durchmachen. Dieser Krieg hätte doch nie stattgefunden, wenn *Krishna* es nicht gewollt hätte. Die vier Millionen Krieger, die auf dem Schlachtfeld starben, wären dann nicht verloren gewesen. Haben wir uns je gewünscht, über dieses Land zu herrschen, nachdem wir alle umgebracht haben? Nichts kann jemals ohne den ausdrücklichen Befehl des Herrn geschehen. Niemand kann sich gegen seinen Willen stellen oder seinem Befehl zuwiderhandeln.

Diese Welt ist die Bühne, auf der jeder die Rolle spielt, die der Herr ihm zugeteilt hat, und auf der jeder so viel Zeit verbringt, wie der Herr ihm gegeben hat. Seinen Anweisungen hat jeder unbedingt und unverzüglich Folge zu leisten. Wir mögen in unserem Stolz denken, dass wir das eine oder andere selbst vollbracht hätten. In Wahrheit jedoch geschieht alles so, wie er es will."

Nach diesen Worten *Arjunas* begann *Dharmarāja*, seine Gedanken auszusprechen: „*Arjuna*! Viele Gründe haben uns in den *Mahābhārata-Krieg* gezogen. Mit Diplomatie und friedlichen Mitteln haben wir unser Bestes versucht, um unser Königreich, unsere Stellung und alles, was uns rechtmäßig zustand, wiederzuerlangen. Geduldig haben wir viele Beleidigungen und Niederlagen ertragen. Als Ausgestoßene mussten wir im Urwald umherziehen. Durch göttliche Gnade entkamen wir so manchem Anschlag auf unser Leben. Mit Feuer und Gift haben sie versucht, uns zu vernichten. In aller Öffentlichkeit haben sie unsere Königin beleidigt. Mit systematischer Grausamkeit haben sie unsere Herzen gebrochen.

Dennoch gibt es letztlich immer und überall nur drei Gründe für den Kampf: Reichtum, Machtansprüche und Frauen. Betrachtet man jedoch das Beispiel der *Yādavas*, so hatten sie keine Gründe dieser Art, übereinander herzufallen. Es scheint, dass das Schicksal der einzige triftige Grund für diesen verheerenden Umsturz war.

Die *Yādavas* konnten im Reichtum baden. Es fehlte ihnen nicht an Getreide und Gold, und ihre Frauen waren wahre Muster an Tugend, treu und ergeben. Nie haben sie sich den Wünschen oder Anordnungen ihrer Gatten widersetzt. Von ihrer Seite her konnte ihren Gebietern keine Beleidigung oder Niederlage kommen. Wie konnte sich dann so plötzlich Zwietracht und gegenseitige Vernichtung unter ihnen erheben?"

Arjuna erwiderte: „Lieber Bruder! Wir sehen die äußeren Umstände, die Vorgänge, die zu einem Schlussergebnis führen, und in unserer Unwissenheit urteilen wir, dass gewisse Ursachen bestimmte Wirkungen hervorbringen. Aus bestimmten Umständen ziehen wir Schlüsse über die Art der Empfindungen und Emotionen. Umstände, Ereignisse, Empfindungen und Gefühle sind jedoch nur ‚Werkzeuge' in den Händen des Herrn und dienen seinem Willen und seiner Absicht. Im richtigen Augenblick gebraucht er sie für seinen Plan und erzeugt den von ihm gewollten Kampf. Er ist die Verkörperung der Zeit. Er kommt als der Herr der Zeit, und indem er den Knoten der Handlung irgendwie löst, beendet er das Schauspiel. Dasselbe, was Geburt bewirkte, bewirkt auch den Tod. Er findet für beides in gleichem Maße einen Grund. Versuchen wir je zu ergründen, warum eine Geburt stattfand? Warum wollen wir dann wissen, aus welchem Grunde der Tod eintritt? Es ist geschehen, das genügt. Es ist müßig und überflüssig, nach Gründen zu suchen.

Der Herr bringt Wesen dazu, Wesen hervorzubringen, und er bewirkt, dass Wesen andere Wesen vernichten. Körper werden geboren, Körper sterben, nichts Tragischeres geschieht bei Geburt oder Tod. *Vāsudeva* hat uns das oft gelehrt. Er wollte uns festen Mut geben; warum sollten wir an seinen Worten zweifeln oder wankelmütig werden?

Man könnte einwenden, dass es ungerecht ist, wenn er, der unsere Geburt bewirkt hat, uns wieder tötet. Zwischen Geburt und Tod hat der Mensch die Möglichkeit, gute Taten und Sünden zu begehen, Verdienst und Schuld, *Punya* und *Pāpa*, anzusammeln, und das hat einigen Einfluss auf den Verlauf der Ereignisse. Innerhalb dieser Grenzen spielt der Herr sein Fußballspiel mit Geburt, Leben und Tod.

Geburt und Tod sind zwei hohe Felsen, zwischen denen der Lebensfluss dahinfließt. Der Glaube an die Kraft des Selbst ist die Brücke über den Abgrund, und denen, die diese Kraft und den Glauben daran entwickelt haben, machen Sturmfluten nichts aus. Mit dieser Kraft als sicherer Stütze können sie allen Gefahren ins Auge sehen und das andere Ufer erreichen. Oh König! Dies alles ist nichts als ein riesiges Puppenspiel dieses Meisterregisseurs. Wie gestern die *Kauravas* hatten heute die *Yādavas* keinerlei eigenständiges Sein. Es hat keinen Zweck, irgendeinem von ihnen Vorwürfe zu machen.

Kann dieser grobstoffliche Körper, der aus den fünf Elementen besteht – nämlich aus Erde, Wasser, Feuer, Luft und Äther – ohne die Anweisungen des Herrn handeln oder sich bewegen? Nein, es ist Gottes Spass und Spiel zu bewirken, dass einer durch den anderen geboren wird und der eine durch den anderen stirbt. Welche Erklärung gibt es sonst dafür, dass eine Schlange Eier legt, sie wärmt, um die Jungen auszubrüten, und dann die so geborenen Kinder auffrisst? Sie frisst aber davon nur diejenigen, deren Zeit sozusagen um ist. Nicht alle Schlängelchen enden so. Die Fische in den Gewässern werden mit Netzen gefangen, wenn ihre Zeit abgelaufen ist; ja, kleine Fische werden von großen gefressen, und diese wiederum werden von noch größeren verschlungen. Das ist Gottes Gesetz. Die Schlange frisst den Frosch, der Pfau die Schlange, das ist sein Spiel. Wer könnte die Gründe dafür ermessen? Die Wahrheit ist: Alles, was geschieht, ist Beschluss dieses *Bālagopāla*.

Wir können das Geheimnis seines Spiels nicht erfassen. Es ist uns nicht gelungen, es zu verstehen. Sich darüber nun Sorgen zu machen, bringt nichts ein. In dieser trügerischen menschlichen Gestalt ging und verkehrte er mit uns, setzte sich mit uns an den Tisch und handelte, als sei er unser Verwandter und Führer, Freund und Gönner. Aus manchem Unheil, das uns zu überwältigen drohte, hat er uns errettet. Er überschüttete uns mit seiner göttlichen Gnade und löste für uns die schwierigsten, unlösbar scheinenden Probleme auf bemerkenswert einfache Weise. Die ganze Zeit, in der er uns der Nächste und Liebste war, ließen wir uns vom Stolz über den Besitz seiner Gnade verführen. Wir haben versäumt, uns mit dieser allerhöchsten Freude zu sättigen, die darin besteht, tief in die Fluten seiner Gnade einzutauchen. Wir haben von ihm nur äußerlichen Sieg und vergänglichen Gewinn zu erlangen gesucht. Den großen Reichtum, mit dem wir unsere Herzen hätten füllen können, haben wir missachtet. Wir haben nie über sein wahrhaftes, wirkliches Sein nachgedacht.

Er hat uns fünf behütet wie seine fünf Lebensenergien. Kein Unterfangen war ihm zu gering, uns darin zu helfen und zu führen und alles für uns zu erfüllen. Bruder, was soll ich noch sagen? Wir mögen noch viele Male geboren werden, aber solch einen Freund und Verwandten finden wir nie wieder. Von ihm habe ich eine Liebe erfahren, die inniger war als die einer Mutter, eine Liebe, wie keine Mutter sie geben kann.

Bei so vielen Gelegenheiten hat er die Lasten der *Pāndavas* auf seine Schultern genommen. Um uns von Mühen zu befreien, hat er innerhalb von Minuten Maßnahmen ersonnen und erfolgreich durchgeführt. Nur durch seine Gnade haben wir *Pāndavas* bis heute in dieser Welt überlebt.

Wozu noch tausend Einzelheiten aufzählen? Jeder Blutstropfen, der durch diese Adern rinnt, ist nichts als ein Tropfen seines Gnadenregens. Jeder Muskel ist ein Stück seiner Liebe, jeder Knochen und jeder Knorpel nur ein Teil seiner Barmherzigkeit. Und wir haben dieses Geheimnis nicht verstanden, stolzierten herum und brüsteten uns: ‚Ich habe dies vollbracht!' und ‚Ich habe das erreicht!'. Nun erst wird uns deutlich, dass wir ohne ihn nichts sind als leere Hüllen.

Natürlich, alle Menschen erleiden das gleiche Schicksal. Sie vergessen, dass der Alleinherrschende, Allwissende, Allmächtige mit ihnen wie mit Puppen spielt. Sie denken, dass sie die tatsächlich Handelnden und Genießenden sind, und versinken wie ich im Nichterkennen der grundlegenden Wahrheit. Wenn schon wir berühmten Helden und Krieger dem erliegen, was wollen wir dann von gewöhnlichen Menschen erwarten, die keine Möglichkeit haben, zu diesem Wissen zu erwachen?

Die traurige Erfahrung, die ich unterwegs machen musste, ist der direkte Beweis dafür." Mit diesen Worten ließ *Arjuna*, der immer noch am Boden saß, sich in den Stuhl, der hinter ihm stand, zurückfallen. Er konnte die Trennung von *Krishna*, seiner lebenslangen Stütze und Führung, nicht ertragen.

Der Schmerz der Pāndavas

Dharmarāja, der in Betrachtungen versunken war und sich wieder vor Augen führte, wie sie Rat und Hilfe, Gnade, Liebe und Mitgefühl von *Krishna*, dem Herrn, empfangen hatten, hob plötzlich den Kopf und fragte: „Was hast du gesagt, *Arjuna*? Welches Unglück ist dir unterwegs widerfahren? Berichte uns ausführlich, lieber Bruder!" Er legte seine Hand unter *Arjunas* Kinn und hob, während er sprach, langsam dessen Gesicht empor. *Arjuna* blickte seinen Bruder an und sprach: „Oh Bruder, mein ganzes Können und meine Fertigkeiten sind mit *Krishna* dahingegangen. Meine Kräfte haben mich verlassen; ich kann keine Taten mehr vollbringen; schwächer bin ich als der schwächste Schwächling, wahrlich, ohne Leben bin ich!

Höre, Bruder! Ich Unseliger hatte nicht einmal das Glück, bei *Vāsudeva*, dem Herrn zu sein, als er zu seiner ewigen Wohnstatt zurückkehrte, obwohl ich mich zu jener Zeit in *Dvārakā* aufhielt. Meine Verdienste reichten für diese Gunst nicht aus. Unser göttlicher Vater hat mir nicht seinen segnenden Anblick gewährt, bevor er davonging. Später gab mir *Dāruka*, der Wagenlenker des Herrn, die Botschaft, die dieser für mich hinterlassen hatte. Dies ist die Botschaft, von seiner Hand geschrieben."

Mit diesen Worten zog Arjuna aus seinem Gewand den Brief hervor, der ihm mehr bedeutete als sein Leben, da er von *Krishna* kam und von diesem eigenhändig geschrieben war. Er reichte ihn *Dharmarāja*, der darauf brannte, ihn zu lesen, und ihn mit großer Ehrfurcht entgegennahm. Er drückte den Brief gegen seine tränenfeuchten Augen und versuchte, das Geschriebene durch den Tränenschleier hindurch zu entziffern.

Und so begann die Botschaft: „*Arjuna*! Dies ist mein Befehl. Führe ihn unverzüglich genauestens aus. Führe diese Aufgabe mutig und gewissenhaft aus." Nach diesem ausdrücklichen Befehl erläuterte *Krishna* die Aufgabe genauer: „Ich habe meine Mission hier erfüllt. Ich werde in dieser Welt nicht länger körperlich anwesend sein. Ich gehe nun fort. In sieben Tagen wird *Dvārakā* im Meer versinken. Die See wird bis auf mein Haus alles verschlingen, darum musst du die Königinnen und die anderen überlebenden Frauen nach *Indraprastha* bringen, desgleichen die Kinder und Säuglinge, die Alten und Schwachen. Ich gehe nun und lege alle Verantwortung für die Frauen und die übrigen Überlebenden der *Yādavas* in deine Hände. Behüte sie wie dein eigenes Leben, bringe sie in *Indraprastha* unter und beschütze sie vor Gefahr." Die Nachschrift lautete: „Dies schreibt *Gopāla* bei der Abreise zu seiner Heimstatt."

Dharmarāja hatte alles gelesen. Er sah, dass *Bhīma*, *Nakula* und *Sahadeva*, die wie versteinert dagesessen und alles andere vergessen hatten, reichlich Tränen vergossen. Dann sprach *Arjuna*: „Bruder! Ohne den Herrn wollte ich keinen Augenblick länger leben und war entschlossen, mich im Meer zu ertränken, das *Dvārakā* verschlingen sollte. Ich wollte mir den Kopf mit meinem Bogen zertrümmern und sterben. Diese Anordnung aber zwang mich, davon abzusehen. Der Befehl dessen, der über das Universum befiehlt, band mich an die Erde. Ich hatte keine Zeit, irgendwelche Pläne zu schmieden; alles musste schnell vonstatten gehen.

So ließ ich die letzten Zeremonien für die Toten gemäß den *Shastras* vollziehen. Dann führte ich in größter Eile die Frauen, Kinder und Alten aus der Stadt, bevor der Ozean sie verschlingen konnte, und wir machten uns auf nach *Indraprastha*, wie *Krishna* befohlen hatte. Nur widerwillig verließen wir *Dvārakā*. Wir erreichten die Grenze von *Pancanada*, dem Fünfstromland, die Herzen schwer, weil *Krishna* nicht mehr da war. Doch das Bedürfnis, dem göttlichen Befehl zu gehorchen, trieb mich voran, und ich wollte, wie befohlen, die Last jener Leute tragen.

Eines Tages erreichten wir bei Sonnenuntergang einen Fluss, der Hochwasser führte, und wir wagten dieses Hindernis zu so später Stunde nicht mehr zu überqueren. Ich beschloss, das Lager für die Nacht am Flussufer aufzuschlagen. Wir sammelten den Schmuck und die Wertsachen aller Frauen ein und verbargen alles an einer sicheren Stelle. Die Königinnen stiegen aus ihren Sänften und begaben sich mit ihren Dienerinnen zur Ruhe. Schwer von Trauer über die Trennung von *Krishna* schleppte ich mich zum Fluss, um die abendlichen Riten und Gebete zu verrichten. Mittlerweile war es stockdunkel geworden, und bald hörten wir aus der Dunkelheit barbarisches Kriegsgeschrei erschallen. Ich spähte in die Nacht hinaus und sah, dass eine Horde von wilden Nomaden aus dem Wald hervorbrach, um uns mit Stöcken, Speeren und Dolchen zu überfallen. Sie raubten Schmuck und Wertsachen, fesselten die Frauen und schleppten sie davon.

Ich schrie sie an und drohte ihnen. „Warum wollt ihr wie Motten ins Feuer fallen?", rief ich. „Warum sucht ihr den Tod wie Fische, die nach des Anglers Wurm schnappen? Vergebens greift ihr nach dieser Beute, ihr werdet den Tod erleiden!", warnte ich sie. „Habt ihr noch nichts von *Pāndus* Sohn *Arjuna* gehört, dem berühmten Bogenschützen, der die drei Welteroberer *Drona*, *Bhīshma* und *Karna* niedergezwungen hat? Ich werde euch nun allesamt in das Reich des Todes befördern, und zwar mit diesem Bogen hier, meinem unvergleichlichen *Gāndīva*. Flieht, bevor die Vernichtung euch trifft, oder aber füttert diesen hungrigen Bogen mit eurem Leben!" So gab ich meine Kriegserklärung ab.

Sie aber ließen sich von ihrem schändlichen Tun nicht abhalten. Ihr grausamer Angriff ließ nicht nach, und sie fielen über unser Lager her und wagten es sogar, mich anzugreifen. Ich hielt mich bereit und legte meine göttlichen Pfeile auf, um alle Angreifer zu vernichten. Doch wehe! Etwas Schreckliches geschah; wie und warum, ist mir unerklärlich! Von allen heiligen Sprüchen, die dem Geschoss Macht verleihen, fiel mir kein einziger mehr ein! Ich hatte vergessen, wie man bei den Anrufungen und Widerrufungen vorgeht. Ich war völlig hilflos.

Vor meinen Augen schleiften die Räuberbanden die Königinnen, die Dienerinnen und alle anderen davon. Die Frauen schrieen in ihrer Todesangst und riefen nach mir. „*Arjuna! Arjuna!* Rette uns; hilf uns; hörst du uns denn nicht? Bist du taub? Willst du uns diesen Räubern überlassen? Wenn wir gewusst hätten, welches Schicksal uns erwartet, dann wären wir lieber im Meer ertrunken wie unsere geliebte Stadt *Dvārakā*!" Ich hörte und sah alles und litt fürchterliche Qualen. Sie schrieen und flohen in alle Richtungen – Frauen und Kinder, Alte und Gebrechliche. Wie ein Löwe, dem die Zähne gezogen und die Krallen beschnitten wurden, konnte ich diesen Schurken nichts anhaben. Meinen Bogen konnte ich nicht spannen. Mit den Pfeilen in meinen Fäusten griff ich sie an. Schon bald war auch mein Vorrat an Pfeilen erschöpft. Mein Herz brannte vor Wut und Scham. Meine Schwäche war mir widerwärtig. Ich fühlte mich wie tot. Alle meine Bemühungen waren vergebens. Der gesegnete ‚unerschöpfliche' Behälter mit Pfeilen versagte mir den Dienst, als *Vāsudeva* fort war.

Meine Kraft und mein Können waren mit *Krishna* dahingegangen. Wie hätte mir sonst dieses Unheil widerfahren können: hilflos ansehen zu müssen, wie alle diese mir anvertrauten Frauen und Kinder verschleppt wurden. Zu der Qual, von *Krishna* getrennt zu sein, kam nun noch diese, seine Befehle nicht ausführen zu können. Wie ein starker Wind, der das Feuer anfacht, erhöhte dieses Unglück meine Herzenspein. Und die Königinnen! In goldenen Palästen hatten sie in größter Pracht gelebt. Wenn ich an ihr Schicksal in den Händen dieser Wilden denke, verbrennt mein Herz zu Asche! Oh Herr! Oh *Krishna*! Hast du uns dazu aus allen Gefahren errettet – um uns nun so hart zu strafen?"

Arjuna schluchzte laut und schlug verzweifelt den Kopf gegen die Wand. Der Raum war von Schmerz erfüllt, alle zitterten vor Verzweiflung. Der härteste Felsen hätte vor Mitleid schmelzen können. *Bhīma* vergoss Ströme heißer Tränen. *Dharmarāja* übermannte die Furcht, da er ihn so weinen sah. Er ging zu ihm und sprach sanft und liebevoll mit ihm, um ihn zu trösten. Nach einer Weile kam *Bhīma* wieder zu sich, fiel *Dharmarāja* zu Füßen und sprach: „Bruder! Ich will nicht mehr leben! Erlaube mir, in die Wälder zu gehen. Ich will mich selbst opfern, mit *Krishnas* Namen auf den Lippen, und so dahingehen und meine Heimstatt finden. Ohne *Krishna* ist diese Welt für mich die Hölle." Mit dem Tuch, das er in der Hand hielt, wischte er seine heißen Tränen fort.

Sahadeva, der bis dahin geschwiegen hatte, ging zu *Bhīma* und sprach: „Beruhige dich, rege dich nicht auf. Erinnerst du dich an die Antwort, die *Krishna* damals *Dhritarāshtra* vor der ganzen Versammlung gegeben hat, als er zwischen uns Frieden stiften wollte?"

Beginn des Kaliyuga

„Als *Krishna* vor *Dhritarāshtras* Hofversammlung von *Duryodhana*, *Duhshāsana* und den anderen befragt wurde, warum er sich in den Familienzwist der *Kauravas* und *Pāndavas* einmische und eine Partei der anderen vorziehe, als ob die *Pāndavas* näher mit ihm verwandt seien als die *Kauravas*, was gab da *Krishna*, der Herr, zur Antwort? Erinnert euch jetzt an diese Antwort. Holt euch die Szene vor Augen: Wie ein junger

Löwe auf- und abschreitend, sprach er mit Donnerstimme: ‚Was sagt ihr? Stehen mir die *Kauravas* so nahe wie die *Pāndavas*? Nein, niemals können sie gleichstehen. Hört, ich werde euch sagen, welche Art Verwandtschaft mich mit den *Pāndavas* verbindet: Für diesen meinen Körper ist *Dharmarāja* der Kopf, *Arjuna* ist wie die Schultern und Arme. *Bhīma* gleicht dem Rumpf, *Nakula* und *Sahadeva* sind die Füße. Für den solcherart zusammengesetzten Körper ist *Krishna* das Herz. Die einzelnen Teile handeln aus der Stärke des Herzens heraus, ohne dieses sind sie leblos.'

Welche Bedeutung hat diese Erklärung nun für uns? Sie bedeutet, dass wir *Pāndavas* nun ohne Leben sind, denn das Herz hat aufgehört zu schlagen. Wir werden uns auflösen müssen. Der Herr, der die Verkörperung der Zeit ist, will uns in sich aufnehmen. Wir müssen uns bereitmachen, seinem Ruf zu folgen.

Dies alles beweist zur Genüge, dass das *Kaliyuga* gekommen ist. An dem Tage, da *Krishna* diese Welt verlassen hat, wurden die Pforten des *Dvāparayuga* geschlossen und die Tore des *Kaliyuga* geöffnet. Könnten denn sonst diese bösen Mächte und üblen Geister ungehindert umherziehen? *Arjuna* vergisst niemals die Zaubersprüche für irgendeinen der Pfeile, die sein Bogen abschießt, nicht einmal im heißesten und wildesten Kampfgetümmel. Ist es vorstellbar, dass er sie gerade in einem Augenblick höchster Not bei diesem Überfall der Wilden auf die Frauen und Kinder vergisst? Wir können sicher sein, dass der Zeitgeist des *Kaliyuga* dieses Verhängnis verursacht hat."

Hier schaltete sich auch *Nakula* ein und sprach: „Brüder, im Osten zeigen sich schon die ersten Anzeichen der Dämmerung. Lasst uns den Königinnen und unserer verehrten Mutter diese Entwicklungen mitteilen und ohne Verzug die nächsten Schritte beschließen, die wir zu unternehmen haben. Der Körper löst sich ja nicht sofort nach dem letzten Atemzug auf. Das Leben hat uns zwar mit *Krishna* verlassen, doch die Glieder werden noch ein Weilchen warm bleiben. Auch wir müssen uns heute oder morgen zu *Krishna* begeben. Lasst uns keine Zeit mit Schmerz und Trauer vergeuden, sondern lieber an den Weg denken, den wir nun einschlagen müssen, und uns auf diese Reise vorbereiten." Alle stimmten diesem weisen, von innerer Freiheit zeugenden Vorschlag zu.

Trotz ihrer Befürchtungen, was wohl die Neuigkeiten bei *Draupadī*, *Subhadrā* und der alten Mutter bewirken würden, entschlossen sie sich, ihnen alles mitzuteilen. Wozu sollte man sich noch Sorgen um das machen, was irgendwem zustoßen könnte, wenn der Herr selbst dahingegangen ist? Die Brüder beschlossen, dass der älteste von ihnen, *Dharmarāja*, die Mutter aufsuchen sollte, das schien ihnen der richtige nächste Schritt zu sein.

Im Nu schwindet die Zeit in der Freude dahin – nicht so im Leid. Wenn Menschen Freude erfahren, vergeht die Zeit schnell; sind sie im Leid, so schleppt sie sich langsam dahin. Kummer wiegt schwer, ist niederdrückend wie eine ganze Gebirgskette. Er ist wie die Sintflut.

Obwohl *Indraprastha Dharmarājas* Hauptstadt war, stand der von den Vorfahren ererbte Thron noch in *Hastināpura*. Dieser Ort hatte allen anderen Glanz verloren, nachdem der *Mahabharata*-Krieg alle Prinzen und Sprösslinge der königlichen Erbfolge dahingerafft hatte. Daher verbrachte *Dharmarāja* für gewöhnlich einige Monate in *Indraprastha* und den Rest des Jahres in *Hastināpura*. *Arjuna* hatte dies nicht bedacht und war zuerst nach *Indraprastha* geeilt. Da er *Dharmarāja* dort nicht antraf, ließ er die wenigen Frauen von *Dvārakā*, die er nach dem Überfall hatte wiederfinden können, in der Stadt zurück und begab sich allein nach *Hastināpura*. Ein einziger *Yādava* begleitete ihn, ein Enkel *Krishnas*, *Vajra* mit Namen, der einzige männliche Überlebende von *Dvārakā*. Der arme *Vajra* wollte sich niemandem zeigen, so sehr schämte er sich, dass er am Leben geblieben war. Er war so unglücklich über den Tod aller anderen, dass er sich in einem dunklen Zimmer verbarg und dort die ganze Zeit einsam und mit finsterer Miene verbrachte.

Kurz nach *Arjunas* Ankunft war die Königinmutter, *Kuntī Devī*, von einer Dienerin benachrichtigt worden. Die ganze Nacht hielt sie sich wach und erwartete, dass *Arjuna* zu ihr eilen würde, um Nachrichten aus *Dvārakā* zu bringen. Sie ließ alle Lampen brennen und weigerte sich, schlafen zu gehen. Sobald das leiseste Geräusch, das nach Schritten klang, an ihre Ohren drang, erhob sie sich voller Freude und sagte: „Ach, Sohn! Ich bin froh, dass du kommst. Was bringst du für Nachricht?" Da sie keine Antwort erhielt, rief sie ihre Dienerin zu sich und klagte: „Was soll das bedeuten? Du hast mir doch gesagt, dass *Arjuna* aus *Dvārakā* zurück ist. Warum ist er noch nicht zu mir gekommen? Du musst dich getäuscht haben. Du hast jemand anderen ankommen sehen und für *Arjuna* gehalten. Wenn er da wäre, hätte er mich doch sofort aufgesucht." So verbrachte *Kuntī* eine schlaflose Nacht zwischen Erwartung und Enttäuschung.

Der Morgen dämmerte, und jeder begab sich an sein Tagewerk. *Kuntī* hatte inzwischen im Geiste viele Fragen gewälzt. Aus welchem Grunde hatte *Arjuna* sie nicht aufgesucht? War er überhaupt zurückgekehrt? Hatte ein dringendes politisches Problem ihn aufgehalten, über das die Brüder sich bis in die Morgenstunden beraten mussten? Oder war er so ermüdet von der Reise, dass er beschlossen hatte, seine Mutter erst früh am nächsten Tage zu sehen, statt sie noch in derselben Nacht aufzusuchen? Vielleicht hatten sich in *Dvārakā* Schwierigkeiten ergeben und *Krishna* hatte es für nötig befunden, ihn zur dringenden Beratung mit *Dharmarāja* zu entsenden, um dessen Meinung und Lösungsvorschlag einzuholen? Hatte er die Pflicht gegenüber seiner Mutter im Durcheinander dieser Schwierigkeiten vergessen? Schließlich tröstete sie sich mit der Aussicht, dass er sicher bei Tagesanbruch kommen würde.

Die Erde war noch in Dunkel gehüllt, als *Kuntī* sich erhob. Sie badete, legte frische Kleider an und machte sich bereit, ihren Sohn zu empfangen. Da kamen ihr neue Bedenken in den Sinn und beunruhigten sie. Für gewöhnlich kamen jeden Abend alle ihre Söhne zu ihr, einer nach dem anderen, fielen ihr zu Füßen und baten sie um ihren Segen und um Erlaubnis, sich zu Bett zu begeben. Nun fragte sie sich, warum nicht einer von ihnen in dieser Nacht erschienen war, und ihre Angst wuchs. Sie schickte Dienerinnen in *Draupadīs* und *Subhadras* Gemächer und erfuhr, dass keiner der Brüder zum Nachtmahl erschienen war! *Kuntīs* Besorgnis nahm immer mehr zu.

Während sie noch Seelenqualen litt, erschien eine alte Dienerin und meldete, dass *Dharmarāja*, begleitet von *Arjuna*, auf dem Wege zu ihren Gemächern sei. *Kuntī* schwankte zwischen Furcht vor dem, was sie ihr mitteilen würden, Freude bei dem Gedanken, *Arjuna* nach langer Zeit wiederzusehen, und Neugier auf Neuigkeiten von den *Yādavas*. Das ergab ein Gemisch erwartungsvoller Spannung. Sie zitterte, unfähig, ihre Besorgnis im Zaum zu halten.

Dharmarāja trat ein, fiel ihr zu Füßen, erhob sich wieder und blieb schweigend vor ihr stehen. *Arjuna* konnte sich gar nicht wieder erheben. *Kuntī* sprach ihm tröstend zu: „Armer Junge! Wie konntest du so lange von mir fortbleiben?" Sie streichelte ihn liebevoll, fragte aber, bevor sie ihn gesegnet oder sich nach seinem Wohlergehen erkundigt hätte: „*Arjuna*, ich habe gehört, dass du schon gestern abend angekommen bist, stimmt das? Warum bist du heute nacht nicht zu mir gekommen? Wie kann eine Mutter, die weiß, dass ihr Sohn nach langer Abwesenheit heimgekehrt ist, ruhig schlafen, ohne ihn gesehen zu haben? Nun, ich bin froh, dass du wenigstens jetzt, bei Tagesanbruch, gekommen bist. Berichte mir! Geht es deinen Schwiegereltern und dem Großvater gut? Mein Bruder *Vasudeva* ist doch schon sehr alt, wie geht es ihm? Ist er noch auf den Beinen? Oder ist er bettlägerig wie ich? Ist er, wie ich, abhängig von der Pflege anderer?" Sie hielt *Arjunas* Hände und blickte ihm prüfend ins Angesicht. Plötzlich fragte sie: „Was sehe ich da, mein Sohn? Warum siehst du so düster aus? Wovon sind deine Augen so verquollen und gerötet?

Ach, ich begreife! *Dvārakā* ist weit entfernt, und die lange Reise durch den Urwald hat ihre Spuren hinterlassen. Staub und Sonne haben dich angegriffen, und der lange Weg hat dich mit Erschöpfung gezeichnet. Lass gut sein. Erzähle mir, was mein *Shyāmasundara*, mein *Krishna*, dir als Botschaft für mich mitgegeben hat. Wann kommt er? Oder verlangt es ihn nicht, mich zu sehen? Hat er etwas gesagt? Natürlich, er ist *Vāsudeva*, er kann von überall aus alle und alles sehen. Wann darf ich ihn wiedersehen? Wird diese reife Frucht noch am Baume sein, bis er kommt?"

Sie stellte viele Fragen und beantwortete sie alle selbst. So gab sie weder *Arjuna* noch *Dharmarāja* Gelegenheit, ihre Botschaft anzubringen. Ungehemmt quollen die Tränen aus *Arjunas* Augen. *Kuntī* fiel dieses merkwürdige Verhalten auf. Sie zog *Arjuna* näher zu sich und ließ seinen Kopf auf ihrer Schulter ruhen. „Mein Sohn, *Arjuna*, was ist geschehen? Noch nie habe ich in deinen Augen Tränen gesehen. Sprich! Hatte *Gopāla* etwas an dir auszusetzen? Hat er dich fortgeschickt, weil du für seine Gesellschaft nicht geeignet bist? Ist dir ein derartiges Unglück widerfahren?" Sie war vom Kummer überwältigt, tat aber ihr Bestes, den Sohn zu trösten.

Da verbarg *Dharmarāja* sein Gesicht in beiden Händen und stöhnte unter Schluchzen: „Mutter! Ihr sprecht noch von unserem *Vāsudeva*? Er ist schon seit zehn Tagen nicht mehr bei uns. Er ist in seine Heimat zurückgekehrt. Alle *Yādavas* sind tot." Noch während er sprach, riss *Kuntī* die Augen auf und fragte: „Wie? Mein *Gopāla* … Mein *Nandanandana* … Mein Herz … Herzensschatz … Hat er die Erde verwaisen lassen? Oh *Krishna* … *Krishna* …", und als wolle sie sich sofort auf die Suche nach ihm begeben, verschied sie.

Parikshit wird zum König gekrönt

Kuntī Devī nahm denselben Weg, den *Shyāmasundara* eingeschlagen hatte. Nur ein lebloser Körper blieb zurück. *Arjuna* schluchzte laut auf: „Bruder! Was nun? Wir haben unsere Mutter verloren!" *Dharmarāja*, der daneben stand, wurde von Schrecken gepackt. Er ging auf den Leichnam zu und blieb, als er sah, dass das Antlitz erblichen war, wie versteinert stehen.

Die Dienerinnen vor der Tür hatten *Arjunas* Worte gehört und schauten nun herein. *Kuntī Devīs* Körper lag auf dem Boden. *Arjuna*, in dessen Schoß ihr Haupt ruhte, starrte mit Tränen in den Augen auf ihr Gesicht. Die Dienerinnen gaben einander die Neuigkeit weiter; sie kamen herein und sahen, dass die Königinwitwe sie alle endgültig und ohne Wiederkehr verlassen hatte. Laut und herzzerreißend beklagten sie das Unglück.

Mittlerweile hatte die Nachricht auch die Königinnen in den inneren Gemächern erreicht. In Windeseile sprach sich die traurige Botschaft in ganz *Hastināpura* herum. Die Königinnen wankten gramgebeugt herein und schlugen sich im Schmerz an die Brust. In endlosem Trauerzuge strömten die Palastbewohner ins Gemach. *Bhīma*, *Nakula*, *Sahadeva* und die Minister waren vom Schmerz überwältigt.

Die Luft war von unbeschreiblicher Qual erfüllt. Niemand wollte glauben, dass *Kuntī Devī*, die noch vor einigen Minuten sehnlichst ihren Sohn *Arjuna* und seinen Bericht aus *Dvārakā* erwartet hatte, so schnell aus dem Leben geschieden war. Alle, die kamen und es sahen, blieben stumm und wie gebannt stehen. Die Klagen der Dienerinnen, das gequälte Stöhnen der Königinnen und der Kummer der Söhne waren herzergreifend.

Dharmarāja tröstete alle und konnte ein wenig Mut zusprechen. Er bat sie, sich nicht dem Kummer hinzugeben. Er weinte nicht, sondern hielt sich tapfer aufrecht, gab Anweisungen und strahlte Ruhe und Stärke aus. Alle staunten über seine Selbstbeherrschung. Die Minister traten an ihn heran und sprachen: „Oh König, wir bewundern Eure Art, Euch nicht aus der Ruhe bringen zu lassen. Ihr habt Eure Mutter verehrt und sie behandelt wie Euren Lebensatem. Wie kann Euer Herz ihren Tod so gleichgültig hinnehmen?" *Dharmarāja* lächelte über ihre Besorgnis. „Liebe Minister", sprach er, „ich beneide sie um ihren Tod. Ihr wurde wahrhaft höchstes Glück zuteil. Die Welt fiel von ihr ab, als sie erfuhr, dass *Krishna* in seine himmlische Heimstatt gezogen ist. Sie hat sich auf der Stelle auch zu dieser Heimstätte begeben. Sie konnte den Schmerz, von ihm getrennt zu sein, nicht ertragen.

Wir Unseligen! Wir waren *Krishna* so nahe, erfuhren so viel Glück und Freude durch ihn. Auch wir erhielten die Nachricht von seinem Fortgehen, und doch sind wir noch am Leben! Hätten wir wahrhaft so viel Hingabe besessen, wie wir behaupteten, so hätten wir wie sie unseren Körper verlassen, als wir von diesem Verlust erfuhren. Schande über uns! Wir sind nichts als eine Last für diese Erde. Alle unsere Jahre waren vergeudet!"

Als nun die Bürger und alle anderen erfuhren, dass die Nachricht von *Krishnas* Fortgehen aus dieser Welt *Kuntī Devīs* plötzlichen Tod verursacht hatte, weinten sie umso mehr. Ihr Schmerz über den Verlust *Krishnas* war noch weitaus größer als der Kummer über das Ableben der Königin. Viele gebärdeten sich, als seien sie plötzlich wahnsinnig geworden, und viele schlugen mit dem Kopf gegen die Wände ihrer Häuser. Alle fühlten sich elend und verlassen.

Es war, als hätte man Benzin ins Feuer gegossen. In dieser Flut unerträglicher Pein über den doppelten Verlust blieb *Dharmarāja* die einzig ruhige Seele. Er tröstete die Königinnen, sprach jeder sanft und beruhigend zu und sagte ihnen, dass es sinnlos sei, den Verlust der Mutter oder das Fortgehen des Herrn zu bejammern. Sie waren beide ihren vorgezeichneten Weg gegangen. „Uns bleibt jetzt nur noch die Aufgabe, auch unser Schicksal entsprechend zu erfüllen", sagte er.

Dann rief *Dharmarāja Arjuna* zu sich und sprach: „*Arjuna*! Lieber Bruder! Lass uns ohne Verzug die Beisetzungszeremonien für unsere Mutter veranlassen. Es muss sofort damit begonnen werden; *Parikshit* muss zum Herrscher gekrönt werden, und wir müssen *Hastināpura* noch heute verlassen. Mir erscheint jeder Augenblick wie eine Ewigkeit." *Dharmarāja* war innerlich losgelöst, doch *Arjunas* Wille zum Verzicht war noch stärker. Er bettete das Haupt seiner Mutter, das in seinem Schoß geruht hatte, auf den Boden und beauftragte *Nakula* und *Sahadeva*, alles für *Parikshits* Krönung vorzubereiten.

Auch den Ministern, Offizieren und Beamten gab er Anweisungen, was hinsichtlich des Entschlusses, den der König und die Prinzen getroffen hatten, zu unternehmen sei. Er war nun sehr beschäftigt. *Bhīma* kümmerte sich indessen um die Vorbereitungen für das Begräbnis der Mutter.

Staunen, Bewunderung und Traurigkeit über die neuen Entwicklungen und Ereignisse im Palast erfüllten die Minister, Bürger, Priester und Lehrer. Sie wurden von Schmerz und Verzweiflung erfasst, mussten sich aber zurückhalten und Haltung bewahren. Auch sie wurden von einer mächtigen Welle des Wunsches nach Entsagung ergriffen. Voller Verwunderung riefen sie: „Ach, sein Onkel und seine Tante haben den Palast ganz plötzlich verlassen; die Nachricht von *Krishnas* Fortgehen hat den schon so Gequälten wie ein Keulenschlag getroffen; bald danach starb die Mutter, und ehe noch ihr Leichnam von der Stelle, auf der sie niederfiel, fortgetragen ist, bereitet *Dharmarāja* die Krönung vor! Und er, der Herrscher, will alles aufgeben, Macht, Reichtum, Ansehen und Befehlsgewalt, und will mit allen Brüdern in die Wälder ziehen! Nur die *Pāndavas* sind solchen Gleichmuts und Verzichtes fähig! Niemand sonst ist so kühn und mutig."

In Minutenschnelle wurden die Begräbniszeremonien verrichtet und dann die Brahmanen hereingerufen. *Dharmarāja* hatte eine sehr schlichte Krönungszeremonie beschlossen. Die Fürsten und Landesverwalter konnten nicht eingeladen werden, und auch die Bürger und Verwandten aus *Indraprastha* konnte man nicht kommen lassen.

Natürlich war eine Krönungszeremonie im Herrscherhaus der *Bhāratas*, das Einsetzen eines neuen Herrschers auf dem heiligen Löwenthron dieses Geschlechts, normalerweise eine große und prächtige Angelegenheit. Der Zeitpunkt wurde Monate im voraus bestimmt, der günstigste Augenblick sorgfältigst ausgesucht. In der Folge wurden dann die großartigen Vorbereitungen getroffen. Nun aber wurde innerhalb von Minuten alles bereitgestellt, mit allem Material, das sich gerade anbot, und allen gerade verfügbaren Personen. *Parikshit* erhielt ein zeremonielles Bad, die Kronjuwelen wurden ihm angelegt, und die Brahmanen und Minister geleiteten ihn zum Thron, auf den er gesetzt wurde. Während nun *Dharmarāja* ihm eigenhändig das diamantbesetzte Diadem aufs Haupt setzte, weinte jeder im Saale vor Kummer. Die Königswürde, die unter freudigem Beifall des Volkes entgegengenommen werden sollte, wurde diesem Knaben unter Stöhnen und Schluchzen auferlegt.

Parikshit, der soeben gekrönte Herrscher, weinte. Ja, auch *Dharmarāja*, der ihn gekrönt hatte, konnte trotz aller Bemühungen seine Tränen nicht zurückhalten. Allen Zuschauern zerriss quälende Sorge das Herz. Wer kann die Macht des Schicksals aufhalten? Das Schicksal erfüllt jede Handlung, zur vorbestimmten Zeit und Stelle und auf die vorbestimmte Art und Weise. Ihm steht der Mensch ohnmächtig gegenüber.

Parikshit war ein wohlerzogener und tugendhafter Knabe. Er sah die Trauer in den Gesichtern und bemerkte alles, was im Palast geschah. Er hatte sich auf den Thron gesetzt, da er sich dem Befehl seiner Vorgesetzten nicht widersetzen wollte. Doch mit einem Male fiel er *Dharmarāja* zu Füßen und bat kläglich: „Mein Herr und Gebieter! Ich will Deinen Wunsch und Befehl in Ehren halten und gehorchen. Doch bitte verlass mich nicht, lass mich nicht allein!" Er hielt *Dharmarājas* Füße fest und hörte nicht auf zu flehen und zu weinen. Alle Zeugen dieser tragischen Szene weinten, selbst der Hartgesottenste konnte nicht anders. Es war schrecklich.

Der Knabe fiel auch vor seinem Großvater *Arjuna* nieder und klagte jämmerlich: „Großvater! Wie könnt Ihr hier ruhigen Herzens ausziehen und mir die schwere Last des ganzen Reiches auferlegen? Ich bin ein unwissendes Kind. Ich bin sehr dumm und weiß gar nichts. Ich habe keinerlei Fähigkeiten, ich bin ungeeignet. Dieses Reich wurde von einer Reihe von Helden, Staatsmännern, Kriegern und Weisen regiert. Es ist nicht recht von Euch, mir dieses Reich aufzubürden und Euch in den Wald zurückzuziehen. Lasst jemand anderen diese Verantwortung tragen und nehmt mich mit in die Wälder!"

Der Auszug der Pāndavas

Es war ein mitleiderregender Anblick: *Parikshit*, der Knabe mit der Krone auf dem Haupt, wandte sich kläglich an seinen Großvater und die anderen, umklammerte ihre Füße und flehte, mit ihnen in die Wälder gehen zu dürfen. Freudig würde er Wurzeln und Früchte essen, sich heiligen Riten unterziehen und damit glücklich und zufrieden sein. „Bitte vertraut das Reich irgendeinem tugendhaften Minister an und erlaubt mir, mitzugehen und Euch zu dienen, dann hat mein Leben einen Sinn", bat er. Seine Todesangst, allein zurückgelassen zu werden, bewegte die im Saale Anwesenden zu Tränen. Seine Qual hätte Felsen vor Mitleid dahinschmelzen lassen.

Mit Heldenmut brachte *Dharmarāja* es fertig, seine Gefühle zu unterdrücken. Er hob den Knaben auf, nahm ihn auf den Schoß und versuchte, ihm Trost und Mut einzuflößen: „Liebes Kind! Du darfst nicht schwach werden. Du bist im Herrschergeschlecht der *Bhāratas* geboren worden – kann denn ein Schaf in einer Dynastie von Löwen zur Welt kommen? Dein Vater, deine Mutter und deine Großväter sind mutige Persönlichkeiten und haben sich als kühne Verfechter der Wahrheit in der Welt einen berühmten Namen erworben. Dass du so weinst, ist daher nicht angemessen. Von nun an sind diese Brahmanen deine Großväter und Eltern. Lass dich von ihnen beraten und regiere das Land entsprechend. Betrage dich so, wie es der Größe und dem Ruhm deines Namens gebührt. Höre auf, dir unseretwegen Kummer zu machen."

Der Knabe jedoch blieb hartnäckig, allen Überredungsversuchen und Ratschlägen zum Trotz. „Großvater!", jammerte er, „ich weiß, ich bin zu jung, als dass meine Bitten dich überzeugen könnten. Höre mich trotzdem an! Ich verlor meinen Vater, noch bevor ich geboren wurde. Ihr habt mich mit all der Fürsorge und Liebe aufgezogen, die ich von meinem Vater erhalten hätte, wenn er am Leben geblieben wäre. Und nun, da ich singen und spielen möchte und mit meinen Kameraden herumtollen, ladet Ihr mir die Bürde dieses großen Reiches auf. Ist das denn recht? Ist das Gerechtigkeit? Ehe Ihr mich so im Kummer allein zurücklasst, könnt Ihr mich besser mit Eurem Schwert enthaupten und dann gehen. Wehe! Was habe ich Euch getan, dass Ihr mich derart strafen wollt? Hättet Ihr mich nicht im Mutterleib umkommen lassen können, als mein Vater starb? Wurde dazu mein Körper wiederbelebt, dass Ihr mir nun dieses schwere Erbe aufbürdet?" *Parikshit* hörte nicht auf, sich auf diese Weise für sein Schicksal zu verdammen.

Arjuna konnte es schließlich nicht mehr ertragen. Er hielt dem Knaben den Mund mit der Hand zu, streichelte ihn liebevoll und drückte die Lippen auf sein Haupt. „Kind!", sprach er, „es ist eine Schande für den Kriegerstand, wenn du dich wie ein Feigling benimmst. Auch wir hatten unseren Vater verloren. Auch wir wuchsen unter der liebevollen Aufsicht von Asketen und Mönchen heran. Schließlich gelang es uns, die Zuneigung unseres Onkels zu gewinnen, und nach allerlei Schwierigkeiten haben wir unsere Herrschaft über dieses Königreich gefestigt. Gott, der Herr, der uns allzeit beschützt, geführt und unsere Schritte gelenkt hat, wird gewiss auch dein Beschützer und Lenker sein. Verliere nicht den Mut, richte dich für einige Jahre nach dem Rat dieser Brahmanen und Minister. Später wirst du imstande sein, die Aufgaben des Reiches selbst zu bewältigen."

Parikshit ließ sich nicht besänftigen. „Großvater", sagte er, „wollt ihr wirklich Thron und Königreich abgeben und mir alles aufbürden? So bleibt wenigstens noch ein paar Jahre bei mir und lehrt mich Kunst und Regeln des Regierens, dann könnt Ihr gehen. Ich war frei und glücklich und tollte unbeschwert umher, denn ich vertraute darauf, dass meine Großväter mich beschützen, da ich meinen Vater verloren hatte. Wie wird mein Schicksal aussehen, wenn auch Ihr mich nun verlasst? Auf Euch richtete sich meine ganze Hoffnung, Ihr wart meine verlässliche Stütze. Und nun stürzt Ihr mich mit einem Male in Verzweiflung und lasst mich im Stich!" Er weinte laut auf, so dass es allen das Herz zerriss. Sich auf dem Boden wälzend, umklammerte er die Füße seiner Großväter.

Arjuna fasste ihn mit beiden Händen, hob ihn auf und umarmte ihn. Er hielt ihn bei den Schultern und streichelte ihn. Die Tränen, die wie Perlenschnüre über *Parikshits* Wangen liefen, wischte er fort. Dabei war es ihm nicht möglich, seine eigenen Tränen zurückzuhalten. Er wandte sich an die umstehenden Brahmanen, die zusahen, und fragte sie, ob sie denn nur stumme Zeugen bleiben und nichts zum Troste des Knaben unternehmen wollten.

Ach, sie waren selbst zu sehr von Gram erfüllt, als dass sie daran gedacht hätten, *Parikshit* zu beruhigen. „Die scharfen Worte dieses Kindes verwunden uns wie Pfeile", sprachen sie. „Seine Qual lähmt uns. Was können wir ihm denn sagen? Wie sollen wir ihn trösten? Was könnte ihm jetzt noch Mut einflößen?" Auch sie wurden von Kummer überwältigt.

Schließlich gelang es *Kripācarya*, dem Familienlehrer, seinen Schmerz zu unterdrücken. Er wischte seine Tränen mit einem Zipfel seines Gewandes aus den Augen und sprach zu *Arjuna*: „Was erwartest du denn, das wir dem Knaben sagen sollen? Uns ist nicht nach Sprechen zumute. Wir sind mit Stummheit geschlagen. Ihr gebt heute das Reich auf, das ihr errungen habt. Für diesen jahrelang ersehnten Sieg sind Ströme von Blut geflossen, Millionen haben dafür ihr Leben gelassen. Ihr habt keine tausend Jahre geherrscht, nicht einmal ein paar Jahrhunderte; ja, keine siebzig Jahre waren euch vergönnt. Wer kann sagen, was im Schoß der Zeit ruht? Sicher, den Taten der Großen wird immer ein tieferer Sinn zugrunde liegen. Verzeiht uns, ihr seid die Oberherren, ihr müsst es am besten wissen." Niedergedrückt von Schmerz und Kummer neigte *Kripācarya* sein Haupt.

Dharmarāja trat einige Schritte vor und wandte sich an den Lehrer: „Wie du weißt, entsprach jede meiner Handlungen dem Befehl *Krishnas*. Ihm habe ich mein ganzes Tun geweiht. Ich habe meine Rolle nach seinen Anweisungen gespielt und keinen Eigenwillen gewünscht, geschweige denn ihn durchsetzen wollen. Alle meine Pflichten und Schulden sind mit dem Weggehen des Herrn dahingeschwunden. Welchen Nutzen hätte jetzt noch das Überleben *Dharmarājas* allein? Ich kann in diesem Land keine Minute mehr weiterleben, da *Kali* begonnen hat, das Zepter zu schwingen. Es ist nun deine Pflicht, diesen Knaben zu beschützen, ihn zu leiten und so zu erziehen, dass er auf dem Throne sicher ist. Erhalte die Treue zum *Dharma*, führe die Traditionen der Dynastie fort, halte die Ehre und das Ansehen der Familie aufrecht. Liebe und umsorge ihn wie deinen eigenen Sohn." Mit diesen Worten legte *Dharmarāja* die Hände *Parikshits* in *Kripācaryas* Hände. Allen Anwesenden, auch *Dharmarāja* und *Kripācarya*, standen in diesem Augenblick die Tränen in den Augen.

Kurz danach wurde *Vajra* herbeigeholt. Man teilte ihm mit, dass *Parikshit* von diesem Tage an Herrscher über *Bhārata* sei, und so erwies *Vajra* ihm seine Verehrung, wie es dem Oberhaupt des Kontinents zukam. Auch die Minister und Brahmanen ehrten ihn mit gebührendem Zeremoniell als ihren Regenten. Dann hielt *Dharmarāja Parikshits* Hände, legte *Vajras* Hände darüber und verkündete: „Dies ist *Vajra*, der Herr der *Yādavas*. Ich setze ihn hiermit als König über *Mathurā* und den *Shūrasena*-Staat ein!" Dann setzte er *Vajra* eine mit Diamanten besetzte goldene Krone auf. „Seid Brüder, ihr beiden, treue Verbündete in Krieg und Frieden, unzertrennliche Freunde", ermahnte er sie. Er nahm daraufhin *Vajra* beiseite und riet ihm, *Parikshit* so anzusehen, als sei dieser sein Onkel väterlicherseits. *Parikshit* empfahl er, *Vajra* so zu ehren, wie er *Aniruddha*, *Vajras* Vater, ehren würde. Beiden empfahl er, für den ungeminderten Fortbestand des *Dharma* zu sorgen und das Wohlergehen ihrer Untertanen für so wichtig wie den eigenen Lebensatem zu erachten.

Dann streuten die *Pāndava*-Brüder geweihte Reiskörner über *Vajras* und *Parikshits* Häuptern aus. Die Brahmanenpriester rezitierten die dazugehörigen heiligen *Mantren*, Trompetenschall und Trommelwirbel erklangen. Mit Tränen in den Augen warfen sich *Vajra* und *Pa-*

rikshit vor *Dharmarāja* und den anderen nieder. Die *Pāndava*-Brüder brachten es nicht mehr fertig, den beiden geliebten Knaben in die Augen zu schauen, so sehr drängte es sie, sich nun freizumachen. Eine kurze Umarmung noch, ein liebevolles Abschiedswort, dann begaben sie sich davon, mit nichts als den Kleidern, die sie gerade auf dem Leibe trugen.

Da stimmten die Freunde und Verwandten, die Bürger, die Königinnen und anderen Bewohner der Frauengemächer, Höflinge und Dienerinnen ein jämmerliches Klagegeschrei an. Die Bürger fielen ihrem Herrscher in den Weg und versuchten, seine Füße zu halten. Sie baten ihn kläglich, doch zu bleiben. Sie flehten, dass man sie auch mitnehmen möge. Manche schoben alle Einwände beiseite und schlossen sich der königlichen Gesellschaft an. Die *Pāndavas* aber drehten sich nicht mehr um und gaben kein Wort mehr von sich. Ihre Ohren blieben allen Bitten verschlossen. Ihr Geist war fest auf *Krishna* gerichtet, und sie bewegten sich schnurstracks immer weiter geradeaus, wild entschlossen, ihr Ziel zu verfolgen, ohne rechts und links zu schauen.

Draupadī lief ihnen mit ihren Dienerinnen nach und rief ihre Gatten, einen nach dem anderen, mit Namen. Auch *Parikshit* verfolgte die *Pāndavas* durch die Straßen, wurde aber von den Ministern eingeholt und davongetragen. Obwohl diese selbst sehr betroffen waren, taten sie ihr Bestes, um ihn zu beruhigen.

Die *Pāndavas* aber schritten unbeteiligt weiter, ohne die Nachfolgenden abzuwehren oder denen, die mit ihnen gehen wollten, zuzustimmen. Hunderte von Männern und Frauen mussten zurückbleiben, als die Müdigkeit sie überfiel, und voller Trauer kehrten sie in die Hauptstadt zurück. Andere, die mehr Ausdauer besaßen, gingen weiter mit. Die Damen, die fern von Wind und Sonne in den Frauengemächern des Palastes gelebt hatten, waren bald erschöpft und blieben ohnmächtig am Wege liegen. Dienerinnen halfen ihnen unter lautem Klagen wieder auf. Manche trauten sich bis in den Wald hinein, mussten aber schnell wieder umkehren, als sie auf die Schrecken der Wildnis stießen. Als sich nun Sandstürme erhoben, rieben sich viele der Bürger den Staub ehrerbietig auf ihre Stirnen, denn sie sahen ihn als den Staub von *Dharmarājas* Füßen an. Auf diesem Weg durch Gebüsch und Dornengestrüpp verloren sie die Brüder bald aus den Augen. Was blieb den Leuten anderes übrig, als sich, schwer von unerträglichem Schmerz, nach *Hastināpura* zurückzuschleppen.

Die *Pāndavas* aber hielten sich an das *Mahāprasthāna*-Gelübde. Dieses Gelübde verlangte, dass sie unterwegs nichts aßen und tranken. Sie durften auch nicht rasten, nur geradewegs immer nach Norden gehen, bis sie tot umfielen. Dieses strenge Gelübde hielten sie erbarmungslos ein.

Parikshit regiert das Land

Den Blick starr geradeaus gerichtet, setzten die *Pāndavas* ihren Weg fort und warteten auf den Augenblick, da ihr Körper aus reiner Erschöpfung zusammenbrechen und der Tod ihr Erdenleben beenden würde. Ihre Herzen waren erfüllt von Gefühlen, die um *Krishna* kreisten, um seine Spiele und Streiche, seinen Glanz und seine Gnade. Kein anderes Gefühl, kein weiterer Gedanke hatte daneben Platz. *Draupadī*, die Königin, schleppte sich eine beträchtliche Strecke weit voran, wurde dann aber zu schwach, den Weg fortzusetzen. Ihre Gatten drehten sich auch auf ihr Flehen hin nicht um, und die so kluge und treu ergebene Frau erkannte, dass sie so handelten wegen eines schrecklich kompromisslosen Gelübdes, an das sie sich hielten. Es wurde ihr bewusst, dass die Fesseln, die sie bislang an ihre Gatten gebunden hatten, sich auflösten und dass sie ihrem Ende entgegensah. Ohnmächtig fiel sie schließlich nieder und tat ihren letzten Atemzug, während ihr Geist auf *Krishna* gerichtet war.

Auch die *Pāndavas* marschierten in strenger Disziplin weiter und fanden ihr Ende, jeder zu seiner Zeit und an der Stelle, an der es ihm bestimmt war, den Körper zu verlassen. Die Körper wurden zu Staub, die Seelen jedoch gingen in *Krishna* auf. Sie erlangten Unsterblichkeit, verloren sich im unsterblichen Sein *Krishnas*.

Auf dem Herrscherthron von *Bhārata* regierte *Parikshit* sein Land treu nach den Grundsätzen der Tugend und der Gerechtigkeit. Er sorgte liebevoll für seine Untertanen und beschützte sie mit elterlicher Liebe und Zuneigung vor jeglicher Gefahr. Was immer *Parikshit* auch begann, er tat keinen Schritt, ohne an *Krishna* und an seine Großväter zu denken und von ihnen Erfolg zu erbitten. Er betete jeden Morgen und Abend zu ihnen um ihre Führung auf dem rechten Pfad der Tugend. Er fühlte sich als das Herz seines Volkes, und seine Untertanen sah er als seinen Körper an.

In seinem Reich traute sich selbst der Wind kaum, einen Gegenstand zu verrücken, aus Furcht, des Diebstahls bezichtigt zu werden. Niemand fürchtete sich im geringsten vor Dieben. Auch fand sich keine Spur von Ungerechtigkeit, Laster oder Feindschaft, und auf diese Weise wurde das Land hochberühmt. Das geringste Aufkommen irgendeines Übels unterdrückte *Parikshit* sofort durch drastische Strafen und traf Vorsorgemaßnahmen zur wirksamen Abwehr. Da *Dharma* solchermaßen mit Liebe und Ehrfurcht gefördert wurde, zeigte sich auch die Natur freundlich: Es regnete zur rechten Zeit, die Ernten waren gut und reichlich, die Getreidespeicher gefüllt, und die Leute waren zufrieden, glücklich und furchtlos.

Da nun *Parikshit* auf dem Thron mit großer Sorgfalt über das Land herrschte, berieten sich die Minister und die spirituellen Meister, die die Ratgeber des Herrscherhauses waren, und kamen zu dem Schluss, dass man dem König nahelegen müsste, in den *Grihastha*-Stand einzutreten, indem er sich verehelichte. Sie unterbreiteten ihm den Vorschlag, und da er zustimmte, baten sie den Bruder seiner Mutter, seinen Onkel *Uttara* aus der *Virāta*-Königsfamilie, um die Hand seiner Tochter. Die abgesandten Brahmanen kehrten von *Virāta* zurück mit der freudigen Nachricht, dass dieser glücklich über den Antrag war. Die Priester setzten einen günstigen Tag und Zeitpunkt fest, und die Vermählung *Parikshits* mit *Irāvatī*, *Uttaras* Tochter, wurde mit Glanz und Glorie gefeiert.

Königin *Irāvatī* war eine *Sādhvīmani*, ein Juwel an Tugend unter den Frauen. Sie trug eine unerschütterliche Wahrheitsliebe in sich, und ihrem Gemahl war sie treu ergeben. Wenn sie erfuhr, dass irgend jemand in ihrem Reiche Unbill erlitt, so bereitete ihr das Schmerzen, als sei sie selbst von diesem Unglück betroffen. Sie begab sich unter die Frauen der Hauptstadt und machte sich mit deren Schaffen und Streben vertraut. Sie schenkte ihnen Mut und Trost und förderte ihre Tugendhaftigkeit, indem sie ihnen Lehrerin und Vorbild war. Sie schuf Einrichtungen zur Förderung und zum Schutze der guten Charaktereigenschaften. Sie erlaubte Frauen aller Stände und Ränge, zu ihr zu kommen, denn sie litt nicht an Standesdünkel. Sie behandelte jeden mit Ehrfurcht und war ein Engel an Mut, Nächstenliebe und Wohltätigkeit. Jedermann pries sie als die göttliche Nahrungsspenderin *Annapūrnā* in menschlicher Gestalt.

Unter der Herrschaft dieses Königs und seiner Königin lebten Männer und Frauen in Frieden und Wohlstand, von Nöten unbehelligt. Auch ließ *Parikshit* viele vedische Opfer und Rituale zum Wohle der Menschheit verrichten. Er sorgte dafür, dass Gott unter seinen vielen Namen in den Tempeln und Heimen angebetet und verehrt wurde. So wurden auf mannigfache Weise der Glaube an Gott und die Liebe zu den Menschen in den Herzen seiner Untertanen entfacht. Auch förderte er Maßnahmen zur Sicherung des Friedens und der Eintracht unter den Heiligen und Weisen, die als Mönche in den Einsiedeleien der Wälder lebten. Er schützte sie an ihren stillen Zufluchtsstätten vor Mensch und Tier. Er forderte sie auf, ihr Inneres gründlich zu erforschen und die Gesetze der Selbstbeherrschung zu erkennen, und überwachte persönlich die Maßnahmen, die ihnen Frieden und Sicherheit bieten sollten.

So herrschten *Parikshit* und *Irāvatī* über ihr Reich gleich dem göttlichen Paare *Īshvara* und *Pārvatī*, die mit elterlicher Liebe und Fürsorge das Universum beherrschen. Bald verbreitete sich unter den Frauen die Neuigkeit, dass die Königin Mutterfreuden entgegensah, und diese Nachricht wurde bestätigt. Daheim und im öffentlichen Gottesdienst beteten die Untertanen zu Gott, er möge die Königin mit einem Sohn segnen, der alle Tugenden sowie Charakterstärke aufweisen, keinen Zentimeter vom *Dharma* abweichen und das volle Lebensalter erreichen werde. In jenen Zeiten wurden Könige von ihren Untertanen so sehr geliebt, dass diese ihm zum Gefallen auf eigene Freuden verzichteten. Der König liebte seinerseits seine Untertanen und hütete sie wie seinen Augapfel.

Parikshit sah und hörte, wie die glückliche Aussicht auf einen Thronfolger die Untertanen begeisterte. Er vergoss Freudentränen, als er erkannte, wie tief ihm sein Volk verbunden war. Er fühlte, dass er diese Liebe seinem Großvater und *Krishnas* Gnade zu verdanken hatte.

Parikshit wich nie von seinem Entschluss ab, dem besten Interesse seines Volkes zu dienen. Für diese große Aufgabe gab er seine eigenen Vorlieben und Abneigungen auf. Er betrachtete seine Untertanen als seine Kinder. Diese innige und herzliche Verbindung zwischen König und Volk war wirklich von höchst heiliger Art. Daher konnte man sein Volk oft sagen hören, dass es sein Königreich selbst dem Himmel vorziehen würde.

An einem gesegneten Tage wurde nun der Sohn geboren, und das ganze Land war von unermesslicher Freude erfüllt. Viele Heilige, Gelehrte und Staatsoberhäupter sandten dem König ihren Segen und ihre Glückwünsche und taten kund, dass neues Licht im Staate aufgegangen sei. Die Astrologen zogen ihre Bücher zu Rate und berechneten Schicksal und Erfolgsaussichten des Kindes. Der Sohn werde den Ruhm der Dynastie mehren, verkündeten sie, dem Namen seines Vaters Ehre einbringen und die Achtung und Liebe seines Volkes gewinnen.

Parikshit lud den Familienlehrer in den Palast ein und beriet sich auch mit den Brahmanenpriestern, um den Tag für die Zeremonie der Namensgebung festzusetzen. Demnach wurde das Kind während eines auserlesenen festlichen Rituals auf den Namen *Janamejaya* getauft. Die anwesenden Brahmanen erhielten auf den Rat *Kripācaryas*, der der Rangälteste unter den Brahmanen-Ratgebern des Königs war, reiche Geschenke. Eine große Anzahl Kühe mit goldverzierten Hörnern und Hufen wurde verschenkt, und jedermann wurde über viele Tage hinweg üppig bewirtet.

Beim Antritt seiner letzten Reise hatte *Dharmarāja* den kleinen Thronerben *Kripācarya* anvertraut, und als treuer Verwalter beriet *Kripa* den Königsknaben und unterwies ihn in der Kunst der Staatsführung. Als der König heranwuchs, zeigte dieses vertraute Verhältnis immer reichere Frucht, denn der König suchte stets *Kripas* Rat, folgte ihm mit ehrfürchtigem Glauben und wich selten davon ab. Darum beteten die Weisen und Einsiedler des Königreiches für seine Gesundheit und ein langes Leben und priesen das Volk glücklich, dessen Herrscher sich so eifrig um sein Wohlergehen bemühte.

Parikshit war das Oberhaupt der Könige auf Erden, denn ihm ward der Segen der Großen zuteil, der Rat der Weisen und die Gnade Gottes. Am Ende seiner langen Eroberungszüge schlug er sein Lager am Ufer des Ganges auf und feierte als Siegeszeichen drei Pferdeopfer mit allen vorgeschriebenen Zeremonien. Sein Ruhm verbreitete sich nicht nur in Indien in alle Himmelsrichtungen, sondern noch weit über die Grenzen hinaus. Überall wurde er als das große Juwel der Königsfamilie der *Bhārata* anerkannt. Es blieb kein Staat übrig, der sich nicht seinem Joch gebeugt hätte, kein Herrscher, der sich nicht seinem Befehl ergab. Es war nicht nötig, dass er seine Armee anführte, um Völker oder Herrscher zu unterwerfen. Alle waren von sich aus eifrig bereit, ihm Tribut und Ehre zu zollen. Er war Herr aller Länder und Völker.

Der Geist von Boshaftigkeit und Laster, der als *Kali* bekannt ist, war aber schon mit dem Ende der *Krishna*-Ära eingedrungen und erhob hin und wieder sein giftiges Haupt. *Parikshit* war wachsam und ersann Maßnahmen gegen seine Listen und Machenschaften. Er bemühte sich, überall in seinem Reich auf den Spuren seiner Großväter zu wandeln, sei es in den von ihnen eingeführten Reformen oder in den Institutionen, die sie errichtet hatten. Bei jeder passenden Gelegenheit erinnerte er sein Volk an ihre Würde und ihre Bestrebungen und erzählte von *Krishna* und seiner Gnade und Barmherzigkeit. Beim Erzählen solcher Geschichten vergoss er jedesmal Tränen der Freude und Dankbarkeit. Es schmerzte ihn tief, dass ihm nicht das Glück zuteil geworden war, die *Pāndavas* und *Krishna* bei sich zu haben.

Parikshit wusste, dass *Kali* in sein Königreich eingedrungen war und alles daran setzte, sich der Geister der Menschen zu bemächtigen. Wenn er entdeckte, dass dieser *Kali*-Geist am Werke war, erforschte er, welche Umstände seine Verbreitung begünstigten, und unter tatkräftiger Mithilfe seiner Lehrer und Ältesten erließ er besondere Gesetze, um den Absichten und Neigungen, die *Kali* entfachte, entgegenzuwirken. Den Hinweis der Ältesten, dass solche Maßregeln nur zu treffen seien, wenn die Bösartigkeit sich in Verbrechen äußere, wies *Parikshit* zurück. Er war für äußerste Wachsamkeit und wollte seinen Untertanen als Vorbild vorangehen. „ ‚Wie der Herrscher, so die Untertanen (yathā rājah tathā prajā)' lautet das Sprichwort", sagte er und erklärte, dass *Kali* oder das Böse nur an die Macht kommen könne, wenn ein Herrscher unzulänglich ist, das Volk das Selbstvertrauen verliert und Gottes Gnade nicht mehr genügend verdient wird. Diese drei Faktoren fördern *Kalis* Pläne. Sind sie nicht vorhanden, so kann der Mensch *Kalis* Schlichen nicht zum Opfer fallen. *Parikshit*, der dies genau wusste, durchwanderte sein Königreich Tag und Nacht, immer bestrebt, *Kali* aus seinen Schlupfwinkeln zu vertreiben. Das heißt, er versuchte, Ungerechtigkeit, Zwang, schlechten Charakter, Unwahrheit und Gewalt nirgends zuzulassen, und seine Sicherheitsvorkehrungen waren wirkungsvoll. In seinem Königreich herrschte solcher Friede, dass er sogar erfolgreiche Züge in die weit entfernten Regionen von Bhadrāshva, Ketumāla, Uttarakuru und Kimpurusha unternehmen konnte.

Ehrfurcht vor Krishna

In jedem Gebiet, das *Parikshit*, der *Mahārāja*, besuchte, wurde er von den Regenten und Königen der Gegend begeistert mit entsprechenden militärischen und sonstigen Ehren empfangen. Sie erklärten, dass sie immer bereitstünden, um ihm treu zu dienen, gleich, welchen Dienst er von ihnen verlangen möchte. *Parikshit* seinerseits entgegnete, dass er ihre Dienste nicht benötige und von ihnen nichts weiter erwarte, als dass sie das Glück und den Wohlstand der ihnen anvertrauten Menschen förderten. Er riet ihnen, dem Schutz der Brahmanen sowie der Frauen besondere Aufmerksamkeit zu schenken und sie vor Unrecht und Leid zu behüten. Er ermahnte sie, den Gottesdienst in ihrem Herrschaftsbereich zu fördern. Das war alles, was er von seinen tributpflichtigen Königen verlangte.

In einigen bedeutenden Gebieten seines Reiches unterhielten ihn die Leute mit Volksliedern, die den Ruhm und die Tapferkeit seiner Vorfahren besangen. Sie schilderten die Erfolge und Heldentaten der *Pāndava*-Brüder. Die Lieder priesen die Gnade und Barmherzigkeit, mit der *Krishna*, der Herr, die *Pāndavas* überschüttet hatte, sowie die stetige Hingabe und die gläubige Verehrung der *Pāndavas* für *Krishna*. Auch führte man volkstümliche Theaterstücke auf, in denen die *Kauravas* und die *Pāndavas*, mit *Krishna* in ihrer Mitte, und die Geschichte, die der Herr mit diesen Werkzeugen ersonnen hatte, dargestellt wurden.

Wenn *Parikshit* diese Lieder hörte und die Aufführungen sah, kamen ihm die Tränen, so sehr er sich auch bemühte, seine Gefühle zu beherrschen. Die Sänger und Geschichtenerzähler, Schauspieler und Bühnenleute entdeckten, dass ihr Herrscher fasziniert war von Liedern und Spielen, die ausschließlich dieses Thema behandelten. Darum bemühten sie sich, ihren Stoff auf keinem anderen Gebiet mehr zu suchen und richteten ihre ganze Aufmerksamkeit auf die Geschichte der Dynastie *Parikshits* und *Krishnas* überwältigende Gnade, die sie auf Schritt und Tritt behütet hatte. Der König hörte ehrfürchtig zu, war vom Anfang bis zum Ende mit großer Hingabe dabei und zeigte seine Dankbarkeit auf mannigfaltige Weise. Er war hochbeglückt und ließ sich von seinen Ministern und Ältesten bestätigen, dass diese Geschichten völlig der Wahrheit entsprachen. Darüber wuchsen sein Glaube und seine Hingabe, und er suchte öfter in den Genuss solcher Anlässe zu kommen. Er ging mit den Schauspielern und Musikanten mit inniger Zuneigung um und belohnte sie mit großzügigen Preisen.

Als sich die Kunde verbreitete, dass es *Parikshit* Freude bereitete, Lieder über seine Vorfahren und *Krishna* zu hören, scharten sich diejenigen, die noch persönliche Erlebnisse mit jenen Gestalten gehabt hatten, auf Schritt und Tritt um *Parikshit*. Einen mit solcher Hingabe erfüllten Herrscher wollten sie gerne sehen. Eines Tages, auf dem Rückweg von *Mathurā*, stand ein alter Brahmane unter den Wartenden am Straßenrand, die versuchten, die Blicke des Herrschers auf sich zu ziehen. Der König bemerkte ihn auch tatsächlich, ging zu ihm hin und erkundigte sich freundlich nach seinem Befinden. Der Brahmane sprach: „*Mahārāja*! Vor Jahren, als Euer Großvater *Dharmarāja* das Pferdeopfer unter dem göttlichen Vorsitz *Krishnas* feierte, fungierte ich als *Ritvij*, als Hauptpriester, der die Zeremonien leitete. Bei dieser Gelegenheit kam *Krishna* zu mir und erkundigte sich freundlich nach meinem Befinden, genauso liebevoll wie Ihr jetzt. Eure Worte bringen mir jene Worte wieder ins Gedächtnis." Was der Brahmane weiter sagen wollte, ging in Tränen und Schluchzen unter. *Parikshit* rief: „Oh, wie bist du vom Glück gesegnet! Dass der Herr in der Opferhalle zu dir gesprochen hat!" Er nahm die Stola von seinen Schultern, legte das Tuch zusammengefaltet auf den Boden und bat den Alten, sich darauf niederzulassen und ihm mehr über seine Erlebnisse mit dem Herrn in der *Yajnashālā* oder auch anderswo zu erzählen.

Der alte Mann sagte leise: „Es zerreißt mir das Herz, wenn ich an den Irrtum denke, den ich an jenem Tage beging", und er begann wieder zu weinen. Der König fragte: „Meister, was für ein Vergehen habt Ihr begangen? Wenn Ihr es mir verraten wollt, so möchte ich gern mehr darüber wissen." Er hielt die Hände des Alten fest in den seinen und bat ihn, sein Geheimnis preiszugeben.

Der Brahmane antwortete: „An jenem Tage wurden wir in den heiligen Orden der Opferpriester für diesen *Yajna* eingeweiht. Wir legten die geheiligten Gewänder an, die man uns geschenkt hatte, und zogen in die geweihte Halle ein. *Krishna*, der Herr, saß dort auf einem goldenen Bänkchen vor einem goldenen Teller, und dann goss er Wasser aus einem goldenen Gefäß auf …, nein, ich kann nicht weiter erzählen …, das ist nicht auszusprechen." Der alte Mann weinte und schluchzte und konnte mit seiner Erzählung nicht fortfahren.

Dieser abrupte Abbruch der Geschichte an einer spannenden Stelle machte den Herrscher erst recht neugierig. „Was geschah, Meister, erzählt

doch!", bat er, und der Brahmane fasste Mut, dieser Bitte nachzukommen.
„Ach, König, wie soll ich es sagen? Wir Opferpriester wurden gebeten, unsere Füße auf den goldenen Teller zu setzen, und der Herr wusch jedem von uns die Füße, trocknete sie dann mit seinem Schultertuch und sprengte das Wasser von unseren Füßen über sein Haupt. Da ich der Vorsitzende aller Priester war, befragte er mich über alle Einzelheiten der Rituale. Schließlich, am letzten Tag, als beim Abschlussopfer die Opfergaben ins heilige Feuer gegeben wurden, gewährte er uns eine Vision seiner selbst, mit Muschlhorn *(shankha)*, Diskus *(cakra)* und Keule *(gadā)* in seinen göttlichen Händen, und diese Vision befreite uns für alle Zeiten von jeglicher Bindung. Nun, da der gnadenreiche Herr von uns gegangen ist, bedeutet mir die Begegnung mit Euch soviel wie einige Tropfen belebenden Wassers einem Verdurstenden in der sengenden Wüstensonne."

Der Brahmane hielt, nachdem er seine Erzählung beendet hatte, *Parikshits* Hände und legte auf sein Haupt einige geweihte Reiskörner, die er aus den Falten seines Gewandes hervorholte. *Parikshit* nahm den Segen dankbar entgegen und rief aus: „Meister, ich bin in der Tat mit Glück gesegnet! Zwar durfte ich *Krishna* nicht persönlich erblicken – doch wird mir heute das Glück zuteil, den Füßen zu begegnen, denen er gehuldigt hat." Mit diesen Worten verneigte er sich vor den Füßen des Brahmanen. Dann rief er seine Minister zu sich und wies sie an, den Brahmanen in einer Sänfte nach Hause tragen zu lassen und ihn reichlich mit kostbaren Geschenken zu versehen.

Erinnerungen an vergangene Tage

König *Parikshit* bereiste mit großem Zeremoniell den ganzen indischen Kontinent und machte sich dabei vertraut mit der hervorragenden Verwaltungskunst seiner Großväter und der einzigartigen Verbindung, die zwischen ihnen und *Krishna*, dem Herrn, bestanden hatte, der zu ihrer Regierungszeit als Mensch auf Erden wandelte. *Parikshit* lauschte den Erzählungen manches Heiligen und Gelehrten, der jene glücklichen Tage erlebt hatte, und sann im Weiterreisen über diese herzerfreuenden Erinnerungen nach. Oft überfiel ihn Kummer bei dem Gedanken, dass er nicht in jenen Tagen gelebt hatte, da seine Großeltern solch himmlische Seligkeit erleben konnten.

Während er so die freudigen Erinnerungen an die Geschichte seiner Vorfahren und den Glanz der vergangenen Tage mit *Krishna* genoss, erschien unerwartet der große Weise und Heilige *Vyāsa* vor ihm. *Parikshit* hieß ihn mit großen Ehren willkommen und bot ihm einen erhöhten Platz an. Der Heilige lobte *Parikshits* Regierungsweise und sagte, dass sie ihn an die Herrschaft der *Pāndavas* erinnere. Der junge König hörte seiner Rede ehrerbietig zu. Nach einer Weile sprach *Vyāsa*: „Mein Sohn, ich muss nun wieder gehen." Aber *Parikshit* wandte ein: „Das hieße, einem Verhungernden ein köstliches Mahl vorsetzen und es ihm, wenn er die Hand danach ausstreckt, wieder fortnehmen. Deine Geschichten über die Heldentaten meiner Großväter und die Herrlichkeit *Krishnas* liegen wie die allerkostbarsten Juwelen vor mir ausgebreitet, du aber enttäuschst mich aufs schmerzlichste, indem du sie mir verweigerst. Dass du mich jetzt verlassen willst, macht mich hoffnungslos traurig."

Er bat den Weisen inständig, noch ein wenig zu bleiben: „Erzähle mir, zu welchem Zweck du gekommen bist. Bleibe noch eine Weile bei mir und stille den nagenden Hunger, der mich verzehrt. Ich hatte nicht so großes Glück wie meine Großeltern, die ihr Leben mit dem Herrn selbst verbringen durften. Wenn ich wenigstens etwas von ihren Heldentaten und von ihrer Hingabe hören kann, mit der sie sich seinen Segen zuzogen, so wird mich das vor dem Untergang retten." Da *Vyāsa* den König mit so großer Ernsthaftigkeit und Demut bitten sah, sprach er: „Mein Sohn, du musst nicht denken, dass du geringer oder mit weniger Glück gesegnet seiest. Ich möchte behaupten, dass niemandem solches Glück zuteil wurde wie dir! Denn du hast dir vom Augenblick deiner Geburt an die Gnade des Herrn zugezogen. *Vāsudeva*, der Herr, gab dir den Lebensatem, er hielt dich in seinen Armen und spielte mit dir, als du noch ein Säugling warst. Auch du hieltest so zu ihm, dass du dich kaum von ihm trennen konntest. Dein jüngster Großvater, *Sahadeva*, musste dich mit Gewalt von *Krishna* losreißen, um dich den Frauen in den inneren Gemächern zu überantworten. Du hast deinen Namen hochoffiziell von *Vāsudeva* selbst erhalten. Eine unvergessliche Szene war das! Du hast uns gezeigt, was für ein wunderbares Kind du warst. Mit deinen Augen verfolgtest du den Herrn, wo immer er ging, wohin er sich auch wandte. Wie keiner sonst in der Halle warst du an jenem Tage darauf ausgerichtet herauszufinden, wo er sich befand. *Krishna* versteckte sich sehr gut hinter den Säulen und versuchte auf verschiedene Weise, deine Aufmerksamkeit von sich abzulenken – doch du warst für ihn zu schlau! Deine Augen suchten nur ihn, sahen nur ihn und seine herrliche Erscheinung. Alle, die wir anwesend waren, staunten über deine Hingabe und Konzentration. Es schien, als würdest du jedes Gesicht untersuchen, um herauszufinden, ob es das Antlitz *Krishnas* sei. Deine Miene war enttäuscht, wenn er es nicht war – sie blühte auf, wenn deine Augen ihn, nur ihn sahen. Gelehrte und einfache Leute, Bauern und Könige erkannten, dass du ein besonderes Kind warst. Als also dein Großvater *Dharmarāja Krishna* bat, dir einen passenden Namen zu geben, da nannte er dich gemäß deinem merkwürdigen Benehmen *Parikshit* – den Forscher.

Als der Herr vor der riesigen Versammlung von Hofleuten, Gelehrten und Weisen *Dharmarāja* diesen Namen verkündete, da applaudierten alle und sprachen: ‚Sehr passend, ausgezeichnet, hervorragend!' Da du derart vom Glück bevorzugt bist, ist es nicht angebracht, dass du dich einen Unglücklichen nennst. Der Herr hat dich liebkost. Er hat mit dir gespielt und dein Herumtollen beobachtet. Er hat dir deinen Namen gegeben. Wie wenige haben sich dieses Glück verdient! Betrachte das nur nicht als allgemein übliche Gnadengeschenke!"

Freudentränen stiegen *Parikshit* bei diesen Worten in die Augen. Ihm lag eine Frage auf der Zunge, und *Vyāsa* sah, dass er kaum wagte, sie auszusprechen. Er klopfte ihm daher auf die Schulter und ermunterte ihn, herauszurücken mit dem, was er auf dem Herzen hatte, indem er sagte: „Mein Sohn, mir scheint, du wünschest mir eine Frage zu stellen. Nur heraus damit, halte sie nicht zurück." Ermutigt sprach *Parikshit*: „Verehrter Meister! Der Mensch kennt den Wert von Freuden und Leiden nicht, wenn er sich ihrer nicht bewusst ist. Die erfreulichen Beziehungen, von denen du sprachst, fielen mir in einer Zeit zu, da ich mir kaum der Glückseligkeit bewusst war, die in ihnen lag. Den wahren Geschmack der Freude kann man nur erfahren, wenn man sich ihres Wertes bewusst ist. Gib einem Kinde einen Diamanten im Werte von einer Billion – es wird damit umgehen wie mit einem Stückchen Glas. Das Glück, mit dem Herrn zusammen gewesen zu sein, das mir, wie du sagst, in der Kindheit zuteil wurde, ist so wirkungslos wie Freude, die man in früheren Leben erfahren hat. Ich wusste dazumal nicht, welch kostbare Augenblicke das waren. Hätte ich es gewusst, ja, wäre ich imstande gewesen, es zu wissen, so hätte ich diese Freude wie einen ständigen Schatz mit mir tragen können. Jetzt kann ich einzig noch Rückschlüsse ziehen. Mir bleibt kein sichtbarer Beweis für die damals empfangene Gnade des Herrn; daher bin ich auf das angewiesen, was ich höre. Darum bitte ich dich, erzähle du mir von *Krishnas* Glanz und Größe, lass meine Ohren den Nektar dieser Geschichten trinken!"

Vyāsa, gerührt von dieser flehentlichen Bitte, gab nach. „Mein Sohn", sprach er, „denkst du, dass *Krishnas* göttliche Spiele, seine *Līlās*, sich auf eines oder zwei beschränken? Wie soll ich dir von seinen *Līlās* berichten, die jenseits unseres Zählungsvermögens liegen? Frage mich, was er in Verbindung mit bestimmten Personen getan hat oder bei bestimmten Gelegenheiten und Ereignissen, dann werde ich dir mit Freuden alle Einzelheiten berichten." *Parikshit* war hocherfreut und bat mit gefalteten Händen: „Meister! Berichte mir doch, wie diese große liebevolle Verbindung zwischen meinen Großeltern und *Krishna*, dem Herrn, zustandekam!"

Vyāsa brach in Lachen aus. „Mein Sohn", sprach er, „ich bin überrascht von deiner Ernsthaftigkeit. Nur ernsthafte Menschen dieser Art können jenes Wissen erlangen, das Weisheit ist. Ich bin entzückt, dass du diese tiefe Sehnsucht in dir trägst. Daher will ich dir erzählen, was du dir erbeten hast. Höre!" Mit diesen Worten setzte *Vyāsa* sich bequem zurecht, und auch *Parikshit* machte sich mit erblühender Freude in seinem Herzen und begierig gespitzten Ohren bereit, Vyāsas Worten zu lauschen.

„Mein Sohn! König *Drupada* wollte endlich seine einzige Tochter mit einem passenden Bräutigam vermählen, konnte aber trotz sorgfältigster Suche nicht den richtigen finden. Daher kündigte er einen *Svayamvara* an, ein großes Fest, an dem die Braut sich ihren Bräutigam selbst aussucht. In seiner Hauptstadt versammelten sich alsbald die mächtigsten und würdigsten Könige nebst Gelehrten, die von Geist nur so sprühten – alle begierig darauf, die Prinzessin zu ehelichen, deren Schönheit in den drei Welten nicht ihresgleichen fand. Jeder von ihnen war stolz auf seinen Reichtum und seine Tapferkeit und meinte, sie mit diesen Errungenschaften für sich gewinnen zu können.

In der Versammlungshalle hatte der König an einer Säule eine Vorrichtung anbringen lassen, und zwar ein schnell rotierendes Rad, das sich in einer Wasserfläche am Fuße der Säule spiegelte. An diesem Rad war ein künstlicher Fisch befestigt. Die Bewerber, die die Hand der Prinzessin erringen wollten, mussten nun einer nach dem anderen vortreten und mit Pfeil und Bogen auf diesen Fisch hoch droben schießen. Sie durften dabei aber nur auf die Spiegelung im Wasser schauen. *Drupada* verkündete, dass er seine Tochter demjenigen zur Frau geben wolle, der dieses so vorbereitete Ziel treffen könne. Die Stadt wimmelte von Prinzen und Königen, die gekommen waren, um sich bei diesem einzigartigen Wettbewerb der Bogenschießkunst zu versuchen.

Die Kunde von diesem Fest kam deinen Großvätern zu Ohren. Zu jener Zeit zogen sie als Brahmanen verkleidet umher, um die listigen *Kauravas* zu täuschen. Zuerst meinten sie, dass es besser sei, sich nicht bei dieser Gelegenheit öffentlich zu zeigen. *Arjuna* aber, dein Großvater, konnte seine Brüder zur Teilnahme an dem Wettbewerb überreden, denn – so argumentierte er – wenn Bogenschützen um einen angemessenen Preis kämpfen, sollte kein *Kshatriya* fernbleiben.

So geschah es, dass die fünf Brüder in Brahmanentracht unter den Versammelten saßen wie eine Schar Löwen – von einer Aura des Heldentums umgeben. Sie zogen die Blicke aller auf sich, und man sprach über ihre Erscheinung, teils bewundernd, teils spöttisch. Manche priesen sie als Meisterkämpfer, andere verlachten sie als simple Preiskämpfer oder Leibwächter. Jedenfalls erregten sie ringsum Aufsehen.

Auch *Krishna* war zu diesem Fest gekommen. Er hielt den Blick die ganze Zeit auf *Arjuna* gerichtet. Sein Bruder *Balarāma* bemerkte dies und sprach ihn darauf an. Schließlich begann der Wettstreit. Einer nach dem anderen traten die Kandidaten vor, schauten auf das Spiegelbild im Wasser und zielten auf den Fisch, der sich oben drehte. Sie verfehlten ihr Ziel und kehrten bleich vor Erniedrigung zurück. Gebeugt von Scham und Enttäuschung gingen sie zu ihren Plätzen und saßen nun bekümmert da.

Krishna hatte nicht vor, sich an dieser Zielscheibe zu versuchen, er blieb auf seinem Platz sitzen. Wenn er gewollt hätte, wäre es ihm ein leichtes gewesen, den Fisch zu treffen und zu gewinnen. Doch wer kann schon die Tiefen von *Krishnas* Denken ausloten?

Nun erhob sich *Arjuna* und ging auf die ‚Zielscheibe' zu. Seine heldenhafte Ausstrahlung warf einen blendenden Lichtblitz auf die ganze Versammlung. *Draupadī*, die Prinzessin, schaute auf und beobachtete ihn voller Bewunderung. Ihr Geist ging in diesem strahlenden Lichtblitz auf. Im Handumdrehen hatte *Arjunas* Pfeil den Fisch zerrissen, und er hatte gewonnen. Die Versammlung spendete ihm tosenden Beifall. Die Prinzessin trat vor und vermählte sich mit ihm, indem sie ihm eine Blumengirlande umhängte und seine Hand ergriff.

Als *Arjuna* aus der Halle trat, die Hand der Braut in der seinen, schrie die Schar der unterlegenen Könige und Prinzen, dass die Regeln des Wettstreits gebrochen seien, da ein Brahmane, dem es nicht zustand, am Bogenschießen teilzunehmen, zugelassen und auch noch zum Sieger erklärt worden war. Ein wütender Haufen fiel über deinen Großvater her. *Bhīma* jedoch riss einen mächtigen Baum mitsamt den Wurzeln aus und wirbelte ihn durch die Menge der unterlegenen Könige.

Krishna und *Balarāma* beobachteten den Kampf zwischen den enttäuschten Freiern und den *Pāndavas*, und sie spendeten *Arjunas* erfolgreicher Heldentat lächelnd Anerkennung. Deine Großväter hatten keine Ahnung, wer die beiden waren. Sie hatten sie nie zuvor gesehen.

Die *Pāndavas* erreichten ihre Wohnung, das bescheidene Haus eines Töpfers, mit der neuerrungenen Braut, *Drupadas* Tochter. *Dharmarāja*, der älteste Bruder, beschrieb gerade triumphierend die Ereignisse des Tages, da betraten *Balarāma* und *Krishna*, in gelbe Seide gekleidet und prächtig anzuschauen, das ärmliche Haus. Sie fielen der bejahrten *Kuntī*, der Mutter deiner Großväter, zu Füßen. „Liebe Tante", stellten sie sich vor, „wir sind deine Neffen, die Kinder von *Nanda* und *Yashodā*." Dann warfen sie sich vor *Dharmarāja* nieder und berührten seine Füße. *Krishna* ging zu *Arjuna*, nahm ihn beiseite und schaute ihn mit liebevoller Zuneigung an. „Ich kenne dich", sprach er, „aber du kennst mich nicht, wir sehen uns jetzt zum ersten Mal. Ich bin der Sohn *Vasudevas* und heiße *Shrī Krishna*. Ich bin jünger als du. Als du den Sieg errangst im Königspalast, erkannte ich, dass ihr die *Pāndava*-Brüder seid und wusste, dass ihr dem Lackpalast entronnen seid, der, mit euch darin, in Brand gesetzt wurde. Als ich dich zwischen allen Freiern sah, ahnte ich gleich, dass du *Arjuna* sein müsstest. Das habe ich auch meinem Bruder gesagt. Dies hier ist mein Bruder *Balarāma*. Ich war sehr erfreut, dich zu sehen, und mein Bruder ebenfalls. Endlich kann ich dich kennenlernen. Deine Braut ist die Verkörperung von Tugend und Klugheit."

Während er so sprach, führte *Krishna Arjuna* noch ein wenig weiter beiseite und flüsterte ihm dann ins Ohr: „Lieber Vetter, es ist nicht ratsam, dass ihr euch schon so bald wieder öffentlich zeigt. Bleibt noch eine Weile in eurer Verkleidung und versteckt euch irgendwo." Dann verabschiedete er sich von seiner Tante und den anderen und begab sich mit seinem älteren Bruder *Balarāma* von dannen.

Von diesem Tage an wuchs die Zuneigung zwischen *Krishna* und *Arjuna* immer mehr, wuchs zu einem mächtigen Baum heran und trug süße Früchte, die sie miteinander teilten. In dieser Süße verschmolz beider Sinn und Gemüt und wurde eins. Bedenke wohl! Die erste Begegnung deines Großvaters mit *Shrī Krishna*, dem Herrn, fand in *Draupadīs* Hochzeitssaal statt. Das Bedeutsame daran ist, dass auch sie die ganzen Jahre lang durch ein Band von Liebe und Zuneigung in treuer, ungetrübter Freundschaft miteinander verbunden blieben. Die höchste Erfüllung dieser Freundschaft lag darin, dass *Krishna Arjuna* in der höchsten Weisheit unterrichtete. Verstehst du nun, welch ein Herzensfreund dieser vollendete Schwindler deinem Großvater war?" Mit dieser Frage erhob sich *Vyāsa*, suchte seine Sachen zusammen und wollte sich verabschieden.

Als *Parikshit* dies sah, flehte er, die Freudentränen, die ihm die Erzählung in die Augen getrieben hatte, fortwischend: „Meister, durch deine Beschreibung der *Līlās* und der Gnade des Herrn hast du diesen deutlich vor meinen Augen erstehen lassen. Bitte erzähle mir doch mehr von den Gelegenheiten, da der Herr meine Großväter mit seiner Gnade bedacht hat und wie er ihnen immer nahe war und sie vor Unheil bewahrte. Der Schlaf will mich heute nacht nicht besuchen, und ich will deinen Geschichten über Gott lauschen. Heilige diese Nacht, indem du mir von der Herrlichkeit des Herrn erzählst. Das allein befriedigt mich wirklich. Ich will die Nacht nur in Gedanken an ihn verbringen. Dein Schweigen bereitet mir Pein."

Vyāsa erkannte *Parikshits* Unerschütterlichkeit und Hingabe und änderte seinen Entschluss. „Mein Sohn", sprach er, „würden sich *Krishnas* Wunder auf eines oder zwei beschränken, so könnte ich dir davon berichten. Selbst wenn man eine Billion Zungen hätte und die ganze Ewigkeit vor sich, könnte man nicht erschöpfend seine Majestät und Größe beschreiben. Vor ihm verneigten sich alle Götter mit gefalteten Händen. Bald hob er die ihm Ergebenen in den Himmel, bald zog er sie in die tiefsten Tiefen. Er ging mit der Welt um wie mit einem Puppentheater. Er hatte immer sein strahlendes Lächeln im Gesicht. Er kannte keine Angst, Enttäuschung oder Sorge. Manchmal benahm er sich wie ein gewöhnlicher Mensch, dann wieder wie ein unschuldiges Kind, ein andermal wie ein naher Verwandter oder wie ein vertrauter Freund oder auch wie ein gebieterischer Herrscher. Manchmal betrug er sich wie ein verspielter Hirtenknabe. Er besaß die Möglichkeit wie auch die Geschicklichkeit, alle Rollen einzigartig und aufs hervorragendste zu spielen. Deinen Großvater *Arjuna* liebte er inbrünstig. Er nahm ihn überallhin und bei allen möglichen Gelegenheiten mit. Ja, *Arjuna* durfte sich sogar in den innersten Gemächern von *Krishnas* Residenz frei bewegen. Oft spielte der Herr mit deinem Großvater in den Fluten der *Yamuna*. Er tauchte unter, kam überraschend weit entfernt wieder an die Oberfläche und rief *Arjuna* zu, er solle es ihm gleichtun. Er maß sich mit *Arjuna* in allerlei Wettspielen – unbeschreiblichen und unergründlichen Spielen. Dann wiederum führte er *Arjuna* ganz unerwartet an einen einsamen Ort, um sich dort mit ihm über geheime Dinge zu unterhalten. Oft ließ er sein weiches Seidenbett unbenutzt und schlief statt dessen mit seinem Haupt in *Arjunas* Schoß.

Dein Großvater erwiderte seinerseits diese Liebe vollkommen. Obwohl sie manchmal im Streit miteinander lagen und sprachen, als seien sie erbost, vertrugen sie sich sehr schnell wieder und schlugen wieder feundliche Töne an. Mein lieber Sohn, man kann sagen, dass sie *Naranārāyana* waren – die Verkörperung von Gott und menschlicher Seele. Wie Körper und Atem standen sie zueinander. Es gab keinen *Arjuna* ohne *Krishna* und keinen *Krishna* ohne *Arjuna*. Es gab kein Geheimnis, das dein Großvater nicht mit *Krishna* geteilt hätte, keines, das *Krishna* ihm verschwiegen hätte. Über welches besondere Ereignis in ihrer Verbindung soll ich dir nun berichten? Sage, was du hören möchtest, und ich will es dir nur zu gern erzählen."

Wie Takshaka entkam

Da *Vyāsa* sich seinen hartnäckigen Bitten so entgegenkommend zeigte, sprach *Parikshit*, der ganz gebannt war, mit vor Gefühl fast erstickter Stimme: „Meister, ich verstehe nicht ganz, aus welchem Grunde mein Großvater den *Khāndava*-Wald verbrannt hat. Erzähle mir bitte, wie *Krishna*, der Herr, ihm bei dieser Tat geholfen hat. Du würdest mich glücklich machen, wenn du mir von diesem Ereignis berichten würdest." *Parikshit* fiel vor dem großen Weisen nieder und bat ihn um seine Erzählung. *Vyāsa* sprach anerkennend: „Gut, das ist eine Bitte, die deiner würdig ist. Ich will ihr nachkommen."

Er fuhr also fort: „Einmal, als *Krishna* und *Arjuna* gerade fröhlich am Strande der *Yamuna* ausruhten, ohne einen Gedanken an die Welt und ihre Verstrickungen zu verschwenden, trat ein alter Brahmane an sie heran und sprach: ‚Mein Sohn, ich bin dem Verhungern nahe. Gib mir etwas, womit ich meinen Hunger stillen kann, sonst kann ich mich nicht mehr am Leben halten.' Während er so sprach, fiel ihnen etwas Merkwürdiges auf. Obwohl der Brahmane äußerlich einem gewöhnlichen Menschen glich, umgab ihn ein göttlicher Glanz, der ihn zu einer besonderen Erscheinung machte. *Krishna* wandte sich ihm zu und sprach: ‚Großer Brahmane, du scheinst kein gewöhnlicher Sterblicher zu sein. Wahrscheinlich bist du mit normaler Nahrung nicht zufrieden. Sag, nach welcher Nahrung es dich verlangt, ich will sie dir geben.' *Arjuna* stand ein wenig abseits und verfolgte diese Unterhaltung mit Verwunderung, da er vernahm, dass *Krishna*, der den Hunger aller Wesen in allen Welten stillt, diesen mageren, hungrigen Brahmanen fragte, welche Nahrung ihn zufriedenstellen würde. *Krishna* erkundigte sich so ruhig und mit so viel Mitgefühl, dass es *Arjuna* in Erstaunen und Neugier versetzte.

Plötzlich brach der Brahmane in Lachen aus und sprach: ‚Herr, erkennst du mich nicht? Es gibt in dieser Welt – nein, in allen vierzehn Welten nichts, was du nicht wüsstest! Ich bin *Pāvaka*, das reinigende Feuer. Ich bin als eines der ersten Grundprinzipien deiner Schöpfung aus dir selbst hervorgegangen. *Agni*, das Feuer, bin ich, eines der fünf Elemente. Ich muss dir leider mitteilen, dass selbst ich nun krank geworden bin. Nichts kann meine Verdauungsbeschwerden beheben als der Saft der Bäume im *Khāndava*-Wald. Dieser Wald muss in Flammen aufgehen. Das ist das einzige Mittel, meinen Hunger zu stillen.'

Daraufhin sprach *Krishna*: ‚Dann verzehre ihn doch! Warum kommst du deshalb zu mir? Das ist in der Tat wunderlich, da du die Macht hast, das ganze Universum in Asche zu verwandeln! Wozu brauchst du Hilfe?' Da *Krishna* ihn so in gespielter Unwissenheit fragte, entgegnete *Agni*: ‚Herr, du weißt alles. Lebt nicht in diesem *Khāndava*-Wald der große Schlangenkönig *Takshaka* mit allen Freunden und Verwandten, Dienern und Verbündeten? *Indra*, der Herr über den Regen, ist sein intimer Freund und hat es auf sich genommen, den Wald vor Feuer und anderen Unbilden zu schützen. Er hat sein Ehrenwort gegeben, den Wald und somit *Takshaka* zu behüten. Sobald ich also beginne, den Wald zu verzehren, sendet *Indra* seine Höflinge und lässt alles vom Regen durchtränken. Auf diese Weise wird mein Tatendrang dermaßen gelöscht, dass ich nicht mehr essen kann. Deshalb suche ich Zuflucht bei dir.'

Krishna lachte über *Agnis* Nöte und sprach: ‚Wenn das so ist, wollen wir dir helfen. Sage nur, was wir tun sollen, wir sind zu allem bereit.'

Agni war hocherfreut und rief: ‚Wahrlich, ich bin gesegnet! Ich bin gerettet! Ihr könnt mir helfen, wenn Ihr nur *Indras* Regengüsse zurückhaltet, indem Ihr den Wald mit einem Dach von Pfeilen überdeckt. Dann kann ich ihn in aller Ruhe verzehren.' *Krishna* versprach, dieser Bitte nachzukommen, und dein Großvater sprach zu *Agni*: ‚Du kannst den Wald ohne weiteres verbrennen. Meine Arme sind stark genug, um mit zehn Millionen *Indras* fertigzuwerden. Nur habe ich nicht genügend Pfeile bei mir für dieses Vorhaben und keinen Wagen, der sie alle tragen könnte. Wenn mir beides zur Verfügung gestellt wird, werde ich mit *Krishnas* gütiger Erlaubnis deinen Auftrag erfüllen.'

Agni, der Feuergott, war erfreut und gewährte *Arjuna* gnädig zwei Geschenke: einen unerschöpflichen Köcher, aus dem er jederzeit einen nichtendenden Vorrat an Pfeilen ziehen konnte, und einen Streitwagen mit dem Banner des Affenkönigs *Māruti*. Darüber hinaus schuf er die *Āgneyāstra* genannte Feuerwaffe, die er beim Abschied in *Krishnas* Hände legte.

Parikshit, mein Sohn! Bedenke, dass *Krishna* diese Waffe nur dem Feuergott zum Gefallen annahm. Er braucht solche Waffen nicht. Keine Waffe ist wirkungsvoller als *Krishnas* Wille, der in Sekundenbruchteilen die Erde zum Himmel umformen kann und den Himmel zur Erde. Wenn er sich unter die Menschen begibt, spielt er auch einen Menschen, und daher machen die Leute sich ihre eigenen Vorstellungen, ohne die innere Bedeutung dessen, was er tut, zu begreifen. Das ist die Folge der Verblendung, die des Menschen Sicht verschleiert.

Nachdem *Agni* sich also von *Krishna* verabschiedet hatte, machte er sich daran, den *Khāndava*-Wald zu verzehren. Und genau wie er es vorhergesagt hatte, schickte *Indra* just in diesem Augenblick seine Diener, um den Wald vor der Zerstörung zu bewahren. Diesmal hatten sie keinen Erfolg. Sie kehrten zu ihrem Herrn zurück und berichteten von ihrer Niederlage. Daraufhin erschien *Indra* selbst mit seinen treuesten Anhängern eiligst auf der Bildfläche, um den *Khāndava*-Wald zu retten, und fiel über deinen Großvater *Arjuna* her.

Arjuna empfing ihn mit einem Hagel von Pfeilen, abgeschossen von seinem berühmten *Gāndīva*-Bogen. Auch *Indra* focht mit aller Macht. In kürzester Zeit musste *Indras* Gefolge sich zurückziehen. Keiner konnte dem Pfeilregen standhalten, der von allen Seiten auf sie niederprasselte. *Indra* erkannte, dass derjenige, der ihn hier zur Niederlage zwang, sein eigener Sohn *Arjuna* war, und schämte sich sehr. Voll Bedauern, dass er mit seiner eigenen Nachkommenschaft nicht fertig wurde, zog er sich traurig und gedemütigt zurück.

Währenddessen verschlang der Feuergott fröhlich und mit herzhaftem Appetit den Wald. Alles verzehrte er mit seinen tausend roten Zungen, eine riesige Feuersbrunst entfachend. Nur Asche blieb zurück. Die Vögel und die wilden Tiere des Waldes versuchten vergeblich, der Vernichtung zu entrinnen. Sie wurden von den Flammen ergriffen und bei lebendigem Leibe gebraten. *Krishna* umkreiste in seinem Wagen den Wald und hinderte dessen Bewohner daran, sich ins Freie zu retten, vor allem die Säugetiere und Schlangen. Er erwischte die Schlange *Takshaka*, den großen Freund *Indras*, als sie gerade dem Feuer entkommen wollte. *Krishna* rief *Arjuna* zu sich, um ihn darauf hinzuweisen, und in diesem Augenblick gelang es *Takshaka*, sich herauszuwinden und in Richtung *Kurukshetra* davonzueilen.

Agni aber verfolgte die Schlange. Er ersuchte den Windgott um Hilfe, um der mit Windeseile Fliehenden geschwind nachzusetzen. Da suchte *Takshaka* Zuflucht bei *Maya*, dem Baumeister der Götter und Dämonen, und die Schlange eilte mit ihm zusammen auf *Kurukshetra* zu. *Krishna*, der dies bemerkte, verfolgte sie beide. Da ergab *Maya* sich *Arjuna* und bat ihn um Schutz für sich und seinen Schützling *Takshaka*. *Arjuna* gab seiner Bitte nach, und *Maya* fiel dankbar vor ihm nieder und sprach: ‚Oh du Sohn *Pāndus*! Ich werde dir immer dankbar sein für deine Güte. Ich will mit Freuden alles für dich tun, was in meiner Macht steht. Du brauchst nur zu sagen, was du begehrst.'

Dein Großvater dachte ein Weilchen nach und sprach dann: ‚*Maya*, wenn du mir einen Gefallen erweisen willst, so habe ich nur eine Bitte: Baue eine Versammlungshalle, in der mein Bruder Hof halten kann, eine, die auf Erden nicht ihresgleichen findet. Sie muss so großartig sein, dass kein *Deva*, *Dānava* oder *Gandharva* sich je träumen ließe, solch eine für sich bauen zu können. Sie muss alle, die sie sehen, in Erstaunen versetzen. Weiter habe ich keinen Wunsch! *Krishna* fügte noch einen Vorschlag hinzu: ‚In dieser Wunderhalle musst du einen Wunderthron für *Dharmarāja* errichten, erst dann wird sie wirklich großartig.'

Siehst du, *Parikshit*, wie sehr *Krishna* deinen Großvater liebte? Brauchst du noch überzeugendere Beweise, um zu wissen, dass er ständig an das Wohlergehen seiner Anbeter denkt? Der böse *Duryodhana* wurde von Neid gepackt, als er diese wunderbare Halle sah. *Duryodhana*, *Duhshāsana* und ihre Kumpanen fühlten sich verwirrt und erniedririgt, als sie derart getäuscht wurden, dass sie meinten, Wasser zu sehen, wo keines war, und Türen an Stellen, wo keine Türen waren. Sie fielen so oft hin und stießen sich an so vielen Wänden die Köpfe, dass sie begannen, einen unauslöschlichen Hass gegen die *Pāndavas* in sich zu nähren. Die *Kauravas* schmiedeten ständig Pläne zur Vernichtung der *Pāndavas*. Doch da die *Pāndavas Krishnas* Gnade in höchstem Maße genossen, überstanden sie alle Anschläge, als seien es Kinderspiele und nur dazu erfunden, verschiedene Beweise seiner Gnade zu erfahren. Die *Kauravas* entwickelten auch gegen *Krishna* einen heftigen Hass, denn sie wussten, dass *Yashodās* Sohn die Ursache für das Glück der *Pāndavas* war. Doch wer könnte dem Herrn der ganzen Schöpfung etwas anhaben? Dass sie ihn hassten, ist ein Zeichen ihrer Beschränktheit, sonst nichts."

Parikshit hatte hingerissen der Geschichte über *Takshaka* gelauscht. Als *Vyāsa* geendet hatte, fragte *Parikshit* verwundert: „Was hat die bösen *Kauravas* herausgefordert, meine Großmutter *Draupadī* zu misshandeln und zu beleidigen? Wie konnten die Großväter die Beleidigungen hinnehmen, mit denen ihre Gemahlin überschüttet wurde? Sie waren doch tapfere Männer und mannhafte Burschen; wie war es möglich, dass sie untätig zusahen, ohne rächend und strafend einzugreifen, als ihre Gemahlin öffentlich am königlichen Hof entehrt wurde? Wie das geschehen konnte, übersteigt mein Verständnis. Kannst du mir Klarheit verschaffen, indem du mir die Tatsachen darlegst? Ich bin sicher, dass du meine Zweifel beseitigen kannst."

Die Pāndavas: Vorbilder für das Kaliyuga

Parikshit sprach seine Bitte mit Tränen in den Augen und so demütig aus, dass *Vyāsa* antwortete: „Mein Sohn, die *Pāndavas* sind treue Anhänger der Sittengesetze und haben niemals einen Wortbruch begangen. Sie hielten sich an das Gesetz, welches besagt, dass der Unterlegene kein Recht hat, den Sieger herauszufordern. Dein Großvater und seine jüngeren Brüder erkannten die moralische Überlegenheit ihres ältesten Bruders, *Dharmarāja*, und sie hielten sich im Zaum. Sonst hätten sie die verderbten *Kauravas* in ihrem eigenen Blute niedergestreckt und ihre Kadaver den Hunden und Geiern zum Fraß vorgeworfen. Dein Großonkel *Bhīma* stand allerdings da wie ein angeketteter Löwe und wäre gern über die Bösewichter hergefallen. Er verlachte *Dharmarāja* wegen seiner Treue zum *Dharma*, die er für schwächlich hielt, konnte aber nichts ausrichten. Der Wille seines ältesten Bruders setzte ihn außer Gefecht, und er musste untätig zusehen."

Als *Vyāsa* dies erzählt hatte, fragte *Parikshit* ihn, wie es denn kommen konnte, dass seine Großväter unter einem solchen Joch zu leiden hatten. *Vyāsa* lächelte und sprach: „Mein Sohn, auch das will ich dir erzählen. Dein Großonkel *Dharmarāja* feierte in nie gekannter Pracht das große Königsopfer, den *Rājasūya-Yajna*, in der Versammlungshalle, die *Maya* für ihn erbaut hatte. Die *Kauravas* wurden zu diesem *Yajna* eingeladen, und sie waren, wie ich schon sagte, sprachlos über die Pracht und Herrlichkeit. Neid und Rachegefühle stiegen in ihnen auf, als seien der Reichtum und die Macht der *Pāndavas* eine Beleidigung für sie. Sie berieten sich mit bösen Mächten und suchten nach Mitteln und Wegen, das Glück der *Pāndavas* zunichte zu machen. Schließlich verfielen sie auf einen Plan, und zwar auf den Wettstreit im königlichen Würfelspiel.

Die *Kauravas* taten, als strömten sie über von brüderlicher Liebe und als handelten sie aus den liebevollsten Beweggründen. Ihre Worte waren vergiftete Honigtropfen, ölglatt und doch Messerstiche. Ihren blinden alten Vater überredeten sie, *Dharmarāja* eine Nachricht mit folgendem Wortlaut zu schicken: ‚Mein Sohn, ihr seid allesamt Brüder. Kommt, setzt euch zusammen und erfreut euch am gemeinsamen Würfelspiel.' Dein Großonkel hatte nicht die geringste Ahnung, was für Ränkeschmiede die *Kauravas* waren, denn sein Denken war rein und arglos. Daher nahm er die Einladung an und spielte die von ihnen angebotenen Spiele, ohne etwas von ihrer Hinterlist zu ahnen. Das verleitete ihn, seine Brüder als Spielpfand einzusetzen und schließlich sogar seine Königin *Draupadī*. Er merkte nicht, dass das Spiel falsch und voller Ränke war. Er hätte sich nie vorstellen können, dass seine Vettern vorhatten, ihn ins tiefste Elend zu stürzen. So kam, nach den Regeln des Glücksspiels, *Draupadī* in den Besitz der Sieger. Aus Rache und um ihren überwältigenden Hass zu kühlen, hatten die *Kauravas* den Plan gefasst, die Königin der *Pāndavas* vor dem versammelten Rat des Hofes zu entehren. Ein schmutziges Hirn kann nichts als unsaubere Pläne aushecken."

Bei diesen Worten brach *Parikshit* in Tränen aus und fragte von Schluchzen unterbrochen: „Wie konnte dieser blinde *Dhritarāshtra*, der doch König war, es ertragen, dass man sich derart gegen eine Frau, ja, eine Königin, betrug? Sicher, seine Augen konnten nichts sehen, doch hatte er wohl Ohren, die imstande waren zu hören. Hatte er sich die Ohren verstopft, so dass die Klagen der Königin nicht hineindrangen? Oder waren sie auch blind geworden? Die *Shastras* lehren, dass man keine Frau verletzen oder beleidigen darf. Den Frauen muss man helfen und Beistand gewähren; und diese Herrscher, die ihren Untertanen Vorbilder an Moral und Gerechtigkeit sein sollten, wagen es, die *Shastras* ungestraft zu verletzen und zu brechen. Wie können solch schlechte Menschen Herrscher sein? Sind sie nicht die gemeinsten und geringsten unter den Sterblichen? Nur dem übelsten Sünder kann es einfallen, die Gemahlin eines anderen, eine wehrlose Frau, zu beleidigen und zu entehren. Ich glaube, dieses Land ist deshalb so zerfallen und zerrissen, weil solch abscheuliche Gestalten an die Macht kommen konnten. Diese Katastrophen haben schließlich die völlige Zerstörung bewirkt. Gott ist ja nicht blind!?"

Parikshit hörte nicht auf mit seinen Protestklagen: „Sogar Dämonen und Barbaren ehren ihre Frauen. Wird eine ihrer Frauen derart beleidigt, so wird dies gerächt, als sei die ganze Sippe beleidigt worden. Hier waren die Stammesältesten der Könige, ihre Lehrer, die Weisen und Gelehrten anwesend und sahen in öffentlicher Versammlung dieser scheußlichen Tat zu. Wurden diese ranghohen Zeugen denn plötzlich allesamt schwachsinnig? Ließ eine schreckliche Krankheit sie mit einem Male erblinden? Hatten sie sich von Gras ernährt, dass ihre Neigungen animalisch wurden? Vergaßen sie in ihrer Bestialität die Ehre ihrer Rasse? Und die Ältesten! Ihr Unterscheidungsvermögen hatte sie wohl verlassen; sie können nur noch jämmerliche Karikaturen ihrer selbst gewesen sein!"

Diese Tirade gegen die Ältesten, die sich während jener schrecklichen Augenblicke nicht gerührt hatten, unterbrach *Vyāsa*, indem er einwandte: „*Parikshit*! Mein Sohn! Richte kein Durcheinander an, indem du voreilige Schlüsse ziehst. Keiner der Ältesten in der Versammlung befürwortete *Duryodhanas* oder *Duhshāsanas* übles Benehmen. Sie warnten sie vor den Folgen ihrer Schandtat, doch was konnten sie dagegen tun, dass diese ruchlosen Kerle sich so versündigten? Als *Duhshāsana Draupadī* an den Haaren in die mit Hofleuten und anderen Zuschauern gefüllte Halle zerrte, da gerieten *Vidura*, *Bhīshma* und *Drona* außer sich vor Entsetzen. Es ist mit Worten gar nicht zu beschreiben. Ihre Tränen flossen in Strömen. Sie wagten nicht aufzublicken und die abscheuliche Bande anzuschauen.

Dazu gab es noch einen weiteren Grund: Aus *Draupadīs* Augen sprühten Funken, als sie derart misshandelt wurde. Diese Funken hätten jeden, auf den sie gefallen wären, auf der Stelle zu Asche verbrannt! Glücklicherweise schaute sie nur deinen ältesten Großvater *Dharmarāja* an. Seine Tapferkeit und sein Gleichmut sprangen auf sie über, und nur das bewahrte die versammelten Männer vor der Vernichtung. Sonst hätten *Duryodhana*, *Duhshāsana* und der Rest des üblen Gesindels gar nicht überleben können.

Dharmarājas Gesicht, das so unverrückbaren Gleichmut ausstrahlte, konnte solchen Wandel bewirken. Deine Großväter *Bhīma*, *Arjuna*, *Nakula* und *Sahadeva* betrachteten dieses Gesicht, während *Draupadīs* verzweifelter Kampf ihnen das Herz zerriss. Der Anblick ließ ihre Wut abkühlen. *Dharmarājas* unerschütterliche Miene rettete an jenem Tage alle vor der Vernichtung; sonst wären alle im Feuer des Zorns verbrannt, und die Schlacht von *Kurukshetra* hätte nicht stattfinden können.

Nichts kann geschehen, ohne dass Gott es will, nicht wahr? Wie könnte jemand sich über den Willen *Krishnas*, des Herrn, hinwegsetzen? *Draupadī* klagte, dass keiner ihrer Gatten einen Finger rührte, um sie zu retten, obwohl sie sich an sie wandte und an ihre Tapferkeit und Kühnheit appellierte. Da durchzuckte sie wie ein Blitz der Gedanke an *Krishna*, den Erlöser, und erfüllte ihr sinkendes Herz mit neuem Mut. ‚Oh *Shyāmasundara*!', rief sie. ‚Diese Beleidigung gilt nicht mir. Und auch den *Pāndavas* gilt diese gemeine Kränkung nicht. Diese Beleidigung, dieses Unrecht wird dir angetan! Du bist unser ein und alles. Wir sind in jeder Hinsicht auf dich angewiesen und vertrauen nur auf dich. Ist es recht, dass du diese grausame Beleidigung unserer Ehre duldest? Wir haben dir unsere Herzen geweiht. Hörst du?! Ich habe mich ganz dir gegeben. Vielleicht bist du nicht zufrieden mit allem, was wir dir bisher zu Füßen gelegt haben. Dein Wille geschehe!' So ergab sie sich ganz und rückhaltlos dem Herrn.

Da nahm der Beschützer der Verlassenen, der Retter derer, die sich ergeben, der Herr selbst, die Mühe auf sich, sie aus der Not zu retten. Leise und ungesehen kam er herein und segnete sie unbemerkt. Und das Wunder geschah: Der Sari, den ihr diese Dämonen in Menschengestalt vom Leibe reißen wollten, um sie zu entehren, nahm kein Ende. Alle, auch ihre Peiniger, waren verblüfft über *Draupadīs* Hingabe und diesen

Gnadenbeweis *Krishnas*. Die Guten und Weisen erkannten, dass Wahrheit und *Dharma* niemals Schaden erleiden können. Ihre Freudentränen zeugten von der inneren Begeisterung, die sie erfuhren. Der böse *Duhshāsana* fiel schließlich erschöpft und erniedrigt zu Boden. *Draupadī* erlitt nicht die geringste Verletzung ihrer Ehre. Alle Schmach fiel den *Kauravas* zu, und die *Pāndavas* blieben unberührt.

Könnte Gott es zulassen, dass die gerechten und tugendhaften *Pāndavas* eine Erniedrigung erleiden müssten? Das Unrecht, das die *Kauravas* den *Pāndavas* antun wollten, schlug auf sie selbst zurück. Das war die direkte Folge der Gnade, mit der *Krishna* deine Großeltern bedachte, sowie ihrer Hingabe und ihres Glaubens an *Krishna*.

Um der Welt die tiefe Ergebenheit der *Pāndavas* und die Auswirkungen davon zu zeigen und auch, um sie als Vorbilder im bevorstehenden *Kaliyuga* leuchten zu lassen, hatte der Herr dieses aufregende Schauspiel inszeniert. Es steht weiter nichts dahinter als diese Absicht des Herrn. Verleumdung, Beleidigung und Entehrung können dir widerfahren; du kannst in Armut und Schmerz gestürzt werden – wer sich aber dem Willen Gottes ergeben hat, wird dies alles freudig annehmen und gleichmütig ertragen. Der Herr wird seine Kinder niemals aufgeben. Wer Gott ergeben ist, muss geduldig und ruhig sein, auch bei den bittersten Herausforderungen. In der Tat werden gerade die Frommen und Gottesfürchtigen von Schwierigkeiten und Hindernissen heimgesucht. Um die Menschheit diese großen Wahrheiten zu lehren, inszenierte *Krishna* dieses Schauspiel mit den *Pāndavas* in den Hauptrollen. Jedes Ereignis in ihrem Leben ist nichts als eine Szene in seinem Spiel."

Draupadī erfährt Krishnas Gnade

Vyāsa, der große Weise, setzte seine Erzählung fort: „Höre, o König! *Draupadī* war erstaunt und überwältigt von dieser Gnade *Krishnas*, die ihr schützende Kleidung gewährte, so dass ihre Ehre bewahrt wurde. Ihre Tränen der Dankbarkeit flossen in Strömen, und sie rief in Verzückung: ‚*Krishna*! *Krishna*!' Darin lag so viel Gefühl und Hingabe, dass alle in der Versammlungshalle in Ehrfurcht erstarrten. Ihr strahlendes

Antlitz ließ alle vermuten, sie sei die Göttin *Shakti* selbst, die Quelle der Energie des ganzen Universums. Währenddessen zeigte *Krishna* sich in konkreter Gestalt vor deiner Großmutter *Draupadī* und sprach: ‚Schwester, wozu machst du dir Sorgen? Ich bin auf Erden geboren mit der ausdrücklichen Absicht, diese schlechten, durch Stolz verblendeten Menschen zu vernichten. Ich werde dafür sorgen, dass Ruhm und Ehre der *Pāndavas* aufrechterhalten bleiben, auf dass sie noch viele Generationen lang in dieser Welt bewundert werden. Tröste dich!'

Da fiel sie vor den Füßen des Herrn nieder und badete sie in ihren Tränen, die schwarz waren von ihrer Augensalbe. Ihre langen dicken Haarsträhnen, gelöst von bösen Händen, fielen über seine Füße und bedeckten sie, und sie wälzte sich zu seinen Füßen am Boden.

Die wilde Freude über die Genugtuung durch *Krishna* und ihre rasende Empörung versetzten die Versammlung von Hofleuten und Kriegern in großes Erstaunen. *Krishna* hob *Draupadī* vom Boden auf und segnete sie, indem er ihr seine Hände aufs Haupt legte. ‚Steh auf!', bat er sie, ‚binde dein Haar zu einem Knoten und warte geduldig ab, was in den kommenden Tagen geschehen wird. Geh in die inneren Gemächer zu deinen Gefährtinnen!' Bei diesen Worten fuhr *Draupadī* hoch wie eine Kobra, die ihre Haube aufbläht. Ihre Augen schleuderten Blitze durch die Haare, die wie ein Vorhang vor ihrem Gesicht hingen, so dass es wie Wetterleuchten hinter dunklen Gewitterwolken aussah.

Sie stand im Mittelpunkt der ganzen Versammlung, wandte sich an *Krishna* und sprach mit Nachdruck: ‚*Krishna*! Zerrissener Stoff muss genäht werden, anders kann man die Risse nicht flicken. Eine tugendhafte Braut kann nur einmal hingegeben werden. Geronnene Milch kann man nicht wieder in ihren ursprünglichen reinen Zustand zurückversetzen. Die Stoßzähne des Elefanten können nicht in das Maul, aus dem sie wuchsen, zurückgezogen werden. *Draupadīs* Zöpfe wurden von den schmutzigen Händen dieser üblen Kerle gelöst. Nun können sie nicht mehr als Symbol für das Glück der Ehefrau geflochten werden.' Da sie so gesprochen hatte, saßen alle still und mit gesenkten Köpfen, voller Scham und Reue über die Schmach, die man der Königin angetan hatte.

Krishna jedoch brach das Schweigen. ‚Wann wirst du denn dann dein Haar wieder flechten wie vormals? Schwester, diese losen Strähnen lassen dich furchterregend aussehen!' Da brüllte die heldenhafte Königin wie eine Löwin: ‚Herr! Höre mich! Diesem schmutzigen Schurken, der es gewagt hat, diese Haare zu berühren, sie mit seiner schmutzigen Hand zu greifen und mich in diese Halle zu zerren, muss der Kopf in Stücke geschlagen werden, und seinen Kadaver soll man den Hunden und Füchsen zum Fraß vorwerfen. Seine Frau soll zur Witwe werden, ihre Haare soll sie lösen und in unstillbaren Schmerzen klagen! An dem Tage, an dem das geschieht, werde ich meine Haare wieder zu einem Knoten flechten, nicht eher!' Als die Ältesten diesen Fluch hörten, erschraken sie zutiefst, da er schreckliche Folgen heraufbeschwor. Sie hielten sich die Ohren zu, um nichts mehr hören zu müssen, und baten *Draupadī*: ‚Gnade! Frieden! Beruhige dich!', da sie wussten, wie furchtbar der Fluch einer tugendhaften Frau sich auswirken musste. *Dhritarāshtra*, dem blinden alten Vater der bösen Bande, die *Draupadī* beleidigt hatte, zersprang schier das Herz vor Angst. Seine Söhne versuchten, mutige Mienen aufzusetzen, innerlich aber wurden sie von einem Orkan panischer Angst heimgesucht. Eine Welle der Furcht durchbebte die Versammlung, denn alle wussten, dass *Draupadīs* Worte sich erfüllen mussten. Das Unrecht musste durch die von ihr verkündete Strafe gerächt werden.

Auch *Krishna* sprach noch einmal bestärkend: ‚Oh *Draupadī*! Möge alles genau so geschehen, wie du gesagt hast. Ich will diese schlechten Menschen, die deinen Gatten so viel Kummer bereitet haben, vernichten. Deine Worte müssen sich erfüllen, denn seit deiner Geburt hat deine Zunge nie ein falsches Wort gesprochen, nicht einmal im Scherz. Deine Stimme ist die Stimme der Wahrheit. Die Wahrheit wird trotz allem siegen.'

Diese Versicherung gab *Krishna*, der Herr, deiner Großmutter. Die *Kauravas* wurden vernichtet, und die Rechtschaffenheit der *Pāndavas* wurde vor aller Welt verteidigt und bestätigt. Wo *Dharma* ist, da ist der Herr, wo der Herr ist, da ist der Sieg. Diesen heiligen Grundsatz lehrte der Herr die Welt durch diese Tragödie.

Hast du verstanden? Wie groß müssen deine Großväter gewesen sein, dass sie sich diesen fortwährenden Gnadensegen von *Krishna*, dem Herrn, verdient hatten! Ihre Treue zum *Dharma* und ihr unerschütterliches Festhalten an der Wahrheit brachten ihnen diese Gnade ein. Man kann kostspielige und ausgeklügelte *Yajnas* und *Yāgas* durchführen, aber allein schon das Festhalten am Pfad des *Dharma* und der Wahrheit kann den Menschen über das Meer des Wandels und des Leidens ans Ufer der Erlösung bringen. Wie hätten deine Großväter sonst gerettet werden können, als der furchterregende Weise *Durvāsas* sich in den Wald begab, um deine Großväter gemäß *Duryodhanas* Plan zu Asche zu verbrennen? Der arme *Durvāsas* musste erfahren, dass die Gnade Gottes wirksamer ist als in Jahren des Verzichts und der Entsagung erworbener Verdienst. Er war mit der Absicht ausgesandt worden, Vernichtung zu bringen, und verließ jene, die ihm zum Opfer fallen sollten, voll tiefer Bewunderung."

Da *Vyāsa* so stolz die Hingabe der *Pāndavas* zum Herrn lobte, blickte *Parikshit* verwundert auf und fragte: „Was sagst du? *Durvāsas* hat durch meine Großväter eine Niederlage erfahren? Oh, wie bin ich gesegnet, in einer Dynastie geboren zu sein, die sich selbst diesem großen Weisen überlegen gezeigt hat! Erzähle mir, Meister, wie geschah das? Warum ging *Durvāsas* zu ihnen und was kam dabei heraus?"

„Höre, o *Mahārāja*", fuhr Vyāsa fort, „deine Großväter konnten im Dschungel, in den sie verbannt wurden, glückliche Tage verbringen. Durch *Krishnas* Gnade blieb ihre berühmte Gastfreundschaft ungeschmälert. Was ihr Gefühl betraf, so erfuhren sie im Walde mehr Freude als in *Hastināpura*, der Stadt, die sie hatten verlassen müssen. Die Herzen großer Menschen sind so erfüllt mit göttlicher Zufriedenheit und mit Gleichmut, dass ihnen das Auf und Ab des Schicksals nichts ausmacht. Eine Blume erfreut durch ihren betörenden Duft, ganz gleich, ob man sie in der rechten Hand hält oder in der linken. Ebenso sind große Seelen immer glücklich, ob sie nun unter freiem Himmel leben oder im Wald, im Dorf oder in der Stadt, hoch in den Bergen oder im Tal. Sie erfahren keine Veränderung, wie deine Großväter es ja in ihrem Leben bewiesen haben.

Wenn die Guten glücklich und in Frieden leben, ist das den Schlechten unerträglich. Es bereitet ihnen heftige Kopfschmerzen. Die Schlechten müssen sich an den Verlusten und Schicksalsschlägen, die den Guten widerfahren, weiden, um glücklich zu sein! Der Verlust, den die Guten erleiden, ist der Gewinn der Übelwollenden. Der liebliche Kuckucksruf klingt der Krähe bitter im Ohr. In ähnlicher Weise schmerzte das unbeschwerte, glückliche Leben der *Pāndavas* die *Kauravas* in der Hauptstadt.

Doch was konnten sie nun noch ausrichten? Sie hatten die *Pāndavas* schon mit allen erdenklichen Leiden und Beleidigungen überhäuft, sie schließlich aus dem Königreich vertrieben und mit leerem Magen in die Wälder geschickt.

Mit leerem Magen! Das stellten die *Kauravas* sich so vor, aber die Wahrheit sah anders aus. Die *Pāndavas* waren gesättigt und erfüllt von ihrem Herrn, *Krishna*. Gegen solche gotterfüllte Körper zu kämpfen ist ein fruchtloses Unterfangen. Die *Kauravas* hatten ihnen allen materiellen Besitz abgenommen und die Körper in sichere Entfernung vom Königreich verbannt. Nach dem Würfelspiel wurde den *Pāndavas* jeglicher Besitz und Anspruch genommen. Die *Kauravas* setzten noch ihre schlimmsten Kräfte daran, Zwietracht unter den Brüdern zu säen und schändliche Geschichten zu verbreiten, um sie gegeneinander aufzuhetzen. Die Brüder aber liebten und ehrten die Wahrheit und blieben in der Wahrheit, und so konnte nichts und niemand sie trennen. Die Tatsache jedoch, dass nichts das glückliche Dasein der *Pāndavas* schmälern konnte, verzehrte die *Kauravas* innerlich wie ein Waldbrand.

In der tiefsten Verzweiflung der *Kauravas* kam *Durvāsas* nach *Hastināpura*. *Durvāsas*, der die wahrhafte Verkörperung des Zornes war, brachte zehntausend Schüler mit, entschlossen, mit ihnen allen vier Monate in der Königsstadt zu verbringen. Die *Kauravas* wussten sehr wohl um *Durvāsas'* durch Askese erworbene Kräfte wie auch um dessen Schwächen und Launen. Sie luden ihn in den Palast ein und überschütteten ihn und seine Jünger vier Monate lang mit ihrer Gastfreundschaft. Im geheimen planten sie, den Weisen für ihre finsteren Machenschaften einzusetzen, daher erfüllten sie mit größtem Zuvorkommen alle seine Wünsche wie auch die seiner Begleiterschar. Sie sorgten dafür, dass *Durvāsas* keine Gelegenheit bekam, sich enttäuscht oder niedergeschlagen oder gar unzufrieden zu fühlen. Vier Monate lang bedienten sie ihn mit fanatischem Eifer. Wenn der Weise seine Wutanfälle bekam, so senkten sie ihre Köpfe und ertrugen mit gefalteten Händen das Feuer, das sich über sie ergoss. So konnten die *Kauravas* ihren heiligen Besucher bei guter Laune halten und für sich einnehmen.

Eines Tages, als *Durvāsas* gerade nach einem herrlichen Mahl ausruhte, kam *Duryodhana* an sein Ruhebett und sezte sich ehrerbietig daneben nieder. Da sprach der Weise zu ihm: ‚Oh König, deine Dienste haben mir sehr gefallen. Erbitte dir etwas von mir. Ganz gleich, wie wertvoll oder wie schwierig auszuführen es auch sein mag, ich will es dir gewähren.' *Duryodhana* hatte sich seine Bitte an *Durvāsas* schon zurechtgelegt und war froh, dass nun endlich die Zeit für seinen Wunsch gekommen war. Er tat äußerst demütig und bescheiden, als er um dessen Erfüllung bat: ‚Meister! Dass du mit unseren Diensten zufrieden bist, ist schon so viel wert wie die Erfüllung einer Million Wünsche. Dieser Ausdruck deiner Wertschätzung genügt mir völlig. Was brauche ich an Reichtümern und Ruhm? Selbst wenn mir die Herrschaft über die drei Welten zuteil würde, so hätte ich keine Freude an dieser Macht. Mich schmerzt nur, dass ich dir vier Monate lang dienen durfte, während meine Brüder, die *Pāndavas*, nicht hier bei mir waren. Gewähre auch ihnen die Gnade, sich Verdienste für ihr Seelenheil zu erwerben, indem sie dir dienen. Das ist mein einziger Wunsch. Bitte suche auch sie mit all deinen Schülern auf und gib ihnen diese einzigartige Gelegenheit. Mein ältester Bruder *Dharmarāja* ist so treu dem *Dharma* ergeben, dass er trotz unserer Bitten und Einwände lieber in die Wälder ging, als dass er sein Wort brach. Ich habe gehört, dass er auch dort Millionen von Gästen aufs herrlichste bewirtet. Er kann dich dort mit noch großartigeren Gastmählern und üppigeren Festen erfreuen. Wenn es dir gefällt, mich mit deiner freundlichen Gnade zu bedenken, so habe ich nur eine Bitte an dich: Wenn du die *Pāndavas* aufsuchst, so gehe zu ihnen, nachdem *Draupadī* ihre Mahlzeit beendet hat.' Mit diesen Worten fiel *Duryodhana* dem *Durvāsas* zu Füßen, um ihn noch günstiger zu stimmen. Der Weise durchschaute den Plan und lachte."

Durvāsas' Niederlage

Vyāsa beeilte sich, *Durvāsas'* seltsames Gelächter zu erklären: „*Durvāsas* nahm *Duryodhanas* Bitte an! Mit den Worten: ,Gut, ich will deinem Wunsch nachkommen', machte er sich sofort auf den Weg in die Wälder.

Duryodhanas Bitte hatte einen tieferen, unheilvollen Grund. Eines Morgens bei Sonnenaufgang, als die *Pāndavas* dem Sonnengott ihre Gebete darbrachten, bekam dieser Mitleid mit ihnen und ihrer Lage. Aus unermesslicher Gnade beschenkte er sie mit einem Nahrungsgefäß, dessen Inhalt unerschöpflich blieb, wieviel man ihm auch entnahm. Dieses Gefäß hieß *Akshayapātra* – das unvergängliche, unerschöpfliche Gefäß. Als pflichtgetreue Ehefrau pflegte *Draupadī* ihre Mahlzeit erst dann einzunehmen, wenn die fünf Brüder gegessen hatten. Das Gefäß konnte eine unbegrenzte Anzahl Menschen mit Nahrung versorgen – solange, bis auch *Draupadī* gegessen hatte. Wenn sie ihr Mahl beendet und das Gefäß gereinigt hatte, gab es nichts mehr her. So schüttete dieser Topf jeden Tag einmal seine reichen Gaben aus, bis sie ihre Mahlzeit eingenommen hatte. Davor hätte sie Tausende, ja Millionen mit dem Inhalt dieses Topfes versorgen können. Doch wenn sie einmal ihre Mahlzeit entnommen hatte, war der Zauber für diesen Tag erschöpft. Es brauchte nur ein wenig Essbares oder auch nur ein winziges Teilchen darin zu sein – das konnte dann millionenfach vermehrt und verbraucht werden. Das war der dem Gefäß eigene Zauber. *Duryodhana*, der um dieses Hindernis wusste, bat also *Durvāsas*, die Gastfreundschaft der *Pāndavas* zu erbitten, nachdem *Draupadī* ihr Mahl beendet hatte.

Wenn die *Pāndavas* nicht imstande wären, dem reizbaren Heiligen und seinem unüberschaubaren Gefolge den Wunsch nach Nahrung zu erfüllen, dann würde *Durvāsas*, vom Hunger gepeinigt, sicherlich einen schrecklichen Fluch heraufbeschwören, der die *Pāndavas* für alle Zeiten auslöschen würde. Das verzwickte Problem, mit ihnen leben zu müssen, wäre dann gelöst, und die *Kauravas* würden das ganze Reich in aller Ruhe regieren können. Das war *Duryodhanas* böse Absicht. Die *Pāndavas* aber suchten ihre Hilfe nicht irgendwo oder bei irgend jemandem außerhalb, sondern beim Herrn, der in ihnen lebte. Was konnte der Fluch eines noch so mächtigen Weisen ihnen da anhaben? Der Herr, der alles und alle beschützt, war auf ihrer Seite, wie konnten die Ränke übelgesinnter Burschen sie da verletzen? Solche Verschwörungen waren zum Scheitern verdammt. Die durchtriebenen *Kauravas* erkannten nicht, dass jeder ihrer Pläne einen Gegenplan des Herrn hervorrief.

Als *Durvāsas* mit seinen zehntausend Jüngern bei den *Pāndavas* erschien, hatte *Draupadī* gerade gegessen, das heilige Gefäß gereinigt und pflegte die Unterhaltung mit ihren Gatten, während sie sich ausruhte. *Dharmarāja* sah, wie sich der Weise der mit Blättern gedeckten Hütte näherte, in der sie ihre Tage verbrachten. Er erhob sich schnell, hieß ihn überschwenglich willkommen, wusch ihm die Füße, bot ihm Blumen zum Zeichen seiner Verehrung dar und fiel ausgestreckt vor ihm auf dem Boden nieder. ‚Heute erfüllt sich das höchste Ziel meines Lebens!', erklärte er, ‚Dies ist wahrlich ein besonders glücklicher Tag.' Mit Freudentränen in den Augen stand er vor dem Weisen. Seine Brüder und *Draupadī* fielen ebenfalls nieder, erhoben sich wieder und stellten sich neben *Dharmarāja*, die Häupter in stiller Verehrung geneigt.

Durvāsas, dem man die Müdigkeit und die Erschöpfung der langen Reise ansah, sprach sichtlich gereizt: ‚Wir gehen jetzt zum Fluss, um zu baden und die Mittagsgebete zu verrichten. Seht zu, dass das Essen für mich und meine zehntausend Jünger fertig ist, wenn wir wiederkommen.' Nach dieser Ankündigung begaben sie sich im Eiltempo zum Fluss.

Dharmarāja erschrak bei diesen Worten bis ins Mark; ihm blieb schier das Herz stehen. Er befragte *Draupadī* und erfuhr, dass das Gefäß ordentlich gesäubert und fortgeräumt worden war. Sie begannen nun, sich Sorgen zu machen, was mit ihnen geschehen würde. ‚Zehntausend bewirten! Oh Gott, was bringt uns dieser Tag?', jammerten sie verzweifelt. Für *Draupadī*, die vorbildliche Hausfrau, war die Gelegenheit, Gäste mit Essen zu bewirten, ein willkommenes Geschenk. Doch sie verzweifelte bei dem Gedanken, nun, zu so später Stunde und in so kurzer Zeit, so viele verköstigen zu müssen, und das auch noch im Urwald, wo es keine Vorratskammern gab! ‚Der Gast, der uns beschert worden ist, ist der berühmte *Durvāsas*. Die ganze Welt weiß um seine Fähigkeiten und Fertigkeiten. Mit einem bloßen Gedanken kann er jeden, der seinen Ärger erregt, zu Asche verwandeln! Ach, welch Unheil steht uns bevor, meine lieben Gatten!', sorgte sie sich und zitterte vor Furcht.

Ihr fiel durchaus nicht ein, wie sie die hungrige Horde hätte sättigen können, die da über sie hereingebrochen war. Ihr konnte nur noch einer helfen, der Herr und Erlöser der Guten, nämlich *Krishna*. ‚Oh *Gopāla*! Rette meine Gatten! Bewahre uns vor der drohenden Vernichtung, zeig uns, wie wir diesen Heiligen und seine Jünger zufriedenstellen können!', so rief sie *Krishna* in Todesangst unter Tränen an. Was mit ihr geschehen mochte, war ihr einerlei; sie bat nur, dass ihre Gatten verschont blieben, und dass ihr Eheglück *(mangalya)* erhalten bliebe. Sie ließ ihrem Schmerz freien Lauf und weinte laut. Die *Pāndava*-Brüder hörten ihre Klagen und fühlten sich doppelt gepeinigt. Auch sie beteten zu *Krishna*, ihrer einzigen Zuflucht: ‚Oh *Nandanandana*, du hast uns vor jeglichem Unheil, das die *Kauravas* uns zufügen wollten, bewahrt. Du hast uns beschützt wie die Augenlider die Augen. Warum hast du uns heute in diese schreckliche Not gestürzt? Vergib uns unsere Sünden und Fehler, rette uns vor dem Verderben, hilf uns, den Weisen und seine große Anhängerschaft zufriedenzustellen!'

Die Gebete der *Pāndavas* und *Draupadīs* Tränen rührten in *Mathurā Krishnas* Herz und bewogen ihn, sich zu ihnen zu begeben. Schritte waren zu hören; die *Pāndavas*, die aus Angst vor *Durvāsas'* Rückkehr die Köpfe gesenkt hielten, schauten auf und sahen *Krishna* in ihre Hütte eintreten. Der Saum seines goldenen Gewandes schleifte auf dem Boden. Sein Lächeln verbreitete Licht und Fröhlichkeit. ‚*Krishna! Krishna!*', riefen sie und liefen dem Herrn entgegen. *Draupadī* hörte den Ruf und kam eilends aus ihrem Gemach herbei. Sie nahm an, dass sich irgendein Zeichen von Gottes Gnade gezeigt hatte. Als sie nun aber *Krishna* selbst erblickte, eilte sie zu ihm, um ihm zu Füßen zu fallen und diese mit ihren Tränen zu waschen. ‚Rette mich!', rief sie, ‚erhalte meine Ehe, befriedige du den Weisen und sein Gefolge!' *Krishna*, den vollendeten Regisseur dieses kosmischen Schauspiels, schienen ihre Ängste überhaupt nicht zu bekümmern. Er dachte scheinbar nur an seinen eigenen Hunger. ‚*Draupadī*', sprach er, ‚es ist merkwürdig, aber ich bin sehr hungrig. Stille erst meinen Hunger, dann kannst du von mir erbitten, was du möchtest. Gib mir schnell etwas zu essen!' Er streckte seine Hand aus, als könne er keinen Augenblick länger warten.

‚Oh Herr', sprach *Draupadī*, ‚jetzt ist nicht die rechte Zeit zum Scherzen. Dies ist eine harte Prüfung für uns. Rette uns, verlache uns nicht in unserer Not.' Sie wischte ihre Tränen mit dem Saum ihres Gewandes fort und flehte ihn mit bittend ausgestreckten Händen an. *Krishna* hob ihren Kopf mit seiner Hand und sprach mit sanfter, beruhigender Stimme: ‚Kind, beim geringsten Anlass zeigen sich Tränen in den Augen der Frauen. Aber kann mein Hunger durch Tränen gestillt werden?' *Krishna* war offensichtlich in Spottlaune. *Draupadī* antwortete: ‚*Gopāla*, du bist heute schon der zweite Bittsteller an unserer Tür. Wenn wir dir nicht geben, was du verlangst, wirst du uns wohl nicht verfluchen und vernichten. Der andere Bettler aber wartet mit zehntausend Gefolgsleuten darauf, seinen Hunger zu stillen, indem er uns als Mittagsmahl verspeist! Wir werden gleich allesamt zu Asche verbrannt werden, denn wo sollen wir in diesem Wald auch nur ein Körnchen Getreide finden? Wie soll ich so viele Leute sättigen, in so kurzer Zeit, an diesem unwirtlichen Ort?' So erklärte sie die düstere Laune, die sie alle überfallen hatte.

Gopāla lachte auf. ‚Zehntausend Gäste, sagst du, sind gekommen? Ich kann keinen einzigen entdecken! Deine Worte machen mich lachen! Das Kind auf deinem Arm wirfst du fort, um Kinder zu hätscheln, die unsichtbar sind. Gib erst mir genug für meinen Hunger, dann kannst du dich mit Leuten beschäftigen, die weit fort sind!' *Krishna* bestand unnachgiebig darauf, zuerst bedient zu werden, und spielte die Rolle des

Hungrigen vollendet. *Draupadī* musste ihre missliche Lage erklären: ‚Herr, in unserem Gefäß hatten wir verschiedene Speisen, alles wurde aufgetragen und verzehrt. Ich habe als letzte gegessen. Das heilige Gefäß, das wir von der Sonne erhielten, habe ich gereinigt und weggeräumt. Wie soll ich ihm nun noch Essen entnehmen? Wie soll ich deinen Hunger stillen? Du bist unsere einzige Zuflucht. Wenn du, der du alles weißt, uns quälst, was sollen wir dann erst von anderen erwarten?' *Draupadī* brach wieder in Tränen aus.

Gopāla sprach: ‚Gut, bring das Gefäß her. Wenn ich nur ein winziges essbares Krümelchen darin finde, so bin ich zufrieden.' *Draupadī* ging also, holte das Gefäß und überreichte es *Krishna*. *Gopāla* tastete sorgfältig mit den Fingern das Innere des Gefäßes ab, auf der Suche nach einem Krümelchen, das das Scheuern und Abwaschen überlebt hatte. Im Hals des Gefäßes entdeckte er ein Stückchen von einem gekochten Blatt, und er sprach zu *Draupadī*: ‚Mir scheint, ihr habt heute mittag Blattgemüse gegessen?'

Draupadī war hocherstaunt, dass Krishna noch ein Blattrestchen in dem Gefäß entdecken konnte, das sie sauber gescheuert und geputzt hatte. ‚Dies muss dein Wunder sein! Ich erledige meine Arbeit stets gründlich. So schlampig habe ich den Topf nicht geputzt!', lachte sie. Sie ging näher an *Krishna* heran, um das Blatt zu begutachten. Er hielt es ihr hin und sagte: ‚Schau, das habe ich aus deinem Topf geholt. Dieses Stückchen reicht aus, um meinen Hunger zu stillen und den aller Lebewesen im Universum dazu!' Dann legte er es sich mit der Fingerspitze auf die Zunge, schluckte und rief: ‚Oh, wie wunderbar! Mein Hunger ist vergangen!'

Im selben Augenblick fühlten *Durvāsas* und seine zehntausend Schüler am Flussufer, dass ihre Mägen mit Essen übervoll waren. Ihr Hunger war verschwunden. Sie fühlten sich vollkommen glücklich und erlöst von dem nagenden Hunger, den sie einen Augenblick vorher noch verspürt hatten. Zuerst wiesen sie einander gestikulierend auf das Wunder hin, dann konnten sie es auch in Worte fassen: ‚Unsere Mägen sind nun zu voll, da ist nicht einmal mehr Platz für ein Reiskörnchen! Und *Dharmarāja* erwartet uns jetzt mit einem Riesenbankett und den leckersten Speisen! Er wird darauf bestehen, dass wir seiner Gastfreundschaft ausreichend Ehre zollen. Aber wo sollen wir für sein Festessen noch Platz schaffen? Jetzt sitzen wir wahrhaftig in der Klemme!' So sprachen sie zueinander, und einer von ihnen erinnerte sich, wie *Durvāsas* ehedem König *Ambarīsha* verflucht hatte und wie ihr Meister durch *Krishnas*

Eingreifen von dem Verdammten eine schmähliche Niederlage einstecken musste.

Sie teilten *Durvāsas* mit, wie es um sie stand und was sie vermuteten. Dem Weisen wurde klar, in wessen Gnade *Dharmarāja* stand, und er überschüttete ihn mit seinem Segen. Dann machte er sich mit seinen Jüngern davon, wobei er es tunlichst vermied, in die Nähe der *Pāndava*-Behausung zu geraten.

Krishna aber hatte *Bhīma* schon beauftragt, sich zum Fluss zu begeben und den Weisen mit seinem Gefolge schnell zum Essen zu holen. Da *Bhīma* sah, wie sie versuchten, auf einem anderen Wege zu entkommen, lief er schneller. Die Jünger, die es mit der Angst bekamen, rannten in den Urwald, um sich in Sicherheit zu bringen! *Bhīma* stellte sich *Durvāsas* in den Weg und sprach zu ihm: ‚Meister! Mein ältester Bruder hat mich beauftragt, dich zu holen und zum Essen zu geleiten. Es ist für euch alle angerichtet!' *Durvāsas* erklärte sich unfähig: ‚*Bhīma*, wir können nicht einmal einen halben Bissen hinunterbringen. Wir sind zum Platzen voll. Wir sind nicht im geringsten ungehalten über euch. Ich segne euch, auf dass ihr jedes nur erdenkliche Glück erlangen mögt! Ich will euch besuchen, wenn ihr die Welt als unbestrittene Alleinherrscher regiert; dann will ich eure Gastfreundschaft gerne annehmen. Diejenigen, die mich in sündhafter Absicht zu euch geschickt haben, sind dem Untergang geweiht.' Mit den besten Wünschen für die *Pāndavas* verabschiedete sich *Durvāsas* mitsamt seinen Anhängern.

Siehst du, *Parikshit*, die Ergebenheit und Hingabe deiner Altvordern waren unübertrefflich, und desgleichen überschüttete *Krishna* sie auf unübertroffene Weise mit seiner Gnade."

So enthüllte *Vyāsa* diese Ereignisse, um *Parikshit* den festen Glauben der *Pāndavas* und *Krishnas* Gnade zu zeigen, und *Parikshit* lauschte aufmerksam, hingerissen zwischen Scheu und Ehrfurcht, Furcht und Verwunderung. Wurde die missliche Lage der *Pāndavas* beschrieben, so erregte ihn das, erzählte *Vyāsa* von drohendem Unheil, so vergoss *Parikshit* Tränen des Mitleids, und bei der Beschreibung von Sieg und Erfolg standen ihm die Freudentränen in den Augen.

Arjuna kämpft mit den Göttern

Vyāsa erzählte weiter: „Oh König, deine Großväter waren bereit, für Gott alles zu opfern, wenn es sein musste. Sie waren ebenso bereit, mit Gott zu kämpfen, wenn das nötig war, denn solch ein Kampf entsprach dem *Dharma* eines *Kshatriya*. Du kennst doch sicher die Geschichte, wie dein Großvater mit *Shiva* kämpfte und von ihm die göttliche Waffe *Pāshupatāstra* gewann?" Der König hob überrascht den Kopf und fragte: „Meister, was sagst du? Mein Großvater hat gegen *Shiva* gekämpft? Davon habe ich noch nichts gehört. Erzähle mir alles, befriedige meinen Wissensdurst!" *Parikshit* fiel *Vyāsa* zu Füßen und bat ihn eindringlich, diese Geschichte zu erzählen.

Vyāsa räusperte sich und sprach: „Mein Sohn, wieviele Geschichten muss ich dir denn erzählen? Um über die Verbindung der *Pāndavas* mit den Göttern ausführlich zu berichten, reichen nicht Stunden und Monate aus, nein, es braucht Jahre! Dennoch will ich, da du so bittest, in der uns vergönnten Zeit so viel wie möglich erzählen.

Höre, o König! Die *Pāndavas* lebten also im Walde. Eines Tages wurde *Dharmarāja* von Sorgen überfallen. Er hatte Bedenken, ob seine schlechten Vettern, die *Kauravas*, ihn nach der Zeit des Exils in Frieden lassen würden. Es war doch sehr zweifelhaft, ob sie den *Pāndavas* ihren Anteil am Königreich geben würden. *Dharmarāja* befürchtete, dass es unvermeidlich zum Krieg kommen würde und dass die großen Bogenschützen jener Zeit, nämlich *Bhīshma*, *Drona*, *Karna* und *Ashvatthāman*, sich auf die Seite der *Kauravas* stellen würden. Er befürchtete, dass die *Pāndavas* einer so illustren Versammlung starker Helden nicht gewachsen wären. Sie würden unterliegen, fürchtete er, und wären gezwungen, den Rest ihres Lebens im Urwald zu verbringen. *Arjuna*, der sah, dass diese Gedanken *Dharmarāja* tiefe Schmerzen bereiteten, bat diesen um seinen Segen und die Erlaubnis, hinzugehen und durch *Tapas* von den Göttern Waffen zur Vernichtung der Feinde zu erringen. *Dharmarāja* hieß ihn gehen, die Götter zu erfreuen und durch ihre Gnade die Siegeswaffen für den Krieg zu gewinnen.

Arjuna begab sich in die Gegend von *Gandhamādana*, die selbst den unverzagtesten Asketen nicht zugänglich war, und widmete sich dem *Tapas*, um *Indra*, den König der Götter, gnädig zu stimmen. Der Himmel staunte über seine strengen Übungen und seine Beharrlichkeit. Und so geschah es, dass *Indra* vor ihm erschien und sprach: ‚Mein Sohn, dein *Tapas* erfreut mich sehr. Doch willst du Erfüllung deiner Wünsche erlangen, so musst du erst die Gunst *Shivas* gewinnen. Dann will ich dich mitnehmen in den Himmel und dich mit allen Waffen versehen, die der Himmel nur bieten kann.'

Gemäß *Indras* Rat setzte *Arjuna* sich nieder und meditierte über *Shiva*, um dessen Gnade zu erringen. *Shiva* seinerseits inszenierte unterdessen ein Schauspiel. Ich will dir erzählen, was geschah: Ein riesiger wilder Eber rannte wutschnaubend über den Platz, auf dem *Arjuna* saß und seine Bußübung vollzog. *Arjuna* sah ihn, und obwohl er während seiner Übung kein Lebewesen verletzen durfte, ergriff er hastig Pfeil und Bogen, als der Eber ihn angreifen wollte. In diesem Augenblick erschien vor *Arjuna* ein Jäger vom Stamme der waldbewohnenden Bhil, ebenfalls mit Pfeil und Bogen bewaffnet und in Begleitung seines Weibes. *Arjuna* war verwundert, dass dieser Bhil in diesem finsteren, unsicheren Walde von seiner Gefährtin begleitet wurde. Doch bei näherem Hinsehen entdeckte er hinter dem Bhil eine riesige Schar Männer und Frauen von wildem Aussehen, die seltsame Rufe und Schreie ausstießen. *Arjuna* war erstaunt und verwirrt.

Der Jäger, der als erster aufgetaucht war, sprach *Arjuna* mit wütender Miene und rotglühenden Augen an: ‚Du da! Wer bist du? Was suchst du hier? Ich warne dich! Wenn du es wagst, einen Pfeil auf diesen Eber abzuschießen, und sei es nur aus Versehen, so wirst du das nicht überleben. Ich habe ihn aufgespürt und hierhergetrieben; mit welchem Recht legst du jetzt auf ihn an?' Wie ein Hagel von Pfeilen drangen diese Worte in *Arjunas* Herz. Er fühlte sich über alle Maßen beleidigt: Ein gewöhnlicher Jäger hatte ihn beschimpft! ‚Der Bursche kennt mich und meinen Ruhm nicht', dachte er bei sich, ‚sonst würde er es wohl nicht wagen, mich herauszufordern.' Er hob seinen Bogen und schoss auf den Eber. Im selben Moment schoss auch der Bhil einen Pfeil auf das Tier ab.

Der Eber fiel tot zu Boden. Der Jäger war äußerst erbost und überschüttete *Arjuna* mit Beschimpfungen: ‚Du! Du kennst die Jagdregeln nicht! Ich habe den Eber entdeckt, ihn verfolgt und als Beute für meine Pfeile gestellt. Wie kannst du es wagen, auf ihn zu schießen, du gieriger Barbar!' Seine Augen sprühten Funken vor unbezähmbarer Wut. *Arjuna* war nicht minder wütend und schrie zurück: ‚Halt den Mund, du Schurke, oder ich verfrachte dich ins Reich des Todes. Bezähme deine freche

Zunge, wenn dir dein Leben lieb ist, und geh dahin, wo du hergekommen bist!'

Der Bhil ließ sich von dieser Drohung nicht einschüchtern und gab zurück: ‚Wer du auch sein magst, vor dir fürchte ich mich nicht. Auch wenn du dreihundertdreißigtausend Millionen Götter auf deiner Seite hast, gebe ich mich nicht geschlagen. Sieh dich vor, du Eindringling! Wer hat dir denn erlaubt, hierher zu kommen? Wer bist du denn, dass du mir befehlen willst, von hier wegzugehen? Dieser Wald gehört uns. Du hast dich als Dieb hier eingeschlichen und besitzt auch noch die Frechheit, uns von hier fortschicken zu wollen!'

Nun dämmerte es *Arjuna*, dass dies kein gewöhnlicher Jäger war, und er sprach etwas ruhiger: ‚Der Wald gehört allen. Du bist gekommen, um zu jagen, und ich, um *Shiva* mit Bußübungen zu gefallen. Ich habe den Eber nur geschossen, um mich vor seinem Angriff zu retten.' Der Jäger ließ sich jedoch nicht besänftigen. ‚Es ist mir gleich, wen du anbetest und wem du gefallen willst. Gib zu, dass du einen Fehler begangen hast. Warum hast du auf meine Beute geschossen? Gestehe und entschuldige dich, leiste mir Genugtuung!' Da verlor *Arjuna* die Geduld. ‚Dieser Bursche soll sein Leben lassen wie der Eber', sagte er sich. ‚Mit sanften Worten ist ihm wohl nicht beizukommen.'

Er suchte also einen scharfen Pfeil aus, legte ihn auf den Bogen auf und schoss ihn auf den Bhil ab. Der Pfeil traf ihn zwar, fiel jedoch wie ein Dorn, der von einem Felsen abprallt, zu Boden, gekrümmt von der Wucht des Aufpralls! Der erstaunte *Arjuna* nahm nun einen Pfeil mit sichelförmiger Spitze, um dem Jäger damit den Kopf abzutrennen. Der Bhil fegte ihn mit der linken Hand beiseite wie ein Grashälmchen.

Schließlich ließ *Arjuna* einen unaufhörlichen Pfeilregen aus seinem unerschöpflichen Köcher los. Auch das erwies sich als wirkungslos, und *Arjuna* begann zu verzweifeln wie jemand, der allen Besitzes und aller Mittel zur Verteidigung beraubt wurde. In ohnmächtiger Wut stand er da wie ein Vogel mit gestutzten Schwingen, ein Tiger ohne Krallen und Zähne, ein Boot ohne Segel und Ruder.

Schließlich schlug er mit seinem Bogen auf den Jäger ein – mit dem Erfolg, dass der Bogen in Stücke brach. Alarmiert beschloss *Arjuna*, seine Fäuste zu gebrauchen, die einzigen Waffen, die ihm geblieben waren. Er wappnete sich, fiel über den Bhil her und rang wie rasend, um endlich zu siegen. Der Jäger begrüßte diesen neuen Schachzug mit lautem Gelächter. Sie fochten um die Oberhand, mit solch furchtbaren Schlägen und Griffen, dass es schien, als seien zwei Berge in einen Kampf auf Leben und Tod verstrickt. Aufgescheucht von dem ungewohnten Lärm, flogen die Vögel des Waldes erschrocken hoch in die Lüfte. Die übrigen Tiere des Urwaldes starrten wie gebannt, als fühlten sie großes Unheil drohen. Die Erde bebte unter der Last dieses Zusammenpralls.

Der Bhil zeigte sich trotz alldem nicht im geringsten erschöpft. Er lachte völlig unbekümmert und war so frisch und kräftig wie zu Beginn des Kampfes. *Arjuna* dagegen war schweißgebadet; er rang nach Atem, und seine geschundene Faust blutete. Der Bhil jedoch war unverletzt, nicht im geringsten beeinträchtigt. Arjuna musste, als der Bhil ihn mit einem leichten Griff drückte, Blut spucken. Der Bhil ließ ein grausames Gelächter hören und rief seiner Gefährtin triumphierend und mit bedeutungsvollem Blick zu: ‚Hast du das gesehen?'

Arjuna taumelte, zutiefst bestürzt. Er hatte völlig den Boden unter den Füßen verloren und flüsterte vor sich hin: ‚*Krishna*, warum hast du mich so erniedrigt? Ist dies auch nur eine Szene in deinem Schauspiel? Dieser Bhil ist doch kein gewöhnlicher Sterblicher. Bist du gar selbst in dieser Gestalt erschienen, um meinen Stolz zu brechen? Oh Schande, von einem Buschjäger überwältigt zu werden! Nein, dies ist dein Plan, dein Spiel. Dieser Bhil hier ist kein gewöhnlicher Bursche. Hilf mir, ich glaube, du bist es selbst!'

Mit diesen Worten wandte er sich dem vor ihm stehenden Paar zu und erblickte nun nicht mehr den Bhil und seine Gefährtin, sondern *Shiva* mit seiner Gemahlin *Gaurī*. Mit bezauberndem Lächeln auf den Lippen segneten sie ihn, die Hände mit ihm zugewandten Handflächen in der *Abhaya*-Geste erhoben, um ihm zu versichern, dass er sich nicht zu fürchten brauche.

Arjuna war über alle Maßen entzückt. Er lief auf die beiden zu und rief: ‚Oh *Shankara*, o Mutter *Gaurī*!', und fiel ihnen zu Füßen. Er bat sie, ihm seine Unbesonnenheit und Dummheit zu vergeben. *Gaurī* und *Shankara*, die Verkörperungen der Gnade, zogen ihn freundlich an den Schultern hoch und tätschelten ihm liebevoll den Kopf. ‚Lieber Sohn', sprachen sie, ‚du hast die Erfüllung deines Lebens erlangt. Du hast deine Pflicht getan, wie es sich gehört. Das ist ganz und gar kein Fehler. Nimm dies hier als Zeichen unserer Gnade.' Mit diesen Worten erhielt *Arjuna* aus *Shivas* eigener Hand die göttliche Waffe *Pāshupatāstra*.

Oh *Māharāja*! Ich kann nicht genug die Tapferkeit deines Großvaters loben, der mit *Shiva* kämpfte, welcher bewaffnet ist mit dem unbesiegbaren Dreizack. Die Quelle seines Mutes und seiner Kühnheit aber war die Gnade, mit der *Krishna* ihn überschüttete. Ohne dessen ausdrücklichen Befehl führten deine Großväter nicht die geringste Handlung aus. Wahrhaftig bedachte er sie in der *Mahabharata*-Schlacht jeden Augenblick reichlich mit dieser Gnade, ohne dass sie ihn hätten bitten müssen. Nur sie wussten, wie tief die Liebe war, die diese Gnade hervorbrachte; niemand sonst konnte diese Tiefe ermessen." Bei diesen Erinnerungen kamen *Vyāsa* die Freudentränen über das Glück der *Pāndava*-Brüder. Und nicht nur ihm.

Auch sein Zuhörer, *Parikshit*, war tief gerührt vor Bewunderung und Dankbarkeit. Mit bebenden Lippen vergoss er Freudentränen, und seine Stimme versagte vor Aufregung. Er konnte sich kaum fassen vor Freude und rief: „Oh, wie bin ich gesegnet, in diesem Geschlecht geboren zu sein! Wie tapfer, wie treu und gottergeben, wie großartig waren meine Vorväter! Und wie unvorstellbar ist mein Glück, dass ich ihren Ruhm von den Lippen eines göttlichen Heiligen wie dir vernehmen darf! Wahrlich, ich bin dreifach gesegnet! Wenn ich den Heldentaten meiner Großväter und dem Lobpreis *Krishnas* lausche, kann ich nie genug davon bekommen. Mich verlangt nach mehr!

Bitte erzähle mir, wie der Herr meine Großväter in der Schlacht beschützte und rettete. Das wird meinen Hunger ein wenig stillen und meinen Durst ein wenig löschen."

Beschützer auf dem Schlachtfeld

Auf die Bitte des Königs entgegnete *Vyāsa*: „Oh König! Die *Pāndavas* lebten, wie sie gelobt hatten, zwölf Jahre lang im Wald im Exil und brachten anschließend noch ein ganzes Jahr unerkannterweise zu. Als sie sich schließlich zu erkennen gaben – das geschah, als die *Kauravas* in *Virātas* Land einfielen und seine Kühe raubten – , da schwor *Duryodhana*, der Älteste der grausamen Sippe, dieses betrügerische Ungeheuer, dass das Jahr noch nicht vorüber sei und die *Pāndavas* daher ihren Vertrag gebrochen hätten. Deshalb sollten sie zu weiteren zwölf Jahren Verbannung und einem zusätzlichen ‚Unerkannt'-Jahr verdammt sein! Von diesem Beschluss ließ er sich nicht abbringen.

Die Ältesten jedoch, *Bhīshma* und die anderen Recken, bestätigten, dass die *Pāndavas* sehr wohl genauestens die Bedingungen des Vertrages eingehalten hatten. Sie hatten während des ganzen letzten Jahres ihren Aufenthaltsort geheimgehalten, und sie waren volle zwölf Jahre in der Verbannung gewesen. Die *Kauravas* aber wollten die offenkundige Wahrheit einfach nicht annehmen. So bereiteten sie selbst den Weg vor für ihren Sturz und ihre Vernichtung! Sie wollten auf niemanden hören und keinen Rat annehmen, und sie schworen, dass nur der Kampf auf dem Schlachtfeld den Streit entscheiden könne.

Was konnte man gegen diesen königlichen Beschluss schon ausrichten? Beide Parteien rüsteten sich also für den kommenden Krieg: auf der einen Seite *Duryodhana*, der regierende König, und auf der anderen Seite die *Pāndavas*, die verbannten Anspruchsberechtigten. Aber Wahrheit und Gerechtigkeit verbündeten sich mit den Verbannten, und so gesellten sich einige Könige, von ehrenhaften Grundsätzen geleitet, zu ihnen. Die anderen stellten sich in großer Zahl auf die Seite des herrschenden Monarchen, und so konnten die *Kauravas* elf *Akshauhinīs* befehligen, während die *Pāndavas* gerade eben sieben zusammenbringen konnten.

Höre! *Arjunas* Streitwagen hatte *Krishna*, den Geliebten der *Gopis*, den *Gopīvallabha*, zum Wagenlenker. Nicht allein das Schicksal der *Pāndavas* wurde von ihm gelenkt. In ihrer Verteidigung gab es daher keine schwache Stelle, er war ihre ganze Kraft und Stärke. Dennoch nahm in diesem großen Schauspiel des Herrn *Arjunas* Rolle eine plötzliche, unerwartete Wendung, die alle in Erstaunen versetzte.

Der Herr hatte den Wagen zwischen die beiden zur Schlacht aufmarschierten Heere gelenkt und befahl *Arjuna*, von hier aus zu erkunden, wer die feindlichen Anführer waren, denen er entgegentreten sollte. *Arjunas* Augen entdeckten blitzschnell die Helden, die sich da im Kampf mit ihm messen wollten, und sogleich kamen ihm die Tränen! Der Anblick erfüllte alle, die es sahen, mit Scham.

Doch, merke wohl, nicht Angst oder Feigheit bewegte und befiel deinen Großvater. Er hatte *Bhīshma* erblickt, den verehrten Großvater, der ihn auf den Schoß genommen und wie sein eigenes Kind geliebkost hatte. Er sah seinen geachteten Lehrer *Drona*, der ihn gründlich die Kunst des Bogenschießens gelehrt hatte, und sein Herz klagte: ‚Weh mir! Wie soll ich dies ertragen, blutigen Krieg zu führen mit diesen Altehrwürdigen, denen ich eigentlich eher mit zarten, duftenden Blumen meine Verehrung darbringen sollte. Wie könnte ich mit Pfeilen auf sie schießen? Soll ich die Füße verwunden, die ich in Wahrheit mir ehrerbietig aufs Haupt setzen sollte, wenn ich mich pflichtgemäß vor ihnen verneige?' Gefühle der Anbetung und Verehrung hatten ihn tatsächlich überwältigt. Das war es, was ihn verzagen ließ, und kein anderes schwächendes Gefühl!

Die Gefühle von ‚Ich' und ‚Mein' wurden in ihm so stark, dass er sich *Krishna* mit den Worten zuwandte: ‚*Krishna*, fahre den Wagen zurück nach *Hastināpura*, ich möchte fort von all diesem hier.' *Krishna* lachte spöttisch und sprach mit unverhohlener Verachtung: ‚Mein lieber Schwager, du fürchtest dich wohl vor dem Kampf! Gut, ich werde dich nach *Hastināpura* zurückbringen und statt deiner deine Gemahlin *Draupadī* holen, die fürchtet sich nicht! Komm, gehen wir zurück. Ich wusste nicht, dass du ein solcher Feigling bist, sonst hätte ich diese Stellung als dein Wagenlenker niemals angenommen. Ich habe dich völlig falsch eingeschätzt.'

Auf diese und noch manch andere harte Worte *Krishnas* entgegnete *Arjuna*: ‚Denkst du, dass ich, der ich mit *Shiva* gekämpft und die *Pāshupata*-Waffe von ihm errungen habe, vor diesen gewöhnlichen Sterblichen zittere? Ein Gefühl der Ehrfurcht und des Erbarmens lässt mich davon Abstand nehmen, diese meine Verwandten zu töten. Nicht Angst hält mich zurück.' *Arjuna* ließ sich noch weiter aus und begründete alles in Begriffen von ‚Ich' und ‚Mein', doch *Krishna* fand keinen Gefallen an seinen Begründungen. Er erklärte *Arjuna* die grundlegenden Prinzipien aller Aktivität und Ethik und brachte ihn dazu, die niedergelegten Waffen wieder aufzunehmen. Er bewog ihn, den vorgeschriebenen sittlichen und sozialen Verpflichtungen der *Kshatriya*-Kaste, der *Arjuna* angehörte, zu folgen.

Als dann mitten in der Schlacht alle *Kaurava*-Krieger gleichzeitig Pfeile auf *Arjuna* niederprasseln ließen, da bewahrte *Krishna* ihn vor diesem Hagel, so wie er ehemals, als er den *Govardhana*-Berg hob, die Dorfbewohner von *Gokula* samt ihren Rindern vor den Hagelschauern des erzürnten *Indra* geschützt hatte: *Krishna* lenkte alle Geschosse auf sich selbst ab und rettete *Arjuna*, der hinter ihm im Streitwagen saß, vor dem tödlichen Angriff. Blut floss aus seinen Wunden; dennoch hielt er seinen Körper dem feurigen Pfeilregen der Feinde entgegen. Er wollte, dass *Arjuna* in jedem Fall vor Schaden geschützt sei, und er beabsichtigte auch, die Macht und den Stolz des bösen Gegners zu schwächen und *Arjunas* Ruhm und Ansehen zu erhöhen.

Er selbst trug keine Waffen, dennoch bewirkte er die Vernichtung der Feinde, und er verkündete vor aller Welt, wie großartig der Weg des *Dharma* sei, auf dem die *Pāndava*-Brüder getreu wandelten. Oft schmerzte deinen Großvater während der Schlacht die Rolle, die *Krishna* auf sich genommen hatte. ‚Oh weh, dass wir dich an so unbedeutender Stelle eingesetzt haben', klagte er dann innerlich. ‚Dich, den wir im Lotos unseres Herzens ruhen lassen sollten, setzen wir auf das Sitzbrett des Wagenlenkers! Zum Diener haben wir dich erniedrigt! So gemein haben wir den Wert des Herrn geschmälert; weh uns, dass wir in solche Not abgesunken sind!'

Schlimmer als alles andere war für *Arjuna* ein bestimmtes Vorgehen, zu dem er schmerzlicherweise ab und zu gezwungen war. Wann immer er das tun musste, wurde der Arme von unerträglichen Gewissensbissen geplagt." Bei diesen Worten senkte *Vyāsa* sein Haupt, als hätte er das Ganze lieber nicht erwähnt. *Parikshits* Neugier wurde dadurch erst recht geweckt, und er fragte: „Meister, was war das? Welch unvermeidliches Unrecht musste er begehen, obwohl es frevelhaft war?" Da antwortete *Vyāsa*: „Oh König, wenn im Kampfgetümmel der Krieger dem Wagenlenker angeben muss, in welche Richtung er fahren soll, so kann er nicht erwarten, dass der ihn hört, wenn er ihm ‚links' oder ‚rechts' zuruft. Der Schlachtenlärm ist dafür zu laut und verwirrend. Daher muss er, selbst völlig konzentriert auf den Kampf mit den Feinden, die Schläfen des Wagenlenkers mit den großen Zehen seiner Füße bearbeiten. Darum hält er den rechten wie den linken Zeh stets im Kontakt mit den Schläfen des Lenkers, dessen Sitzbrett tiefer unten angebracht ist. Soll der Wagen geradeaus gelenkt werden, so muss mit beiden Zehen gleichzeitig und mit gleicher Stärke zugedrückt werden. So war es üblich.

Da solcher Druck mit schwer beschuhten Füßen angewandt werden musste, wiesen die Schläfen des Herrn täglich neue Schürfwunden auf. *Arjuna* verfluchte sich für diese Schande. Er hasste den ganzen Krieg und betete, dass das grausame Spiel sofort aufhören möge. Es bereitete ihm geradezu Todesqualen, dass er mit seinen Füßen dieses von Weisen und Heiligen verehrte und angebetete Haupt berühren musste.

Krishnas Handflächen, zart und weich wie Lotosblütenblätter, waren übersät mit Blasen, denn sie mussten die Zügel straff halten, und die Stuten zogen gerade dann am stärksten, wenn er die Zügel fester anzog. Der Herr schlief nicht und aß nicht, führte hohe sowie niedere Dienste aus und hielt Pferde wie Wagen in bester Ordnung. Er besorgte alle möglichen Botengänge, die für den Sieg unentbehrlich waren. Er badete die Pferde im Fluss, behandelte ihre Wunden und versorgte sie mit heilenden Salben – ich muss nicht alles aufzählen. Kurzum, er spielte den Knecht im Hause deiner Großväter! Nie kehrte er die Rolle des kosmischen Herrschers hervor, die seine wahre Natur ist und seinem wahren Stande entspricht. Und hat nicht *Krishna* selbst deinen Großvätern versprochen: ‚Seid mir ergeben und erhaltet Macht von mir. Im gleichen Maße, wie ihr euch für die Bestärkung und Beschleunigung dieses Vorgangs von Geben und Nehmen begeistert, werdet ihr Erfolg und Glück erfahren. Gebt mir all eure Sorgen, Ängste, Nöte und Wünsche und nehmt dafür Freude, Frieden und Geistesstärke von mir entgegen. Solange ich in dieser Form anwesend bin, sind nur jene, die nach Spirituellem streben, sowie die rechtschaffenen Menschen meine Freunde und Verwandten und Empfänger meiner Gnade.' So tief war seine Liebe zu denen, die ihm ergeben waren." Damit schloss *Vyāsa* seine Erzählung.

Parikshit wird verflucht

Parikshit hatte *Vyāsas*, des Weisen, Beschreibung von der tiefen Ergebenheit und dem treuen Glauben der *Pāndavas* gehört, und es entzückte ihn zu erfahren, wie *Krishna* sie mit seiner grenzenlosen Gnade überschüttet hatte. Der König war so von Freude ergriffen, dass er kaum noch wahrnahm, ob es Tag oder Nacht war. Plötzlich drangen das süße Zwitschern der Vögel und lauter Hahnenschrei an sein Ohr. Er hörte die Lieder, mit denen seine Untertanen jeden Tag bei Morgengrauen die Götter begrüßten, und rings um den Palast wurden die Tempelglocken geläutet.

Auch *Vyāsa* erkannte, dass ein neuer Tag anbrach, und sprach: „Mein Sohn, ich muss nun gehen." Er ergriff den Wasserkrug, den er auf Reisen stets bei sich hatte, erhob sich und segnete den König, der ihm tieftraurig zu Füßen fiel. „Wehe, viel zu früh bricht dieser Tag an!", klagte *Parikshit*. „Noch kann ich Glanz und Größe meiner Großväter nicht ganz fassen. Die Tiefe ihrer Ergebenheit und ihres Pflichtgefühls muss ich erst noch ergründen."

Immer wieder überdachte er alle Ereignisse, von denen er gehört hatte, und kostete ihre Einmaligkeit aus. Begeisterung erfüllte ihn dermaßen, dass er sich den Aufgaben des Königreichs noch nicht wieder zuwenden konnte. Er vermied es, sich jetzt damit zu befassen; am liebsten wollte er allein sein. Er beschloss, im Wald auf Jagd zu gehen und befahl, alles für eine Reise in den Dschungel vorzubereiten.

Bald meldete man ihm, dass alles gerichtet sei und die Jäger und Diener vollzählig bereitstünden. Schweren Herzens schleppte er seinen Körper zum Wagen und nahm darin Platz. Die Diener, die wie üblich mit allem Nötigen vor und hinter dem königlichen Wagen gingen, setzten sich in Bewegung. Dem König kam der Gedanke, dass es nicht nötig sei, von so vielen begleitet zu werden, und er schickte einige zurück.

Als sie nun vorrückten, wurde einiges Wild gesichtet. Der Anblick machte den König munter. Er stieg aus dem Wagen und verfolgte mit schussbereitem Bogen die Tiere, wobei einige von seinen Leuten ihm folgten. Die Herden sprengten voller Furcht davon, und die Jäger eilten in wilder Treibjagd hinterher. Der König hatte sein Ziel auf ein bestimmtes Rudel flüchtiger Tiere gerichtet und jagte ihnen nach, ohne zu merken, dass er allein war, abgeschnitten von seinen Dienern, die anderen Fährten gefolgt waren.

Nachdem er eine beträchtliche Strecke zurückgelegt hatte, ohne ein Wild erlegen zu können, begann heftiger Durst ihn zu quälen, und er fühlte sich aufs äußerste erschöpft. Verzweifelt suchte er nach Wasser. Glücklicherweise konnte er eine Einsiedelei entdecken – ein kleines grasgedecktes Häuschen. Voller Erwartung eilte er darauf zu, aber niemand war zu sehen. Der Platz schien leer und verlassen. Kläglich rief er mit seiner geschwächten Kehle: „Durst! Durst!", doch aus dem Hause kam keine Antwort. Er ging hinein und fand darinnen den Weisen *Shamīka* in tiefer Meditation. Er ging zu ihm und sprach ihn an. „Herr, Herr!", jammerte er. *Shamīka* jedoch war so in die Tiefen seiner Meditation versunken, dass keine Antwort kam.

Da wurde der König von Groll erfasst, und wilder Ärger wallte in ihm auf. Er hatte die Einsiedelei erreicht, den Eremiten gefunden, und dennoch stand er hilflos, hungrig und durstig da. Sein Stolz war verletzt, denn schließlich war er der Herrscher über dieses Gebiet, und dieser Einsiedler wagte es, da er zu ihm kam und nach ihm rief, weiter in sich versunken zu bleiben. Blind vor Zorn vergaß er alle Regeln des Anstands. Seine Füße traten auf etwas, das er für ein Stück Schnur hielt; als er hinschaute, entdeckte er, dass es eine tote Schlange war. Eine Laune des Schicksals setzte ihm eine ungute Idee in den Kopf. Er schlang die tote Schlange um den Hals des statuenhaft dasitzenden Einsiedlers, der sich nicht um die Nöte anderer kümmerte. Dann verließ er die Einsiedelei eilenden Schrittes auf der Suche nach einem anderen Ort, um Durst und Hunger zu stillen.

Einige Knaben sahen ihn aus dem Hause kommen. Sie gingen hinein, um nachzusehen, was diesen prächtig gekleideten Fremdling wohl veranlasst hatte, diesem Haus einen Besuch abzustatten. Und sie mussten entdecken, dass der Heilige *Shamīka* eine Schlange um den Hals trug! Bei näherem Hinsehen erwies diese sich als tot. Sie überlegten, wer wohl diese scheußliche Tat vollbracht haben konnte, und argwöhnten, dass dies das Werk jenes Fremden war, der soeben die Einsiedelei verlassen hatte. Sie rannten zu *Shringi*, *Shamīkas* Sohn, der draußen mit seinen Freunden spielte, und erzählten ihm alles. *Shringi* wollte ihrem Bericht keinen Glauben schenken, denn er konnte sich nicht vorstellen, dass jemand seinen Vater derart beleidigen könnte, und er blieb ins Spiel vertieft. Die Knaben aber beharrten auf ihrer Geschichte und drängten ihn, sich mit eigenen Augen von der misslichen Lage seines Vaters zu überzeugen.

Shringi wunderte sich nun doch über ihre Beharrlichkeit und begann zu fürchten, dass tatsächlich etwas Ungewöhnliches vorgefallen war. Er rannte ins Haus und fand die unglaubliche Geschichte bestätigt! Nun wollte er wissen, welcher Frevler seinen ehrwürdigen Vater so schändlich beleidigt hatte, und erfuhr, dass ein Mann in königlichen Gewändern ins Haus eingetreten und es wieder verlassen hatte und dass sich den ganzen Morgen lang niemand anderer hier gezeigt hatte. Die Knaben schlossen daraus, dass dieser Mann die Tat begangen haben müsse. Da rannte *Shringi* los, in die Richtung, die sie ihm angaben, um den Missetäter einzuholen. Schon bald erblickte er den Mann im Königskleid, und sein Zorn überstieg alle Grenzen. Gemessen trat er vor den König, bewarf ihn mit einer Handvoll Wasser und sprach seinen Fluch aus: „Möge derjenige, der meinem Vater die tote Schlange um den Hals gewunden hat, in sieben Tagen von einer Schlange gebissen werden und am gleichen Tage an dem Schlangengift sterben!" Die ihn umringenden Knaben baten ihn, doch von dem Fluche abzulassen, erreichten aber nichts. Dann ging *Shringi* zurück in sein Haus und ließ sich mit zornglühendem Kopfe in einer Ecke zu Boden fallen.

„Wehe, dass mein Vater diese Schmach erleiden musste, da ich am Leben und hier zugegen bin. Ebensogut hätte ich tot sein können. Was nützt ein lebender Sohn, wenn er den Vater nicht vor Beleidigungen schützen kann?", so verdammte er sich und beklagte sein Schicksal. Seine Kameraden saßen bei ihm und versuchten, ihn zu besänftigen. Indem sie den Missetäter gründlich beschimpften, trachteten sie den untröstlichen Knaben zu trösten.

Shamīka, der Weise, war inzwischen aus seiner inneren Glückseligkeit aufgetaucht und in die Bereiche des Bewusstseins zurückgekehrt. Er wand sich die tote Schlange vom Halse und legte sie neben sich nieder. Da er seinen Sohn weinend in einer Ecke sitzen sah, rief er ihn zu sich, um sich nach dem Grund seines Kummers zu erkundigen. Der Sohn berichtete die Geschichte von dem Fremden und der toten Schlange. *Shamīka* lächelte und sprach: „Armer Bursche! Er tat es aus Dummheit, und wenn du darum weinst, so beweist du damit nur deine eigene Dummheit. Was scheren mich Ehre oder Unehre. Das Wissen um den *Atman*, das ewige Selbst, ermöglicht es dem Menschen, im Gleichgewicht zu bleiben. Er fühlt sich nicht erhoben, wenn er gelobt wird, und wird er geschmäht, so fällt er nicht. Irgendein Flegel hat diesen albernen Streich verübt, und da Ihr noch im Knabenalter seid, übertreibt Ihr und macht ein Verbrechen daraus. Einen Berg von Kummer bereitet Euch solch ein Maulwurfshügelchen. Geht – geht spielen", sagte der Weise, nahm seinen Sohn auf den Schoß und strich ihm sanft übers Haupt, um ihm seinen Kummer ein wenig zu lindern.

Da sprach *Shringi* zu seinem Vater: „Das ist kein Flegelstreich. Es ist ein fürchterlicher Frevel, begangen von einem ichbesessenen Kerl im Königskleide!" Bei diesen Worten merkte *Shamīka* auf: „Was sagst du da? Jemand im Königsgewand? Hast du ihn gesehen? Hat der König diese törichte Tat begangen? So etwas Dummes kann doch einem König nicht in den Sinn kommen!" Nun fielen *Shringis* Kameraden wie mit einer Stimme ein und bestätigten, dass auch sie den Missetäter gesehen hatten. „Meister!", riefen sie, „wir sahen die tote Schlange und liefen zu *Shringi* und holten ihn her. *Shringi* wurde so wütend, dass er Wasser aus dem *Kaushikā*-Fluss in die Hand nahm und damit den Mann bewarf, der schnell weglief. Dabei hat *Shringi* mit dem richtigen rituellen Spruch den Fluch ausgesprochen: ‚Lass denjenigen, der die tote Schlange hingelegt hat, in sieben Tagen am Schlangenbiss sterben.' "

Shamīka erschrak über diesen Bericht. Das Verhalten seines Sohnes erschütterte ihn. Er stieß ihn von seinem Schoß, so dass er zu Boden fiel. „Wie", rief er, „hast du solch einen Fluch ausgesprochen!? Wehe, dass der Sohn eines Weisen sich so benimmt! Welch unglückseliger Fluch für ein so nichtiges Vergehen. Dieses Unrecht kannst du nie wieder gutmachen. Du bist eine Schande für deine Kameraden, da du diesen albernen, unbedeutenden Streich nicht mit Fassung tragen kannst! Ich schäme mich, solch einen Jungen zum Sohn zu haben. Du hast nicht einmal so viel innere Stärke, eine so geringfügige Beleidigung zu ertragen. Was für ein Jammer! Wehe, dein kindisches Benehmen wird alle Weisen und Asketen in Verruf bringen. Man wird uns nachsagen, dass wir nicht das kleinste bisschen Geduld und Seelenruhe besitzen! Lass mich dein Gesicht nicht sehen, der Anblick ist eine Schmach! Menschen für ihre Vergehen zu bestrafen ist Pflicht des Königs, nicht des Eremiten im Walde! Ein Einsiedler, der mit Flüchen um sich wirft, ist kein Einsiedler.

Aus Verlangen, den Lenker und Beschützer aller Welten zu sehen und in seiner Gegenwart zu leben, hat der Einsiedler alle Bindungen aufgegeben. Er lässt sich im Walde nieder, lebt von Wurzeln und Früchten und entsagt aller Sinnesbefriedigung, da sie dem spirituellen Fortschritt abträglich ist. Wenn abscheuliche Flüche wie deiner, geboren aus Ungeduld und Eigensucht, über die Lippen eines Einsiedlers kommen, so ist das ein Zeichen drohenden Unheils, ein Zeichen, dass das eiserne Zeitalter der Unwahrheit heraufdämmert.

Oh weh! Welch große Sünde hast du heute zu deiner Schuldenlast geladen." Mit dieser Bemerkung schloss *Shamīka* seine Ausführungen über *Shringis* abscheuliche Tat.

Das Mitleid des Weisen

Die scharfen Worte des Vaters schmerzten das zarte Herz des Sohnes *Shringi*. Wie Schwerthiebe und Hammerschläge fielen sie auf ihn nieder, bis er sie nicht mehr ertragen konnte und zu Boden fiel. Die Füße seines Vaters umklammernd jammerte er: „Vergib mir, Vater! Mich packte der Zorn darüber, dass der König selbst sich derart frevelhaft benahm, so unverschämt, so unehrerbietig, so unmenschlich. Meinen Unmut über die dir angetane Schmach konnte ich nicht zurückhalten. Es ist doch nicht recht, dass ein König sich derart unziemlich beträgt, wenn er sich in einer Einsiedelei aufhält?"

Shamīka sah, wie sein Sohn sich quälte; er ließ ihn an seiner Seite Platz nehmen und sprach: „Mein Sohn, dem Zwang des Augenblicks kann man nicht entrinnen. Oft schiebt der Mensch das Gebot der Vernunft beiseite, weil dieser Zwang besteht. Das Schicksal zieht so an den Zügeln der Vernunft, dass diese reißen. Die Macht des Augenblicks steht mit all ihrer Kraft dem Menschen gegenüber, und er muss dieser Gewalt nachgeben. Dieser König ist ein Gottgläubiger, der dem Herrn tief ergeben ist. Er hat sich spirituelle Größe erworben und benimmt sich moralisch einwandfrei. Er ist Herr über alles Land weit und breit; sein Ruhm durchdringt alle drei Welten. Tausende treuer Untertanen stehen ihm stets zu Diensten. Wenn er sein Haus verlässt, um auszufahren, so begleiten ihn viele Wächter, die mit gefalteten Händen darauf warten, auch seinen kleinsten Befehl zu seiner Zufriedenheit auszuführen, um seine Gunst zu gewinnen. Sobald er ein Königreich betritt, wird er vom jeweiligen Herrscher aufs großartigste willkommen geheißen, und die größte Gastfreundschaft und ehrerbietigste Huldigungen werden ihm zuteil. Jemand, der solche Großartigkeit tagtäglich erfährt, ist natürlich erschüttert, wenn ihm hier kein Zeichen des Willkommens entgegengebracht wird. Weder erkannt noch beachtet wurde er hier – ja, die Missachtung ging so weit, dass er nicht einmal ein Glas Wasser erhielt, um seinen Durst zu löschen. Hunger und Erniedrigung peinigten ihn, denn obwohl er mehrfach rief, erhielt er keine Antwort. Diese Qualen und die Empörung waren unerträglich für ihn, und das verleitete ihn zu seiner ungehörigen Tat. Gewiss war es ein Unrecht, doch durch deine unangemessene Reaktion auf dieses nichtige Vergehen hast du der Asketen- und Einsiedlergemeinschaft nicht wiedergutzumachenden Schaden zugefügt. Ach! Welch schreckliches Unheil hast du heraufbeschworen!"

Der alte Eremit schloss die Augen, saß eine Weile still und sann nach, ob es eine Möglichkeit gäbe, den König von seinem Fluch zu erlösen. Da ihm nichts in den Sinn kam und er erkannte, dass nur der allmächtige und allwissende Gott derartiges auflösen kann, betete er mit inbrünstigem Herzen: „Oh Zuflucht aller Welten! Dieser unreife kleine Junge, der nicht unterscheiden kann zwischen Recht und Unrecht, Pflicht und Nicht-Pflicht, hat aus Dummheit einen großen Fehler begangen, der dem König Schaden bringt. Vergib du diesem Knaben oder strafe ihn, aber fördere das Wohlergehen des Königs!"

Der Einsiedler öffnete die Augen wieder. Er erblickte die Asketen und die Kameraden seines Sohnes, die ihn umringten, und traurig sprach er zu ihnen: „Wisst ihr, welches Unrecht mein Sohn begangen hat? Es ist doch nicht recht, dass wir Einsiedler den König beleidigen und verletzen, ihn, den Hüter und Führer der Menschheit.

Daher bitte ich euch alle: Betet zu Gott, dass dem König kein Leid geschehe und nur Segensreiches ihm widerfahren möge." Da der *Rishi Shamīka* sie solchermaßen beauftragte, erhob sich ein alter Mönch, ein wahres Sinnbild des Friedens und der Entsagung, und sprach: „Du große Seele! Du überschüttest diesen König so überreich mit Gnade. Derjenige, der den Fluch ausgesprochen hat, ist dein eigener Sohn – sicher sind deine spirituellen Fähigkeiten viel höher als die deines Sohnes, und du kannst durch sie alles erreichen. Warum sorgst du dich dann so um den Fluch, mit dem dieser Knabe den König belegt hat? Du kannst ihn doch sicher aufheben?" Da riefen alle anderen, alt und jung: „Das ist wahr! Wahrlich, erhöre unsere Bitten und verzeihe dem Knaben. Bewirke das Wohlergehen des Königs und rette ihn vor Unheil!"

Shamīka, der Weise, lächelte. Er schloss die Augen, und mit dem inneren Auge des *Yogi* sah er Vergangenheit und Zukunft des Königs. Er forschte nach, ob dessen Gegenwart durch seine Vergangenheit oder seine Zukunft bestimmt wurde, und er entdeckte, dass *Parikshit* den giftigen Biss der Schlange *Takshaka* erleiden musste und dass dies sein Schicksal und seine Bestimmung war. *Shamīka* fühlte, dass jeder Versuch, dem König dieses Ende zu ersparen, gegen die göttlichen Bestimmungen sein würde, und er erkannte, dass sowohl das ungebührliche Betragen des Königs als auch die zornige Reaktion seines Sohnes Folgen dieses zwingenden Einflusses waren. Er folgerte, dass allein Gott, der Urheber aller Beschlüsse und Werke, die Geschehnisse abändern kann, und dass jedes Eingreifen von seiner Seite einzig seinen Egoismus beweisen würde.

Shamīka wusste, dass Egoismus der ärgste Todfeind eines Einsiedlers ist, dennoch nahm er Abstand davon, alle seine – zweifellos vorhandenen – Kräfte zusammenzunehmen, um ihn völlig zu vernichten. Er entschloss sich, dem König so viel Hilfe wie möglich zukommen zu lassen. Er öffnete die Augen und schaute sich in alle vier Himmelsrichtungen um, um einen seiner Jünger aus der Versammlung auszuwählen. Schließlich rief er einen klugen Schüler zu sich und sprach: „Du musst sofort nach *Hastināpura* und wieder zurückreisen. Mach dich für die

Reise bereit und komm dann wieder zu mir." Der Schüler antwortete: „Ich bin allzeit bereit, deinem Befehl zu gehorchen, wofür muss ich mich noch bereit machen? Ich kann auf der Stelle abreisen; sage mir, was ich dort zu tun habe." Mit diesen Worten fiel er seinem Lehrer zu Füßen, um ihm seine Ehrerbietung zu bekunden. Der Weise erhob sich von seinem Sitz und nahm den Schüler mit ins Innere des Hauses. Dort teilte er ihm genauestens mit, was er dem König zu übermitteln hatte. Der Schüler fiel nochmals zu Füßen seines Meisters nieder; dann begab er sich auf den Weg in die Hauptstadt.

Inzwischen war der König in seinem Palast angelangt, hatte ein wenig geruht und erwachte nun zu der Erkenntnis, dass er in der Einsiedelei ein ungeheuerliches Unrecht begangen hatte. „Weh mir! In welch schändliche Tiefen ist mein Verstand da gesunken! Dass ich, der Herrscher, diesen Asketen beleidigt habe, ist wahrlich eine ruchlose Sünde!", klagte er. „Wie kann ich dieses Verbrechen sühnen? Soll ich die Einsiedelei aufsuchen und um Vergebung bitten? Soll ich meinen Kopf anbieten, um die gerechte Strafe zu empfangen? Was ist jetzt meine Pflicht?"

Während er so mit sich um Antwort rang, sah er einen Wächter an die Tür kommen, der sich mit verschränkten Armen aufstellte und wartete. Der König fragte, warum er gekommen sei, und der Mann antwortete: „Ein Schüler aus einer Einsiedelei ist gekommen und bittet um Audienz. Er sagt, der Weise *Shamīka* habe ihn gesandt, und seine Botschaft soll sehr dringend und wichtig sein. Er ist in großer Eile, und ich erwarte Euren königlichen Befehl."

Als *Parikshit* dies hörte, schien es ihm, als verwandele sich das Lager aus Jasminblüten, auf dem er ruhte, in ein Bett aus Schlangen, die ihn mit feurigen Zungen anzischten und sich um ihn wanden. Er winkte den Wächter dicht zu sich heran und überfiel ihn mit Fragen über den jungen Mann, der da aus der Einsiedelei gekommen war: Wie war er? Sah er traurig oder erbost aus? Oder war er freudig und gleichmütig?

Der Wächter antwortete: „Oh König! Der Zögling des Weisen, der hier erschienen ist und um Eure Audienz bittet, ist ganz ruhig und friedlich. Er wiederholt ständig die Worte: ‚Sieg sei dem König! Sieg unserem Herrscher!' Ich kann in seiner Miene keine Spur von Ärger oder Erregung entdecken." Diese Worte beruhigten den König ein wenig. Nun wollte er wissen, welche Antwort man dem Schüler auf sein Ansinnen gegeben habe. Der Wächter sprach: „Wir sagten ihm: ‚Der König ist im Walde gewesen; er ist soeben erst zurückgekehrt und ruht sich ein wenig aus. Bitte warte ein Weilchen. Sobald er ausgeruht ist, werden wir ihn benachrichtigen.'" Der König fragte weiter: „Und was hat er daraufhin gesagt?" Der Wächter antwortete: „Herr, dem jungen Mann lag sehr daran, Euch so schnell wie möglich zu sehen. Er sagte, er habe eine dringende Botschaft zu übermitteln, und sein Meister erwarte ihn und zähle die Minuten bis zu seiner Rückkehr. Er sagte, je schneller er Euch sähe, desto besser, und er murmelte die ganze Zeit vor sich hin: ‚Möge es dem König gut gehen. Mögen Sicherheit und Wohlergehen mit ihm sein.' Wir boten ihm einen Platz an und baten ihn, sich zu setzen, doch er wollte lieber an der Tür warten. Dort steht er noch und zählt die Minuten."

Dem König stiegen Freudentränen in die Augen. Er wischte sie fort, eilte zum Eingang, ohne königliche Gewänder oder die Zeichen seiner Königswürde anzulegen, selbst ohne sich um Sandalen oder ein Oberkleid zu kümmern. Er fiel dem Boten des Einsiedlers zu Füßen, ergriff seine Hände und führte ihn in die inneren Gemächer. Dort setzte er ihn auf einen Sessel, nahm selbst zu seinen Füßen auf dem Boden Platz und bat ihn, ihm den Grund seines Besuchs zu verraten.

Der Schüler sprach: „Oh König! Mein Meister, der Weise *Shamīka*, sendet Euch seinen besonderen Segen. Er hat mich beauftragt, Euch einige besondere Dinge mitzuteilen." Bei diesen Worten brach der junge Mann in Tränen aus. Da rief der König: „Gut, berichte schnell! Wenn ich irgend etwas tun muss, so sag es mir nur gleich! Ich bin bereit, mit dem Leben für meine Schuld zu bezahlen. Oder ist etwa mein Königreich in Gefahr? Muss ich irgendwelche Maßnahmen ergreifen? Ich will alles opfern, um es zu retten!"

Der junge Bote sprach: „Oh König! Dem Reich droht keine Gefahr und auch nicht den Einsiedlern. Nichts kann sie ängstigen. Ihr seid es, dem Gefahr droht, den das Unheil überfallen will." Auf diese Warnung hin erklärte der König frohlockend: „Wahrlich, ich bin gesegnet! Wenn meine Untertanen und die Einsiedler, die mit ihren Bußübungen beschäftigt sind, in Sicherheit sind, ist es mir völlig einerlei, was mit mir geschieht. Ich atme und lebe doch nur, um ihnen Frieden und Wohlstand zu sichern." Der König wurde bald ruhiger und bat den Schüler: „Und nun berichte mir, was dein Meister mir ausrichten lässt." Der Jüngling antwortete: „Oh König! Mein Meister macht sich große Sorgen über ein schlimmes Unrecht, das aus reiner Dummheit begangen wurde. Das ist der Hauptgrund, warum er mich zu Euch gesandt hat."

Als *Parikshit* dies vernahm, war er äußerst beunruhigt und fragte: „Von welchem Unrecht sprichst du? Wer hat es begangen? Berichte – berichte mir alles!"

Fluch oder Segen?

Der Bote aus der Einsiedelei sprach: „Oh Herrscher, unser Lehrer hat einen Sohn. Dieser ist zwar noch jung an Jahren, aber seine spirituellen Fortschritte sind überwältigend. Er verehrt seinen Vater als seinen Gott, und sein vornehmstes Ziel ist es, ihm zu dienen und seinen Ruhm zu erhalten. Dieser Knabe heißt *Shringi*. Ihr habt die Einsiedelei besucht, und aus unerforschlichen Beweggründen habt Ihr *Shringis* Vater, der auch mein Lehrer ist, eine tote Schlange um den Hals gelegt. Einige Kinder haben es gesehen, und sie liefen zu *Shringi*, der gerade mit seinen Freunden spielte, und berichteten ihm alles. Zuerst glaubte er ihnen nicht und blieb in sein Spiel vertieft. Doch die Einsiedlerkinder beharrten auf ihrer Nachricht und verspotteten ihn, weil er fröhlich weiterspielte, da man doch seinen Vater so gröblich beleidigt habe. Auch seine Spielgenossen verlachten ihn wegen seiner Gleichgültigkeit. Da rannte *Shringi*, so schnell er konnte, in sein Haus und sah, dass sie die Wahrheit gesprochen hatten.

Als er sich umwandte, sah er Euch davongehen, und ohne jegliches Urteilsvermögen über das, was von bleibender Bedeutung ist und was vorübergehendem Interesse entspringt, von rasendem Zorn und Ärger getrieben, verlor der junge Bursche die Gewalt über sich und ... sprach einen Fluch über Euch aus. Das bereitet meinem Lehrer unendlichen Schmerz." Der König unterbrach ihn und fragte: „Oh Kind, sage mir, wie lautet der Fluch?" Der Jüngling entgegnete: „Herr, es fällt mir schwer, es Euch zu sagen. Meine Zunge weigert sich, es auszusprechen. Dennoch – ich muss es mitteilen, da mein Lehrer mich beauftragt hat, es zu tun. Der Sohn meines Lehrers schöpfte unverzüglich eine Handvoll Wasser aus dem heiligen *Kaushikā*-Fluss und sprach: ‚Heute in sieben Tagen soll der König von der Schlange *Takshaka* gebissen werden.' – Wahrlich, ein schrecklicher Fluch." Der Jüngling sprach nicht weiter, denn der Schmerz überwältigte ihn, und er brach in Tränen aus.

Der König aber lächelte nur. „Junger Einsiedler", sprach er, „ist das ein Fluch? Von *Takshaka* selbst gebissen zu werden, und das erst in sieben Tagen! Das ist kein Fluch, sondern ein außerordentliches Gnadengeschenk! Ein Segensspruch von den Lippen deines Lehrersohnes! Ich war derart in die Regierungsgeschäfte vertieft, dass ich die geistigen Bereiche und Gott, die wahren Lebensziele, vernachlässigt habe. Daher hat *Hari*, der gnädige Gott, die Zunge dieses Sehersohnes bewogen, jene Worte auszusprechen. Er hat mir noch sieben Tage bewilligt! Welch großer Segen! Es muss Gottes Wille sein, dass ich in diesen sieben Tagen jeden Augenblick in Kontemplation über Gott verbringe. Von dieser Sekunde an will ich Zeit und Gedanken unaufhörlich den Lotosfüßen des Herrn weihen. Junger Freund, was hat dein Lehrer dir noch aufgetragen, mir zu berichten? Sag es mir schnell; mein Herz verlangt danach, es zu hören!"

Der junge Bote sprach weiter: „Mein Lehrer fand, dass dieser Fluch einem unverzeihlichen Verrat gleichkommt, denn Ihr seid fest gegründet im *Dharma* und Gott treu ergeben. So überlegte er lange, ob sich nicht ein Mittel fände, um den Folgen des Fluches zu entgehen. Vermittels seiner als *Yogi* erworbenen Fähigkeiten erfuhr er jedoch, dass es Euch bestimmt ist, dass Euer Leben aufgrund eines Schlangenbisses endet. Es ist Euch aber auch bestimmt, im Tode zu Gott, dem Herrn, zu gelangen. Er fand, dass dies ein erstrebenswertes Ende sei und dass es Sünde sei, solch glorreiche Erfüllung zu verhindern. Daher sendet er Euch durch mich seinen Segen, auf dass Ihr zu Gott gelangen möget. Mein Auftrag ist nun erfüllt, und ich kann, mit Eurer Erlaubnis, gehen."

Parikshit fiel vor dem Jünger nieder und bat ihn, dem großen Heiligen *Shamīka* sowie seinem Sohn seine ehrerbietigen Dankbarkeitsbezeugungen zu übermitteln. Der Schüler ging und berichtete, in der Einsiedelei angelangt, dem Eremiten alles, was sich in der Hauptstadt zugetragen hatte.

Währenddessen begab sich der König bester Dinge in die inneren Gemächer und bat am Eingang des Frauengemaches, dass man ihm seinen Sohn, *Janamejaya*, bringen möge. Der Sohn, der den Ruf hörte, wollte gern wissen, warum er so plötzlich herbeigeholt wurde, und eilte seinem Vater entgegen. *Parikshit* befahl einen alten Brahmanen zu sich ins Gemach. Dann setzte er seinem Sohn die Krone, die noch auf dem Ruhebett lag, aufs Haupt und begab sich schnurstracks, mit nichts als den Kleidern, die er gerade auf dem Leibe trug, zum Ufer des Ganges, den neuen König in der Obhut des alten Priesters zurücklassend.

In Windeseile verbreitete sich die Neuigkeit im Palast und in der ganzen Stadt. Scharen von Männern und Frauen, Brahmanen und Ministern eilten dem König nach und protestierten aufs erbärmlichste – doch alles vergebens. Sie weinten, fielen vor ihm nieder und wälzten sich im Staube zu seinen Füßen – der König nahm keine Notiz und würdigte sie keiner Antwort. Mit dem Namen des Herrn im Sinn und dem Ziel der Selbstverwirklichung in seinen Gedanken schritt er eilends auf das Ufer des heiligen Ganges zu.

Da man bemerkt hatte, dass der König sich allein und ohne Diener zum Fluss aufgemacht hatte, brachte man den königlichen Elefanten, das königliche Ross und die Sänfte im Gänsemarsch hinterdrein, damit er wie gewohnt eines der Transportmittel besteigen könne, doch der König zollte dieser Aufdringlichkeit keine Beachtung. Das Volk wunderte sich, da es sah, dass sein Herrscher dem Essen und Trinken entsagte und ohne die geringste Unterbrechung nur immer den Namen Gottes wiederholte. Da niemand den Grund für diesen plötzlichen Entschluss zur Entsagung kannte, verbreiteten sich – entsprechend der Vorstellungskraft des jeweiligen Erfinders – die verschiedensten Gerüchte.

Einige Leute jedoch machten sich die Mühe nachzuforschen, was diesem Entschluss zum Verzicht vorangegangen war, und sie fanden heraus, dass der Jünger eines Eremiten mit einer wichtigen Nachricht gekommen war. Als man diesem Hinweis nachging, wurde bekannt, dass der König nur noch sieben Tage zu leben hatte. Das Volk versammelte sich am Flussufer, umringte den König in tiefer Trauer und betete für seine Sicherheit.

Die tragische Nachricht verbreitete sich so schnell, dass sie selbst bis in die Wälder drang. Auch die Asketen und *Sādhakas*, die Weisen und Heiligen zogen, ihre Wassergefäße mit sich tragend, zum Gangesufer. Die Stelle begann nun einem riesigen Festplatz zu gleichen. Die Umgebung hallte wider von der Rezitation des heiligen OM. Vedische Verse erklangen, und man sang im Chor das Lob des Herrn. Einige Gruppen aber beschimpften unverblümt den Sohn *Shamīkas*, der die ganze Tragödie verursacht hatte. In kürzester Zeit war jedenfalls das Ufer derart von Menschen überflutet, dass kein Sandkorn mehr dazwischen zu sehen war.

Inzwischen hatte ein alter Einsiedler, getrieben von Mitleid und Zuneigung, einen Weg zu dem Herrscher gefunden und sprach unter Tränen der Liebe zu ihm: „Oh König! Die Leute reden alles mögliche. Verschiedene Gerüchte gehen von Mund zu Mund. Ich bin zu dir gekommen, weil ich die Wahrheit wissen will – ich kann nur mühsam gehen. Ich liebe dich so sehr, dass ich die ganzen Geschichten, die über dich im Umlauf sind, nicht ertragen kann. Was ist wirklich geschehen? Was ist der Grund für diesen plötzlichen Opferakt? Welches Geheimnis steckt hinter dem Fluch, den ein Eremitensohn über solch eine hochentwickelte Seele wie dich verhängt hat? Erkläre es uns! Befriedige unser Verlangen nach Wahrheit. Ich kann nicht tatenlos zusehen, wie das Volk leidet. Du warst den Leuten wie ein Vater, und nun beachtest du ihre Bitten nicht mehr. Du hast alle Bindungen aufgegeben und bist hierhergekommen. Sage ihnen doch wenigstens ein paar tröstende Worte. Da du hier stumm und hungrig am Flussufer sitzest und dich strenger Bußübung hingibst, leiden deine Königinnen und Minister wie Fische auf dem Trockenen. Wer war der Jüngling, dessen Worte dieses schreckliche Unwetter herbeiführten? Ist er wirklich ein Eremitensohn, oder ist das nur ein Vorwand? Mir ist dies alles ein großes Rätsel."

Der König hörte auf diese Worte, die in Liebe und Gleichmut gesprochen wurden. Er öffnete die Augen und fiel vor dem Weisen nieder. „Meister", rief er, „*Mahātma*! Was sollte ich vor dir verbergen? Es kann nicht verborgen bleiben, selbst wenn ich es wollte: Ich war im Walde, um zu jagen. Wir spürten viel Wild auf, doch sprengte es auseinander. Die wenigen Bogenschützen, die ich bei mir hatte, wurden auch versprengt, als wir den Tieren nachsetzten. Ich fand mich allein auf der Fährte des Wildes und war weit von meinen Leuten entfernt. Ich konnte kein Wild erlegen, litt Hunger und Durst, und die sengende Hitze erschöpfte mich. Endlich entdeckte ich eine Einsiedelei und ging hinein. Später erfuhr ich, dass es das Haus des *Rishi Shamīka* war. Ich rief mehrmals, um herauszufinden, ob jemand zuhause war. Ich erhielt keine Antwort, und niemand ließ sich blicken. Ich trat ein und fand einen Einsiedler, der in tiefer Meditation versunken dasaß. Als ich das Haus verlassen wollte, fühlte ich etwas unter meinem Fuss. Ich hob es auf und sah, dass es eine tote Schlange war. Als meine Augen diese erblickten, kam mir ein hässlicher Gedanke, und ich legte dem Meditierenden die Schlange um den Hals. Der Sohn des Einsiedlers erfuhr irgendwie davon und konnte die Schmach nicht ertragen. Er fluchte: ‚Möge diese Schlange um den Hals meines Vaters die Gestalt *Takshakas* annehmen und heute in sieben Tagen das Leben des Frevlers beenden, der meinen Vater derart beleidigt hat.'

131

Aus der Einsiedelei sandte man mir Kunde von diesem Fluch und seinen Folgen. Ich bin mir der Sünde, die ich begangen habe, bewusst und denke, dass ein König, der eine solche Sünde begeht, keinen Platz im Königreich hat. Darum habe ich alles aufgegeben und jegliche Bindung gelöst. Ich habe beschlossen, diese sieben Tage der unaufhörlichen Kontemplation über Gottes Glanz und Größe zu weihen und betrachte es als großes Glück, dass mir diese Gelegenheit gegeben wurde. Darum bin ich hier."

Da nun die Edelleute, Höflinge, Prinzen, Königinnen, Minister, Einsiedler und alle anderen, die um ihn versammelt waren, die Wahrheit erfuhren, vergaßen sie alle Mutmaßungen und Gerüchte und beteten laut, dass der Fluch seinen schrecklichen Stachel verlieren möge.

Shuka erscheint

Einige Asketen, die die Geschichte des Fluches aus des Königs Mund vernommen hatten, erzürnten sich dermaßen über *Shamīkas* Sohn, dass sie ihn zum Schwindler erklärten, nicht wert, Kind eines *Rishi* genannt zu werden. Der Sohn eines Sehers vom Format *Shamīkas* würde doch niemals einen so verheerenden Fluch aufgrund eines so nichtigen Fehltrittes aussprechen. Sie meinten, er müsse ein ungebildeter Dummkopf oder ein Schwachsinniger sein, und fragten sich, ob ein Fluch, der von so jemandem ausgesprochen wird, überhaupt wirksam sei. Sie beteuerten, dass dem König aufgrund eines solchen Fluches kein Leid geschehen könne, und versuchten, ihn zu überzeugen, dass er sich diesbezüglich keine Sorgen zu machen brauche.

Viele schlossen sich dieser Meinung an und brachten vor, dass der König keinen Grund habe, den Fluch ernst zu nehmen. Der König aber ließ sich nicht beeinflussen. Er antwortete ihnen mit gefalteten Händen: „Aus Freundlichkeit und Mitleid mit mir sprecht ihr so. Ich aber weiß, dass das Unrecht, das ich begangen habe, nicht leicht und geringfügig ist. Gibt es denn eine schlimmere Sünde, als diejenigen zu beleidigen, die Verehrung verdienen? Darüber hinaus bin ich ihr König und somit verantwortlich für ihr Wohlergehen und die Erhaltung ihrer Ehre. Wie kann man meine Tat als gering und unbedeutend abtun? Und außerdem: Wenn ihr es gründlich betrachtet, ist der Fluch, den der Knabe ausgesprochen hat, überhaupt kein Fluch, sondern ein außerordentlich großes Gnadengeschenk. Ich war nämlich im Sündenpfuhl namens Königreich versunken. Ich machte mir vor, dass einzig das Vergnügen Zweck und Ziel des Lebens sei. Das Leben, das ich führte, war das eines Tieres. Gott und meine Pflichten vor ihm hatte ich vergessen. Nun hat Gott selbst mich durch dieses Mittel wieder auf den rechten Weg geführt. Gott hat mich gesegnet. Dies ist eine Gnade, und nicht, wie ihr denkt, eine Strafe für vergangene Untaten."

Dem König kamen bei seiner Rede Tränen der Freude und Dankbarkeit; er war offensichtlich von tiefster Aufrichtigkeit und Hingabe bewegt. Seine Gefühle legte er in ruhiger und unerschütterlicher Zufriedenheit dar. Die Asketen und die Untertanen, die ihn umringten, staunten über seinen Gleichmut. Sie wussten, dass seine Erklärung der Wahrheit entsprach.

Nun erhob sich der alte Asket, wandte sich an das klagende Volk und sprach vor der ganzen Versammlung: „Bester aller Könige! Deine Worte fallen wie Sonnenstrahlen in die Herzen der Asketen. Sie sind deiner Abstammung und Erziehung würdig, denn du bist von Geburt ein *Pāndava*. Nicht ein einziges Mal sind die *Pāndavas* in Unrecht oder Sünde abgeglitten. Immer hielten sie fest an *Haris* Lotosfüßen; standhaft hielten sie sich an die Gebote des Herrn. Als der Herr in sein ewiges Reich zurückkehrte, da gaben sie in unmittelbarem Verzicht ihr Königreich auf und gingen nach Norden. Auch du folgst heute diesem heiligen Pfad, da du zu diesem großen Geschlecht gehörst, welches das Erbe dieser Lebensweise trägt."

Darauf bat der König mit anbetend gefalteten Händen: „Bester aller Asketen! Mir bleibt nur eine Ungewissheit; bitte helft mir, sie zu vertreiben und meine Tage zum lohnenden Ende zu führen." „Sage mir, worum es sich handelt", antwortete der Asket. Der König bat, man möge ihn unterrichten, welche die beste Vorgehensweise sei für jemanden, der kurz vor dem Tod steht. Da erhob sich ein Weiser und sagte, dass man, so die Zeit es erlaube, *Yajnas* oder *Yāgas* vollziehen könne. Man könne sich auch mit der ständigen Wiederholung von Gottes Namen beschäftigen oder aber sich dem *Tapas* widmen, Werke der Mildtätigkeit verrichten, auf Pilgerfahrt gehen, fasten oder auch rituelle Gottesanbetung ausüben. Ein anderer meinte, dass Befreiung nur durch Wissen *(jnāna)* erlangt werden könne: „Einzig durch Wissen kann Freiheit gewonnen werden (jnānad eva tu kaivalyam)." Ein dritter erwähnte die äußerst wichtige Bedeutung heiliger Handlungen, wie sie die Veden und *Shastras* vorschreiben: „Einzig Geschick im Handeln bringt Vollkommenheit und Glück (karmanyaiva hi samsiddhi)." Und wieder andere brachten vor, dass die beste Weise, die verbleibende Woche zu nutzen, darin bestehe, Hingabe an Gott zu entwickeln: „Einzig durch Hingabe wird der Herr erobert (bhaktirvasah purushah)." Im Durcheinander dieser gegensätzlichen Ansichten suchte der König den wahren Weg, und die Beharrlichkeit, mit der er versuchte, eine richtige Antwort auf seine Fragestellung zu erhalten, ließ die Asketen verstummen.

Währenddessen schritt durch die Versammlung der bejahrten Heiligen ein jugendlicher Asket mit außergewöhnlich strahlendem Angesicht, eine Persönlichkeit von anziehendem Glanz. Wie ein plötzlicher Lichtstrom glitt er auf den König zu, und als er vor ihm stand, setzte er sich auf einer kleinen Bodenerhebung nieder. Die Zuschauer staunten über diese plötzliche Erscheinung, und so manchen packte die Neugier über die Herkunft dieses Jünglings. Nach seinem Äußeren zu urteilen war er der Sohn eines Asketen. Sein Auftreten aber, seine Haltung und seine Persönlichkeit wiesen ihn als einen Meister aus. Er war noch sehr jung an Jahren, aber eine Aura göttlichen Glanzes umfloss ihn.

Bald schon erkannte ihn ein weiser alter Asket, der sich ihm ehrfürchtig mit gefalteten Händen näherte. „Wahrhaftig", rief er, „wir sind alle gesegnet! Dieser göttliche Lichtstrahl ist niemand anders als *Shrī Shuka*, der edle Spross des göttlichen *Vyāsa*." Nachdem der Weise so den Fremdling der Versammlung vorgestellt hatte, fuhr er fort: „Von Geburt an ist dieser Jüngling frei von jeglicher Bindung. Er ist ein Meister allen Wissens." Tränen der Freude und Dankbarkeit kamen dem König, als er diese Worte vernahm. Er erhob sich so leicht und freudig wie ein Papierdrachen, der in die Lüfte steigt, und fiel dem Jüngling zu Füßen. Als er sich wieder erhob, blieb er mit anbetend gefalteten Händen, völlig in Seligkeit versunken, still und stumm wie eine Säule stehen. In dem Jüngling, der vor ihm saß, sah er *Krishna* selbst. *Shukas* Glanz war schier zu strahlend für seine Augen. Sein Zauber erschien dem König gleich dem des Liebesgottes selbst. Die schwarzen Haarlocken umgaben das lichte, schmale Antlitz wie die schwarze Haube den Kopf der Kobra *Ananta*. Wie Sterne zwischen dunklen Wolken sandten seine außergewöhnlich klaren Augen kühlen

Glanz aus. Das Lächeln von seinen Lippen schien Freudenfünkchen zu sprühen.

Der König näherte sich *Shuka* langsamen Schrittes. Mit brüchiger, unsicherer Stimme, die vor tiefer Gefühlsbewegung bebte, sprach er: „Meister! Meine Kraft reicht nicht aus, das Ausmaß deiner Gnade zu beschreiben. Jede deiner Handlungen zielt auf das Wohl der Welt ab. Wahrlich, es ist ein großes Glück, dass mir dein Anblick heute so ohne weiteres gewährt wird, denn ich weiß, dass diese Gnade nur durch langwieriges und beharrliches Bemühen erworben werden kann. Wie sehr bin ich vom Glück gesegnet! Das ist gewiss den Verdiensten meiner Großeltern zuzuschreiben." Der König war überwältigt von dankbarer Freude über *Shukas* Anwesenheit. Unter Freudentränen stand er vor dem Heiligen.

Ein Lächeln umspielte *Shukas* Lippen, als er den König einlud, an seiner Seite Platz zu nehmen. „Oh König!", sprach er. „Du bist zweifellos fest gegründet in guter Lebensführung. Du hast stets den Dienst an den Guten und Frommen im Auge. Dein verdienstvolles Leben hat heute diese große Versammlung von Heiligen und Weisen zu dir geführt. Andernfalls hätten diese Asketen kaum ihre tägliche spirituelle Disziplin außer acht gelassen, um hierher zu kommen und für dich und die Verwirklichung deines höchsten Zieles zu beten. Das ist kein Wohltätigkeitsakt! Du hast dir diesen Verdienst durch viele gut und tugendhaft geführte Leben erworben."

Der König betrachtete hingebungsvoll und bewundernd *Shukas* Angesicht, während dieser zu ihm sprach. Mit einem Male erhob er sein Haupt und sprach den jungen Heiligen an: „Oh Herr! Mich quält eine Ungewissheit. Bitte beseitige sie und bring meinem Herzen Frieden. Ich hatte meinen Zweifel dieser Versammlung dargelegt, bevor du kamst. Ich weiß, dass du ihn im Handumdrehen auflösen kannst. Für dich muss es ein Kinderspiel sein." *Shuka* unterbrach ihn mit den Worten: „*Parikshit*! Ich bin ja gerade deshalb zu dir gekommen, um dir deine quälende Ungewissheit zu nehmen. Sage mir, was dein Gemüt bewegt, ich will dich zufriedenstellen und deinen Zweifel lösen." Da riefen die versammelten Weisen: „Welch großes Glück! Welch ein Segen!", und sie klatschten vor Freude so laut in die Hände, dass ihr Beifall bis in den Himmel emporstieg.

Der König sprach demütig und mit bangendem Herzen: „Oh Herr! Was sollte jemand tun, der weiß, dass sein Ende kurz bevorsteht? Worauf sollte er seinen Geist richten? Nach dem Tode sollte er nicht wiedergeboren werden. Wenn das sein Wunsch ist, wie sollte er dann seine letzten Tage verbringen? Diese Frage quält mich zur Zeit. Was ist meine höchste Pflicht?" So bat der König wiederholt um Führung.

Shuka antwortete: „Oh König! Ziehe deinen Geist von weltlichen Gedanken zurück und richte ihn fest auf *Hari*, den Herrn, der alle Herzen betört. Ich will dich in der Weisheit des Göttlichen, im *Bhagavattattva*, unterrichten. Höre mit ganzem Herzen zu; es gibt keine heiligere Betätigung als diese. Keine spirituelle Übung oder Disziplin, kein Gelübde könnte größer sein. Der menschliche Körper ist ein treffliches Boot; die Geschichte *Haris* ist das Steuerruder. Die Welt der Veränderungen, dieses ständige Fließen, dieser *Samsāra*, ist der Ozean und *Hari* selbst der Steuermann! Diese heilige Ausrüstung steht dir heute zur Verfügung.

Die Frage, die du gestellt hast, betrifft nicht nur eine einzelne Person – sie geht die ganze Welt an; die ganze Welt sucht nach der Lösung. Von allen Fragen ist diese die allerwichtigste, und man sollte ihr unbedingt nachgehen. Das *Atman*-Prinzip ist das Allheilmittel für alle Krankheiten. Das ist die höchste Wahrheit, und niemand kann sich ihr entziehen. Es ist die Pflicht aller Lebewesen, dass sie sich in ihren letzten Tagen in diesem Glauben festigen. Auf dieser Grundlage wird der Zustand des nächsten Lebens bestimmt. Deine Frage und der von dir vorgebrachte Zweifel sind daher von größter Bedeutung für das Wohlergehen der ganzen Welt. Die Antwort gilt nicht nur dir allein. Höre!"

Die bezaubernde Geschichte

Und so begann *Shukadeva* seine bedeutsame Botschaft an den König: „*Mahārāja*! *Bhāgavata* ist ein großer Baum, der wahrlich ehrfurchteinflößend ist. In ihm vereinigen sich alle nur erdenklichen Quellen des Glücks und der Freude. *Shrī Nārāyana*, der Herr, ist der Same, aus dem dieser Baum gewachsen ist. Der Spross ist *Brahma*, der Schöpfergott. Der Stamm des Baumes ist *Nārada*, der himmlische Sänger und *Rishi Vyāsa* bildet die Zweige. Seine köstliche Frucht aber ist die süße unsterbliche Geschichte von *Krishna*. Die ernsthaften Wahrheitssucher, die sich nach diesem Unsterblichkeitstrank sehnen und sich abmühen, ohne auf Bequemlichkeit des Körpers und die Jahre, die sie einsetzen, zu achten, bis sie diese Frucht erworben und ihre Essenz eingesogen haben – diese sind die wahrhaft Heiligen und *Yogis*.

Oh ihr Asketen und Weisen! Heute will ich euch das *Bhāgavata-Shastra* mitteilen, die bezaubernde Geschichte von *Krishna*! Hütet sie wie einen Schatz in eurem Gedächtnis und rettet euch aus Täuschung und Schmerz. Der Rezitation sämtlicher *Shastras* habt ihr schon gelauscht und auch alle Arten des *Sādhana* gemeistert. Aber das Großartigste habt ihr noch nicht kennengelernt. Ich will euch nun den heiligen Namen *Krishnas* geben und die Süßigkeit, die ihm entspringt. Er ist der lieblichste aller erdenklichen Namen. Wenn er dem Ohr erklingt, so wird das Herz von Freude erfüllt. Wenn man sich des Namens erinnert, entquillt dem Herzen ein Strom der Liebe. Das *Bhāgavatam* entfacht und fördert tiefe Hingabe zu *Krishna*, dem Herrn.

Das universelle Absolute, das Ungeborene, Gestaltlose, Unmanifeste, Unendliche nahm die Begrenzungen von Form und Namen an, manifestierte sich vielfach als *Avatar* und offenbarte zahllose Beispiele göttlichen Eingreifens und göttlicher Gnade. Hierdurch wie auch durch die von ihm angenommenen Eigenschaften und die durch ihn verbreiteten Ideen rettete Gott die Menschheit vor dem Untergang. Wer lobpreisend diese Geschichte singt und wer diesem Gesang begierig lauscht, wer die darin enthaltenen Lehren in sich aufnimmt und sie verarbeitet – das sind die wahren *Bhaktas*. Sie sind die *Bhāgavatas*, die Gotterfüllten, die dem im *Bhāgavatapurāna* aufgezeigten Wege folgen. *Bhāgavata* verbindet den *Bhakta* mit *Bhagavān* – den Gottergebenen mit Gott. Dieses Lied vom erhabenen Sein füllt dich mit Gott und verwandelt dich zum Gottsein.

Gott verkörpert sich nicht nur, um die Bösen zu vernichten – das ist nur ein Vorwand, einer der augenfälligen Gründe. Genaugenommen verkörpert Gott sich um seiner Ergebenen willen. Die Kuh gibt ihre Milch vornehmlich als Nahrung für ihr Kalb. Doch auch der Mensch nutzt sie, um sich gesund und leistungsfähig zu erhalten. Ebenso verkörpert Gott sich hauptsächlich zur Erhaltung und Unterstützung der treuen Gläubigen, der Hingebungsvollen, Tugendhaften und Guten. Aber auch die Ungläubigen und Schlechten nutzen die Gelegenheit für ihre Zwecke. Daher tauchen im *Bhāgavatam* mitten unter dem Lobpreis Gottes und den Berichten von seiner Gnade Geschichten über solche bösen Menschen auf. Doch dadurch wird das *Bhāgavatam* nicht weniger heilig. Hat man den süßen Saft aus dem Zuckerrohr gequetscht, so wirft man die übriggebliebenen Fasern fort. Hat man die Süße des göttlichen erhabenen Seins gekostet, so kann man auch hier das Unbrauchbare entfernen. Im Zuckerrohr befinden sich sowohl ungenießbare Fasern als auch süßer Saft; es kann nicht nur aus reinem Zucker bestehen. Ebenso müssen die Gottergebenen unter Ungläubigen leben; ohne die anderen können sie nicht sein.

Gott ist nicht an Raum und Zeit gebunden. Für ihn sind alle Lebewesen gleich. Er ist Herr über alles Lebendige wie über das Leblose. Am Ende jedes Zeitalters vollendet sich die Involution in der großen Sintflut. Dann beginnt wieder eine Evolution, und als *Brahma* erschafft Gott wieder neue Wesen. Er erleuchtet jeden einzelnen mit einem Funken von seinem eigenen Glanz und hegt und pflegt als *Vishnu* jedes Lebewesen auf dem Wege der Erfüllung. Als *Shiva* beendet er wiederum den Prozess, indem er alles vernichtet. Man sieht also, dass seine Macht unbegrenzt und seine Kraft ohne Ende ist. Seinem Können und seinen Taten sind keine Grenzen gesetzt. Seine Möglichkeiten, sich zu verkörpern, sind unzählig. Er kommt als Verkörperung eines winzigen Teilchens, eines *Kalā*, seiner selbst oder als *Amsha-Avatāra*, der einen größeren Teil verkörpert. Er kann als innerer Antrieb für einen bestimmten Zweck kommen, und als *Yugāvatāra* kommt er, um eine Zeitepoche zum Abschluss zu bringen und eine neue einzuweihen. Das *Bhāgavatam* ist die Geschichte dieser Inkarnationen.

Das eine göttliche Prinzip wirkt durch drei Formen, als *Brahma*, *Vishnu* und *Shiva*, um den Vorgang des Werdens und Seins, *Srishti* genannt, zu steuern und zu vollenden. Diese drei sind im Grunde von gleichem Wesen. Keiner der drei ist größer oder geringer, wichtiger oder unwichtiger – alle drei sind gleich göttlich. Verbunden mit dem Erschaffen ist Gott *Brahma*, mit Schutz und Erhaltung verbunden ist er *Vishnu*, mit Auflösung verbunden ist er *Shiva*. Kommt er herab und nimmt bei besonderen Gelegenheiten für einen bestimmten Zweck eine bestimmte Gestalt an, bezeichnet man ihn als *Avatar*. In Wahrheit sind *Manu*, *Prajāpati* und andere Persönlichkeiten göttliche Gestalten, die von *Brahma* beauftragt sind, die Welt zu bevölkern. Alles geschieht im Einklang mit dem göttlichen Willen. So können wir behaupten, dass Heilige und Weise, Asketen und einfache Menschen – die guten wie die schlechten – allesamt *Avatare* des *Vishnu*-Wesens sind. *Avatare* sind so zahllos wie die Lebewesen, denn jeder ist aus dem göttlichen Willen geboren. Doch einzig die Geschichte des *Yugāvatāra* ist es wert, genau studiert zu werden, denn sein

Kommen ist auf die Wiederherstellung von *Dharma* und sittlichem Leben gerichtet. Die Geschichte aller anderen ist nichts als eine Geschichte der Not und der Verzweiflung.

Brahma beauftragte *Manu*, sich auf die Erde zu begeben und dort Lebewesen zu erschaffen. *Devī*, das weibliche Prinzip, ließ sich nicht von ihm fassen und brachte die Erde in die niederen Regionen. Nun musste *Brahma Vishnu* um Hilfe bitten. *Vishnu* nahm die Gestalt eines Ebers an, welcher die Erde aus den niederen Regionen herauftrug und sie in die Gewässer legte. Später geschah es, dass die Erde so erzürnt über die Untaten des Königs *Vena* war, dass sie alle ausgesäte Saat in sich behielt und ihr nicht erlaubte zu sprießen. Alle Lebewesen litten Hungerqualen. Die Erde wurde zu einer Einöde aus kahlen Hügeln und Tälern ohne eine Spur von Grün. Da nahm der Herr die Gestalt von *Prithu* an. *Prithu* glättete die Erdoberfläche, gab dem Boden Fruchtbarkeit, führte den Ackerbau ein und förderte das Wohlergehen der Menschheit. Er hegte und pflegte die Erde wie sein eigenes Kind, und daher wird die Erde *Prithivī* genannt. Es ist überliefert, dass *Prithu* die ersten Städte auf Erden erbaut hat.

Das heißt, es war der Wille des Herrn, dass es so geschehen sollte. Dieser Wille muss geschehen. Der Herr brachte die Veden hervor zur Erhaltung der Menschheit durch sittliche Lebensführung und spirituelle Übung. Die Veden enthalten göttliche Namen, welche die Lebewesen befreien können, sowie Regeln und Vorschriften zur Führung der Menschen. Als die *Āsuras*, die Übelgesinnten, die Veden zu stehlen drohten, da versteckten sich diese in den Wassern, und der Herr nahm die Gestalt eines Fisches an, um sie wiederzubringen. Aus denselben Wassern errettete er die sieben *Rishis* und *Manu*. Darum, so heißt es, nahm der Herr die Gestalt des Fisch-Avatars an.

Oh ihr Asketen! Oh König *Parikshit*! Es mögen euch wohl Zweifel kommen, wenn ihr diese Schöpfungsgeschichte und die frühe Geschichte der Menschheit auf Erden vernehmt. Die Vorgänge des göttlichen Willens sind geheimnisvolle Wunder. Sie können nicht auf die gleiche Weise ermessen und verstanden werden, wie ihr irdische Geschehnisse erfasst. Oft könnte es euch scheinen, als entbehrten sie jeder Grundlage; Gott, der Herr, aber wird sich nie ohne besonderen Grund mit einer Handlung befassen. Dieser Wille braucht nicht erklärbar und deutbar zu sein, er ist sein eigener Urheber. Alles – überall, beruht auf seinem Willen.

Um die Schöpfung in Gang zu bringen, ist eine Anziehungskraft nötig, die als Antrieb funktioniert. Daher musste *Brahma* sich in Körper und Aktivität zweiteilen. Der eine Körper wurde in zwei umgewandelt, und wo vorher nur ein Wille gewesen war, erschienen nun zwei: einer, der Anziehungskraft ausübte, und der andere, der zur Schöpfung hingezogen wurde – das Weibliche und das Männliche. Da das eine auf hundert verschiedene Weisen anziehend wirkte, wurde es *Shatarūpa* – hundertgestaltig – genannt. Ein anderer Name dafür war *Brahmāpriya* – das von *Brahma* Geliebte. Das andere erhielt den Namen *Manu*. Diese zwei wurden im ersten Stadium der Schöpfung bekannt und berühmt. *Shatarūpa* und *Manu* waren die ersten Ahnen und Erzeuger."

Das Zwiegespräch beginnt

„*Shatarūpa* und *Manu* wandten sich an *Brahma*, den Schöpfergott, und erkundigten sich, was sie auszuführen hätten. Lächelnd antwortete *Brahma*: ‚Seid Gatte und Gattin, zeugt gemeinsam und bevölkert die Erde.' Durch diesen Befehl ermächtigt, bevölkerten sie die Erde mit Menschen."

Hier wandte der König ein: „Meister! Ich habe aus eigener Erfahrung gelernt, dass der Ursprung allen Leides in der Welt im Wahn, in der Verblendung begründet ist. Mich verlangt es nicht danach, etwas über diese Angelegenheiten zu hören. Bitte berichte mir, wie man Verblendung, Täuschung und Bindung überwindet. Was genau soll der Mensch in diesen letzten Tagen tun? Welchen Namen soll er ständig im Sinn haben, damit er diesem Kreislauf von Geburt und Tod auf immer entgeht? Berichte mir doch darüber!", bat er.

Shuka war hocherfreut über diesen Einwurf und entgegnete: „Oh König, du bist eine fromme Seele. Den Weisen dienst du hingebungsvoll. Diese große Versammlung von Mönchen, Asketen und Weisen ist ein Beweis deiner verdienstvollen Taten, denn für gewöhnlich kommen sie nirgendwo zu einer Versammlung zusammen." Der König unterbrach ihn abwehrend: „Nein, nein, oh Herr! Ich bin ein großer Sünder und finde nicht die geringste Spur spirituellen Fortschritts in mir. Stünde mir auch nur das winzigste Verdienst zu und hätte ich wirklich den Weisen fromm gedient, dann wäre ich nicht zur Zielscheibe eines Brahmanenfluchs geworden. Das große Glück, dessen ich mich nun erfreuen darf, nämlich die Gesellschaft dieser großen Weisen zu genießen und deinen Füßen huldigen zu dürfen – das ist die Folge der verdienstvollen Taten meiner Vorfahren. Ich weiß sehr wohl, dass meine Unternehmungen nichts dazu beigetragen haben. Die Gnade, mit der der herrliche, der dunkelhäutige Herr *(shyāmasundara)* meine Großeltern bedacht hat, ist die Ursache. Wie könnten sonst Menschen wie ich – hinabgesunken in den Brunnen des *Samsāra*, verloren in der eitlen Suche nach Sinnesfreuden, der ich keinen Augenblick auf die Kontemplation des Wahren, Ewigen und Reinen verwendet habe – jemals hoffen, dich in greifbarer Gestalt vor uns zu sehen, der du stets unerkannt, fern von den Menschen, in den stillen Tiefen der Wälder umherziehst? Wahrhaftig, dies ist ein unerreichbar großes Glück. All dies verdanke ich einzig und allein dem Segen meiner Großeltern und der Gnade *Shyāmasundaras*. Du hegst große Zuneigung zu mir und schreibst daher alles meinen Verdiensten zu. Ich weiß aber nur zu gut um meine Unzulänglichkeiten!

Bitte gönne mir weiterhin diese Zuneigung und hilf mir zu entscheiden, was jemand, dem der Tod bevorsteht, lassen sollte und was er dagegen aufnehmen und üben sollte. Berate mich in dieser Hinsicht und gib so meinen letzten Tagen einen Sinn. Du allein kannst mir die Lösung bringen. Erzähle mir, wie versprochen, das *Bhāgavatam*. Du sagtest, dass es die Grundlage ist für Fortschritt und Befreiung, dass es Sünden zunichte macht und Wohlergehen zur Folge hat. Lass mich den heiligen Nektar von *Krishnas* Namen trinken, der mich in dieser Fieberhitze erquicken wird!"

Shuka lächelte den König an und sprach: „Das *Bhāgavatam* ist verehrungswürdig wie die Veden, ebenso wert, studiert und beachtet zu werden. Am Ende des *Dvāparayuga* habe ich auf dem *Gandhamādana*-Berg, in der Einsiedelei meines Vaters *Vyāsa*, diesem heiligen Text gelauscht. Denselben will ich dir nun aufsagen, höre!"

Da fragte der König mit flehend gefalteten Händen: „Oh du unvergleichlicher Weiser! Ich habe gehört, dass du von Geburt an ein Asket und völlig frei von allen Bindungen warst. Selbst ohne die üblichen zeremoniellen Riten, die den Intellekt reinigen und erhellen – wie *Jātakarman*, *Nāmakarana* und *Upanayana* – warst du dir des wahren Seins voll bewusst. Im Bewusstsein dieser Wahrheit zogst du darum fernab von allen Menschen durch die Wälder – so habe ich vernommen. Es überrascht mich daher, dass es dein Herz zu dieser Schrift hinzog, von der du sagst, dass sie randvoll von Hingabe ist. Was hat dich bewogen, diesen Weg einzuschlagen? Willst du mir, ich bitte dich darum, Näheres darüber erzählen?"

Ruhig und gelassen begann *Shuka* seine Erklärung: „Ja, es ist wahr, ich bin jenseits aller Vorschriften und Begrenzungen. Ich bin ständig verschmolzen mit dem Eigenschaftslosen *(nirgunabrahman)*. Dies ist die Wahrheit über mich. Dennoch muss ich sagen, dass in Gott eine unaussprechliche Anmut und Süße liegt, die dich anzieht, und dass die spielerischen Taten und Eigenschaften des Herrn dich gefangennehmen. Ich muss auch gestehen, dass ich der Beschreibung der Schönheit und Süße des Herrn gern gelauscht habe. Es entzückte mein Gemüt, von Gottes Herrlichkeit zu hören und zu lesen, wodurch sich seine göttlichen Eigenschaften offenbarten. Es ließ mir keinen Frieden, ich jubelte wie ein Verrückter, verzückt von der Seligkeit, die Hören und Lesen mir bereiteten. Seine süßen Spiele und Streiche berauschten mich mit unendlichem Glücksgefühl. Heute bin ich hierhergekommen, weil ich erkannte, dass sich hier eine Gelegenheit bot, einer Gruppe eifriger Zuhörer davon zu berichten – Menschen, die in jeder Hinsicht verdienen, davon zu erfahren, und die die Bedeutung des Gehörten verstehen. Darum will ich dieses heilige *Bhāgavatam* dir und durch dich allen erzählen, die hier versammelt sind. Du trägst in dir das Verlangen und die nötigen Voraussetzungen, es zu hören, denn du hast beschlossen, das höchste Ziel des Menschen zu erlangen.

Jene, die diese Geschichte nicht nur hören, sondern mit ernsthafter Hingabe zuhören, über ihren Wert und ihre Bedeutung nachdenken und in dem Lichte, mit dem ihr Geist erfüllt wird, handeln, werden in die Seligkeit eingehen, deren Verkörperung *Vāsudeva*, der Herr, ist. Ihre Herzen werden erfüllt von *Krishnas* die Liebe weckendem, süßen Nektar, und sie erfahren *Advaitānanda* – die Glückseligkeit, ganz eins zu sein. Die höchste spirituelle Übung ist die Wiederholung des göttlichen Namens mit vollkommen wacher Aufmerksamkeit der Gedanken, Gefühle und des Ausdrucks (das wird *Manovākkāya* genannt) sowie das laute Singen seines Lobpreises. Es gibt keine bessere Übung für den Geist.

Oh König, verliere dich nicht in Befürchtungen, dass die Zeit nicht ausreichen könnte! Es braucht nicht viel Zeit, um die Gnade Gottes zu gewinnen. Die Strahlen der Gnade dieses Inbegriffs des Mitgefühls können von einem Augenblick zum anderen auf dich fallen. In diesen sieben Tagen will ich es dir ermöglichen, vom Leben vieler Menschen zu hören, die spirituelle Glückseligkeit erfuhren, und wie sie von *Vāsudeva,* dem Herrn aller Besitzgüter, mit spirituellem Fortschritt gesegnet wurden. Ich will dir erzählen, wie Menschen das Meer von Geburt und Tod überquert haben, indem sie Berichten über Fromme und Heilige lauschten und die Herrlichkeit Gottes besangen, die sich darin offenbart. Wir werden auch nicht einen einzigen Augenblick vergeuden. Dir ist bewusst, dass du nur noch sieben Tage zu leben hast. Gib daher jede Vorstellung von ‚mein' und ‚dein' auf, vergiss den Körper, in dem du lebst, und das Haus, in dem der Körper lebt. Richte deine ganze Aufmerksamkeit nur auf die Erzählung von *Mādhava,* dem Herrn des Universums. Trinke den süßen Nektar der Unsterblichkeit aus den Erzählungen über seine Erscheinungsformen. Es ist nicht ungewöhnlich, dass Geschichten in großen Versammlungen, vor Tausenden von Zuhörern, erzählt und gehört werden. *Jnāna* jedoch, allerhöchstes Wissen, kann man nur erlangen, wenn man in das Gehörte seinen ganzen Glauben setzt! Aus diesem Glauben muss ein gereinigter Geist, ein reines Herz hervorgehen.

Noch etwas, o König, will ich erwähnen. Zahlreich sind jene, die umherziehen und auf der Grundlage bloßer Gelehrsamkeit Vorträge halten über Moral und Spiritualität. Diese Menschen haben jedoch nicht die geringste Erfahrung in den Dingen, die sie predigen. An die Echtheit der verschiedenen Manifestationen der göttlichen Herrlichkeit, über die sie sich auslassen, glauben sie nicht. Solche Predigten sind so nutzlos wie Opferbutter, die man statt in die Flammen auf einen Haufen kalter Asche gießt. Sie werden den Geist nicht von Fehlern und Mängeln befreien.

In deinem Falle ist die Gefahr solcher Unwirksamkeit nicht gegeben. Dein Herz ist ja völlig eingetaucht in die Flut ununterbrochener Liebe zu *Shyāmasundara Krishna.* Wer dieser Erzählung lauscht und den darin enthaltenen Nektar aufnimmt mit einem Herzen, das überquillt vor göttlicher Sehnsucht, unerschütterlichem Glauben an Gott und ständiger Freude, der kann zur Selbsterkenntnis gelangen. Daran besteht kein Zweifel. Oh König! Diese Gelegenheit, dieser Text und dieser Zuhörer sind allesamt höchst geeignet und ausgezeichnet.

Wahrlich, du bist gesegnet!", sagte *Shuka,* legte dem König segnend die Hand aufs Haupt und streichelte seine dichten Locken. Der König bat demütigst: „Meister! Du weißt nur zu gut, dass ich nur noch wenig Zeit habe. Darum bitte ich dich, lass mir die höchste Führung zuteil werden, und ich will mich in diesen sieben Tagen darin festigen. Sage mir den heiligen Spruch, auf dass ich ihn in der kurzen Zeit, die mir noch bleibt, wiederholen kann, damit ich ihn frisch im Gedächtnis behalte und mich erlöse."

Der Weise lachte. „*Parikshit!*", sprach er. „Wer auf Sinnesfreuden versessen ist, verbringt seine Tage in Angst und Sorgen, in Schmerz, Trauer und Tränen – ein langes Leben lang. Solche Menschen pflanzen sich fort wie wilde Tiere, sie nehmen gutes Essen zu sich und werfen es fort als Stuhl und Urin. Solch sinn- und zielloses Leben führen die meisten Menschen. Kann man das als Fortschritt des Lebens bezeichnen? Auf Erden existieren ungeheure Mengen von Lebewesen. Leben ist aber noch nicht alles, es hat keinen Wert an und für sich. Was zählt, sind die Beweggründe, Gefühle, Gedanken und Verhaltensweisen, die das tägliche Leben bestimmen. Besitzt jemand göttliche Eigenschaften und äußert sie als Gedanken, Gefühle usw., dann ist er wahrhaft ein Lebender. Wenn jemand jedoch den Körper, seine heilige Hülle, entweiht, indem er ihn für unheilige Zwecke benutzt, die nur auf flüchtige Vergnügungen abzielen, und er somit die allwissende, allmächtige göttliche Vorsehung nicht beachtet, so muss man das als absichtliche Verleugnung der eigenen menschlichen Natur verurteilen. Nimm nun aber jemanden, der seinen Sinn fest auf die Lotosfüße *Haris* gerichtet hat; selbst wenn seine Lebensspanne nur kurz ist, so macht es nichts aus. Auch in dieser kurzen Zeit kann er sein Leben noch erfolgreich und segenbringend gestalten. Oh König, um dich von deinem Zweifel zu befreien, will ich dir die wundervolle Geschichte eines *Rājarshi*, eines königlichen *Rishi*, erzählen. Höre!

Einst lebte ein Herrscher aus der Sonnendynastie, der tapfer und verwegen war, ein Held auf dem Schlachtfeld, überströmend vor Mildtätigkeit, aufrechten Charakters und gerecht im Handeln. Sein Name war *Khatvānga*. Keiner war ihm gewachsen, niemand hätte sich getraut, ihn herauszufordern. Zu jener Zeit mobilisierten die dämonischen *Daityas* und *Dānavas* ihre Kräfte und rüsteten zum Krieg gegen die *Devas*. Die *Devas* fürchteten, überwältigt zu werden. Sie erkannten ihre Schwäche und begaben sich zur Erde, um König *Khatvāngas* Hilfe zu erbitten. Der König, der sich gerade nach einem Kampfabenteuer sehnte, ergriff Pfeil und Bogen, bestieg seinen Streitwagen und begab sich auf den Kriegsschauplatz. Der bloße Anblick seiner Heldenhaftigkeit ließ die Herzen der Dämonen erzittern. Der Feind floh in panischer Angst, unfähig, dem schrecklichen Angriff standzuhalten. Da es sich nicht ziemt, einem fliehenden Feinde nachzujagen, sah *Khatvānga* von weiteren Angriffen ab.

Die *Devas* waren froh, dass sie durch *Khatvāngas* rechtzeitiges Eingreifen den Sieg erringen konnten. Sie priesen seine Macht und Rechtschaffenheit. ‚Oh König', sagten sie, ‚es gibt gegenwärtig niemanden, der sich mit dir vergleichen könnte. Du hast uns in diesem tödlichen Kampf gegen die Mächte des Bösen zum Triumph verholfen. Wir möchten, dass du als Gegengabe von uns jedwede Hilfe annehmen mögest, die du brauchst und die wir dir geben können.' Der König entgegnete: ‚Ihr Götter! Ist es nicht so, dass die Menschen Euch zum Gefallen *Yajnas* und *Yāgas* durchführen? Was mich betrifft, so betrachte ich diese Schlacht, an der ich die Ehre hatte teilzunehmen, als Opfer. Was bräuchte ich noch von Euch, außer dieser Gnade, die Ihr mir bereits erwiesen habt? Sie ist mir Belohnung genug.' Mit dieser Erklärung fiel er zu Füßen der Götter nieder.

Die Götter waren mit seiner Antwort nicht zufrieden und nötigten ihn, sich irgendein Geschenk, eine Gnade, von ihnen zu erbitten. Obwohl ihm gar nicht danach zumute war, um etwas zu bitten, fühlte er sich gezwungen, irgendeinen Wunsch zu formulieren, da er merkte, dass sie keine Ruhe geben würden. Schließlich sprach er: ‚Ihr Götter! Offenbart mir, wieviele Jahre ich noch zu leben habe. Erst dann weiß ich, was ich von Euch erbitten soll.' *Indra*, der allwissende König der *Devas*, der auch als *Purandara*, der Eroberer der Städte, bekannt ist, antwortete ohne Zögern: ‚Oh König, deine Lebenszeit ist beinahe um. Dir steht nur noch die kurze Zeitspanne eines *Muhūrta* zur Verfügung.' Als *Khatvānga* dies vernommen hatte, sprach er: ‚Ich brauche nichts zu erbitten. Ich brauche nichts. Ich finde, dass alle Vergnügungen dieser wie jener Welt nichtig sind und aufgegeben werden sollten. Ich will mich nicht wieder in den Sumpf der Sinnesfreuden begeben. Gewährt mir die Gnade, dass ich die erhabene Gegenwart des Herrn erlange, zu der alles Leben strebt und von wo es keine Wiederkehr gibt.' Dann setzte er sich nieder und wiederholte mit geschlossenen Augen den Namen Gottes, und am Ende der besagten Zeitspanne erreichte er *Haris* Lotosfüße!

Siehe, wie er in wenigen Augenblicken seinen Geist von aller Bindung an materielle Freuden befreite! Auf diese Weise konnte *Khatvānga* die Lotosfüße des Herrn erreichen, wo keine Furcht sich hinwagt. Dir bleiben sieben volle Tage – er hatte nur ein paar Minuten. Du hast also keinen Grund zur Sorge. Reinige in diesen Tagen dein inneres Bewusstsein, indem du aufmerksam der besten und heiligsten Erzählung über die Manifestation Gottes zuhörst."

Im Gedenken dieser allerhöchsten Segnung, die der gottergebene *Khatvānga* erlangt hatte, kamen *Parikshit* die Freudentränen, und er rief: „Meister! Unterrichte mich! Sage mir, was ich nun tun muss. Ich kann meine Sehnsucht nicht in Worte fassen. Mein Herz fließt über vor Glück!" Nach diesen Worten verstummte er.

Shuka riet ihm: „Oh König, wappne dich mit dem Schwert der Entsagung. Zerstückele die trügerische Liebe zum Körper. Gib das ‚Mein'-Gefühl auf, das dich an Verwandte und Freunde schmiedet. Bleibe felsenfest am Ufer dieses heiligen Flusses sitzen."

Da *Shuka* nun seine Erzählung beginnen wollte, schien *Parikshit* noch ein Anliegen zu haben, und *Shuka* sprach: „Dich scheint noch irgend etwas zu verwirren. Stelle deine Frage, und lass mich den Zweifel aus deinem Sinn vertreiben." Sofort begann der König: „Meister, du bist wahrlich ein Meer des Mitgefühls. Deine Worte kommen zu mir wie ein herrliches Mahl zu einem Verhungernden und spenden meinem lodernden Herzen kühlenden Trost. Verehrter Lehrer, vorhin hast du über die Anfänge der Schöpfung berichtet. Ich habe das nicht klar verstanden. Warum hat das eigenschaftslose *Parabrahman*, welches das Formlose, Innewohnende, Transzendente ist, Form und Eigenschaften angenommen? Bitte erzähle mir mehr darüber." Mit erwartungsvoller Miene bat der König inständig und aufrichtig und wartete begierig und aufmerksam darauf, zu hören und zu lernen.

Erscheinungsformen des erhabenen Herrn

Shukadeva setzte sich zurecht und begann: „Der allerhöchste, allesbeherrschende Gott manifestiert sich durch den Antrieb des Ur-Verlangens, durch *Moha*, als *Brahma*, *Vishnu* und *Maheshvara*. Er erschafft, erhält und vernichtet die Welten. In allem, was so erschaffen wird, liegt stets das Prinzip der Dualität. Zwischen dem einen und dem anderen gibt es immer Unterschiede und Ungleichheiten. Werden diese weise ausgeglichen, so erfährt die Welt Glück und Frieden. Wenn die Lebewesen sich jedoch falsch betragen, wird die Welt in Angst, Not und Verwirrung gestürzt. Wenn diese Situation aufkommt, nimmt der Herr jeweils die geeignete Gestalt an und greift schützend und regulierend ein. Er bringt die durcheinandergebrachte Welt wieder ins Lot, beseitigt die üblen Kräfte, die den Schaden verursacht haben, und unterrichtet die Menschheit in der Wissenschaft von der Pflege dessen, was recht und gut ist.

Gott hat die grenzenlose Freiheit, jedwede Form und Gestalt anzunehmen. Unzählige Formen nimmt er an, um sich in der Welt zu offenbaren und sie zu retten. Seine Inkarnation entspricht stets dem, was bei der jeweils drohenden Gefahr nötig ist. Als die Erde unter der Ungerechtigkeit des Dämonenkönigs *Hiranyāksha* stöhnte, musste der Herr als Eber erscheinen und Gestalt und Eigenschaften annehmen, obwohl er im Grunde gestalt- und eigenschaftslos ist. Der Wille Gottes ist geheimnisvoll. Er ist nicht in unsere gewohnten Kategorien einzuordnen und ist keine erklärbare Folge irgendwelcher Ursachen. Er steht über und jenseits menschlicher Vorstellungskraft und Beweisführung. Sein Wille kann nur von denen begriffen werden, die Gott erkannt haben, nicht aber von jenen, die sich bloße Gelehrsamkeit oder einen scharfen Intellekt erworben haben. Die Ursache und die Wirkung bedingen einander wechselseitig.

Eines Tages, da *Brahma* gerade auf seinem Thron ausruhte, entschlüpfte seiner Nase ein Eber, gerade so groß wie die Kuppe eines Daumens. *Brahma*, der in spielerischem Überschwang menschliche Gestalt angenommen hatte, wusste um Sinn und Zweck von allem. Er stellte sich jedoch unwissend und betrachtete erstaunt den winzigen Eber. Dieser nahm schnell und immer schneller an Größe zu, wurde so groß wie ein Frosch, dann wie eine Ratte, eine Katze, ein ungeheurer brünstiger Elefantenbulle. *Brahma* lächelte innerlich über diese Kapriolen. Schon bald war der Eber so groß geworden, dass er Erde und Himmel zu bedecken schien. Er glitt in die Gewässer hinab und kam daraus wieder hervor, die Göttin Erde, die sich, weil sie beleidigt worden war, unter den Wassern verborgen hatte, auf seinen Hauern in Sicherheit bringend.

Da erklang aus dem Hintergrund ein Schrei: ‚Du elendes Schwein! Wohin willst du fliehen? Bleib auf der Stelle stehen!' Der Eber achtete nicht darauf und lief weiter, als habe er nichts gehört. Da stellte *Hiranyāksha*, der übelgesinnte Anführer der Dämonen, sich ihm in Gestalt eines scheußlichen Ungeheuers in den Weg und forderte ihn heraus, seine Kräfte mit ihm zu messen. Die beiden traten zum Kampf auf Leben und Tod an. Die Göttin, die die fürchterlichen Hiebe und Stöße miterlebte, bebte vor Angst, der Eber tröstete sie jedoch und sprach: ‚Fürchte dich nicht, o Göttin! Ich werde diesem Ungeheuer sofort den Garaus machen. Auf der Stelle will ich dir Sicherheit und Frieden verschaffen.' Und schon nahm der Eber ein so schreckliches Aussehen an, dass die Göttin furchtbar erschrak. Der Eber fiel mit überwältigender Kraft über *Hiranyāksha* her, und die Göttin schloss vor Grauen die Augen, unfähig, den Anblick der verheerenden neuen Gestalt zu ertragen. Der Zweikampf tobte mit unbeschreiblicher Wut – doch schließlich lag *Hiranyāksha* in Stücke zerrissen am Boden.

So nahm der Herr verschiedene Gestalten an, jeweils den Anforderungen der Situation entsprechend. Es waren stets die Gestalten, die am besten geeignet waren zur Vernichtung der Dämonen, zum Schutz der Guten und Frommen und zur Erhaltung der Veden, der Schriften, die die Wahrheit enthüllen. So verkörperte sich der Herr als Fisch *(matsya)*, als Schildkröte *(kūrma)*, als Löwenmensch *(narasimha)* und als Zwerg *(vāmana)*. Von allen Inkarnationen aber ist die *Krishna*-Gestalt die allerhöchste und glückseligste. Man muss sich jedoch darüber im klaren sein, dass der Hauptzweck aller Inkarnationen die Erhaltung des *Dharma* ist, also der Gerechtigkeit, Rechtschaffenheit, Sittlichkeit und Tugend.

Wer Unterricht gibt, muss beurteilen können, ob der Lernende die Lektion, den Lehrstoff, auch aufnehmen kann. Es wäre vergebliche Mühe, jemandem, der auf der untersten Stufe steht, das höchste Wissen mitteilen zu wollen, denn er kann es nicht begreifen. Versucht man, denen, die auf einem höheren Niveau stehen, das Wissen zu vermitteln, das für die unteren Stufen nötig ist, so wird dieser Unterricht sie nicht befriedigen. Zur Erläuterung hierfür will ich dir von einem Gespräch zwischen *Brahma* und *Nārada* berichten. Höre gut zu.

Einst wandte *Brahma* sich an *Nārada* mit den Worten: ‚Sohn meines Geistes! Das Erschaffen ist meine Aufgabe, und die Art, wie ich meinen Auftrag erfülle, ist mein *Tapas*. Nach meinem Willen erscheint die Schöpfung. Für jede Art Lebewesen lege ich jedoch gewisse Regeln und Verhaltensweisen fest, und wenn sich alle richtig daran halten, so dreht sich das Rad in rechter Ordnung *(dharma)*. Vernachlässigen sie aber die Verhaltensregeln und arbeiten nur dafür, auf krummen und irreführenden Wegen ihre eigenen Wünsche zu befriedigen, dann müssen sie Not und Elend verschiedener Art erleiden.

Tag und Nacht sind von mir gewollt. Die Herrscher über die Lebewesen sind Teile von mir. Der Trieb der Menschen, sich zu vermehren, ist die Widerspiegelung meines Willens. Zu den Zeiten, in denen die geschaffene Welt Hilfe braucht und gestützt werden muss, nehme ich selbst Gestalt und Namen an, leite die Zeitalter des *Manu* ein und versorge die Erde mit den nötigen göttlichen Persönlichkeiten und Heiligen, die als lebende Vorbilder dienen und die Wege zum Vorankommen aufzeigen.

Ich setze auch zur rechten Zeit der grenzenlosen Vermehrung der Lebewesen ein Ende. Dafür nehme ich dann auch die Gestalt von *Rudra* an. Ich erschaffe die Schlechten, um damit die Guten hervorzuheben und zu fördern, und um die Guten zu schützen, setze ich den Guten wie den Schlechten gewisse Grenzen, denn sonst würden sie auf falsche Wege abgleiten und großen Schaden anrichten.

Ich wohne in jedem Lebewesen. Die Menschen vergessen mich, der ich doch in ihnen und außerhalb von ihnen bin. Ich bin der innerste Kern eines jeden Wesens, jedoch sind sie sich dessen nicht bewusst. So werden sie dazu verführt, die Welt der Dinge für wahr und wirklich zu halten. Sie laufen materiellen Freuden nach und stürzen sich in Unglück und Schmerz. Wenn sie jedoch alle Aufmerksamkeit allein auf mich konzentrieren, im Glauben, dass der Herr alles und jeden durch seinen Willen erzeugt hat, dann segne ich sie und enthülle ihnen die Wahrheit, dass sie ich sind und ich sie bin. Tausende haben diesen Segen empfangen. Sie sind die Sucher, Entsagenden, die großen Seelen, die Weisen und göttlich Inspirierten, die Manifestationen des Göttlichen, die Führer, die den Weg weisen. Sie haben erfahren, dass die Wahrheit und der Schöpfergott eins sind.

Ich will einige von ihnen erwähnen, höre! Sagara, Ikshvāku, Prācīnabarhi, Ribhu, Dhruva, König Raghu, Yayāti, Māndhātri, Alarka, Shatadhanu, Dilīpa, Khali, *Bhīshma*, Shibi, Pippalāda, Sārasvata, *Vibhīshana*, *Hanumān*, Mucukunda, Janaka, *Shatarūpa*, Prahlāda und noch viele *Rājarshis*, *Brahmarshis*, Prinzen und vornehme Seelen; diese können unter einem Begriff zusammengefasst werden: *Bhāgavatas* – die Gott Zugehörigen. Sie alle sehnten sich nach der Gelegenheit, das Lob der Herrlichkeit Gottes zu hören. Alle wurden sie gesegnet, ohne Rücksicht auf Kaste, Alter, Rang oder Geschlecht. Unter ihnen finden sich Frauen und Brahmanen und auch Angehörige der niedersten Kasten, also *Shūdras* und *Candālas*.

Ich bin die Ursache aller Ursachen. Ich bin ewig. Ich bin *Sat-Cit-Ānanda*, Sein-Bewusstsein-Glückseligkeit. Ich bin sowohl Erhalter als auch Zerstörer, denn wenn es nötig ist, verwandele ich mich in diese Erscheinungsformen. Die Schöpfung, das Universum, ist nichts als die Projektion meines Willens, sie ist ohne grundlegende Wirklichkeit. Mein Sohn! Diese Wahrheit habe ich dir aus meiner tiefen Liebe zu dir mitgeteilt. Niemand sonst kann das Geheimnis meiner Schöpfung begreifen. Was ich dir jetzt enthüllt habe, ist eine Zusammenfassung des *Bhāgavatapurāna*.

Das Wort *Bhāgavata* bezeichnet gleichzeitig drei Wissensbereiche: erstens den der Größe und Herrlichkeit der Inkarnationen Gottes, zweitens den der Namen derer, die völlig Gott hingegeben sind, und drittens den der innigen Verbindung zwischen Gott und denen, die zu ihm gehören. Wo immer diese drei zusammen auftreten, finden wir *Bhāgavata*. Alles, was sichtbar ist, ist nicht etwa jenseits oder außerhalb von Gott. Um es kurz zu sagen: Alles ist *Bhāgavata*. Alles ist verehrungswürdig.'

Während *Brahma Nārada* solcherart mit großer Freude belehrte, befragte ihn Nārada voll Verwunderung und begierig nach Wissen: ‚Oh Herr, deinem Auftrag gemäß singe ich ohne Unterlass das Lob Gottes, auf dass die Welt daraus Glückseligkeit erfahren kann. Diese heimtückische und mächtige *Maya*, die Täuschung, kann mich jeden Augenblick überwältigen, mich ins Unrecht stürzen und Hindernisse auf dem Pfade meines Auftrags entstehen lassen. Gibt es irgendeine Maßnahme, durch die ich diesem Unheil entrinnen kann? Bitte unterweise mich, erweise mir dieses weitere Zeichen deiner elterlichen Liebe!'

Brahma lachte über diese Bitte und entgegnete: ‚Mein Sohn! Deine Worte sind kindisch. Die Wolken von *Maya* können nicht das innere Bewusstsein derer verdunkeln, die sich an der Größe und Herrlichkeit Gottes beseligen, die wissen und verkünden, dass Gott Herr und Meister über *Maya* ist und alle Antriebskräfte in der Hand hat, sowohl die täuschenden als auch jene, die die Täuschung beseitigen. Auch diejenigen, die sich mit guten Taten beschäftigen und sie mit Glauben und Hingabe ausführen, sowie jene, die immer bestrebt sind, Wahrheit und rechte Lebensweise aufrechtzuerhalten, sind von dieser Gefahr nicht bedroht. Darum reise mit deinem Musikinstrument, der *Vīnā*, in den Händen, ohne Furcht durch die drei Welten und singe in Anbetung Gottes. Indem die Bewohner der Welten den Gesängen und Ausführungen über das Geheimnis Gottes und seiner Ergebenen lauschen, werden sie sich aus dem Kreislauf von Geburt und Tod befreien.

Karma, das heißt alles Tun sowie die sich daraus ergebenden Folgen, ist bindend, denn die Folgen, die es zeitigt, müssen erlitten oder genossen werden. Dienste aus liebevoller Hingabe sind aber von diesem Nachteil nicht betroffen. Sei stets fest gegründet im Gedanken an Gott – es gibt kein anderes Mittel, den Sinn von materiellen Freuden und Aktivitäten wegzulenken.'

Oh *Parikshit*!", sprach *Shuka* den König an. „Da diese höchste Weisheit nicht jedermann mitgeteilt werden kann, sondern nur denen, die einen hohen Grad an Reinheit und Verständnis erreicht haben, gab *Brahma* sie nur an *Nārada* weiter. Und gemäß *Brahmas* Rat fuhr *Nārada* fort zu singen und mit seinen Liedern Gott, den Herrn, zu verehren, der allem innewohnt und doch gleichzeitig jenseits ist. *Nārada* achtete sehr wohl auf die Lehre, mit der *Brahma* ihn beschenkte, und verwarf sie keineswegs. Auch du bist geeignet, diese heilige Lehre zu empfangen. Aus diesem Grunde bin ich, der ich unzugänglich und unerreichbar bin, von selbst direkt zu dir gekommen, um dir das *Bhāgavatam* zu erklären. Ich bin kein gewöhnlicher Wandersänger. Ich trete nie von mir aus an jemanden heran, der sich nicht das Recht verdient hat, mir zuzuhören. Stell dir vor, zu welchen Höhen *Nārada* aufgestiegen sein muss, dass er sich die nötige Qualifikation erworben hatte, über die Eigenschaften des eigenschaftslosen Gottes belehrt zu werden!"

Da *Shuka* ihm diese gewichtige Meinung verkündete, fragte *Parikshit*: „Meister! Du sagtest, dass der ewige viergesichtige, allesbeherrschende *Brahma Nārada* anwies, das *Bhāgavatam* zu singen. Wem hat *Nārada* es dann erzählt? Wer sind die Hochbevorzugten? Erzähle mir Genaueres über sie!" *Shuka* entgegnete: „Oh König, wozu diese Hast? Sei mutig und beherrscht. Ich will dir alles zu seiner Zeit erzählen. Sei ruhig und sammle dich."

Der König erklärte: „Meister, verzeih mir. Ich bin nicht erregt. Mich verlangt nur danach, meinen Geist im letzten Augenblick meines Lebens auf das süße Lächeln zu richten, das auf *Krishnas* Lippen spielt, und im selben Augenblick den Nektar seiner Lotosfüße zu trinken. Ich habe kein anderes Verlangen. Wenn es mir nicht gelingt, im Augenblick des Todes in meinem Geist das bezaubernde Bild des Herrn fest verankert zu haben, so werde ich als eines der 840.000 Arten von Lebewesen wiedergeboren werden müssen. Da dieses Unglück mir nicht widerfahren soll und ich mit meinem letzten Atemzug an den denken muss, der den Lebensatem schenkt, bringe du mein Leben zum glücklichen Ende, indem du mir von den göttlichen Eigenschaften und dem göttlichen Tun des Herrn berichtest."

Shuka lachte. „König!", sprach er. „Wie kann der Geist fest auf die Lotosfüße des Herrn gerichtet sein, wenn die Ohren auf die Eigenschaften und Aktivitäten des Herrn gerichtet sind? Wie denkst du über diesen Punkt? Sprich!" *Parikshit* antwortete: „Meister! Ich glaube, dass kein Unterschied besteht zwischen Gott, seinem Namen und seinen Eigenschaften – ist das nicht richtig? Wird die Geschichte des Herrn erzählt und gehört, so dringen der Name und die Eigenschaften des Herrn durch die Ohren ins Herz und lösen die Dunkelheit des Unwissens auf, nicht wahr? Wenn der Löwe den Wald betritt, suchen dann nicht die furchtsamen Schakale mit eingezogenen Schwänzen das Weite? Der ernsthafte Zuhörer wird sicher seinen Geist und Sinn auf das richten, was durch das Ohr dringt. Wenn man hingerissen den berückenden Eigenschaften des Herrn-mit-dem-bezaubernden-Lächeln lauscht, wird der Geist sich gewiss derart an das Entzücken heften, das er daraus gewinnt, dass er nicht mehr von niedrigen und gemeinen Dingen angezogen werden kann. Ohr und Geist handeln dann ganz in Übereinstimmung. Einzig das bringt Seligkeit!"

So pries der König begeistert die Segnungen, die sich ergeben, wenn man sich aufmerksam der Beschreibung der *Līlās* und der Herrlichkeit Gottes hingibt. *Shuka* unterbrach seine Lobpreisungen und sprach: „Oh König! Unbeständigkeit ist die Natur des Geistes. Wie könnte er seine Natur aufgeben und sich an die Lotosfüße des Herrn heften? Ist das nicht ein unmögliches Unterfangen?" So versuchte *Shuka* die Gefühle zu ergründen, die *Parikshits* Gemüt erfüllten.

Parikshit lächelte und antwortete: „Meister! Mit deiner Erlaubnis und in deinem Auftrag will ich dir darauf Antwort geben. Die Biene schwirrt summend und brummend um die Blüte, bis sie sich niederlässt, um den Nektar daraus zu trinken. Wenn sie erst einmal in der Blüte sitzt und den Nektar gekostet hat, schwirrt, summt und brummt sie nicht mehr. Ihr wird kein unpassender Gedanke kommen, der ihr Glück stören könnte. Sie wird so trunken sein von dieser Glückseligkeit, dass sie alle Vorsicht vergisst: Wenn die Blütenblätter sich schließen, lässt sie sich in der Blüte gefangennehmen. So kann auch der Geist, der einmal auf den Lotosfüßen dieser Verkörperung von Schönheit und Güte ruht, nie mehr nach etwas anderem verlangen als nach dem Nektar dieser Lotosfüße."

Zweifel und Fragen

Als *Shuka* diese Antwort vernahm, sprach er: „König! Da dein Herz ganz in *Shyāmasundara*, in *Krishna*, dem Herrn, aufgegangen ist, freue ich mich so sehr, dass du mich alles, was dich quält, fragen kannst. Ich will dir die richtigen Antworten und Erklärungen geben. Mit Begeisterung will ich dich füllen und deine Sehnsucht nach *Shyāmasundara*, dessen Haut blau ist wie die dunklen Regenwolken, noch vermehren."

Diese Worte des Meisters erfüllten *Parikshit* mit Entzücken. „Erlauchter Lehrer!", sprach er. „Was befähigt und berechtigt mich, dir Fragen zu stellen? Unterweise du mich nach deinem Gutdünken. Sage mir, was ich in diesen entscheidenden Tagen am meisten brauche; lehre mich, was am förderlichsten und wichtigsten ist und was die meiste Aufmerksamkeit verdient. Du weißt dies alles besser als ich. Unterweise mich ohne Rücksicht auf meine Fragen und Wünsche. Natürlich plagen mich hier und da Zweifel, da ich den Versuchungen der Täuschung und der Unwissenheit unterworfen bin. Wenn diese sich erheben, so will ich dir meine Zweifel und Befürchtungen mitteilen und von dir heilsame Erklärungen annehmen. Ich bitte dich, mir keine anderen Beweggründe zu unterstellen. Wirf nicht meine Errungenschaften ins Gewicht. Behandle mich liebevoll wie einen Sohn und verwandle mich in einen stillen und ruhevollen Menschen.

Lass mich dir jedoch einen Zweifel darlegen, den ich schon lange hege: Werden die Erfahrungen des Menschen in seinem Körper von seiner eigenen Natur und Wesensart gesteuert, oder werden sie durch die Anhäufung von Folgen vergangener Taten bestimmt? Und noch eine Frage: Du sagtest, dass aus dem Nabel der ur-ersten Person, des *Purānapurusha*, ein Lotos wuchs und erblühte und dass alle Schöpfung diesem Lotos entsprang. Erschien Gott denn mit Gliedmaßen und Organen wie das individualisierte Einzelne, der *Jīvin*? Gibt es einen Unterschied zwischen dem *Jīvin* und *Brahma* – dem Individuum und dem personifizierten Absoluten?

Erlaube mir noch eine weitere Frage: Auf welcher Grundlage werden Vergangenheit, Gegenwart und Zukunft unterschieden? Und die vierte Frage: Welche Taten des *Jīvin* führen zu welchen Folgen und Ergebnissen und zu welchen zukünftigen Zuständen? Die fünfte Frage: Welches sind die Kennzeichen und Merkmale der Großen, der *Mahāpurushas*?

Was tun sie, und woran können wir sie erkennen? Die sechste: Welches sind die Geschichten über die erstaunlichen, betörenden Inkarnationen Gottes? Siebtens: Wie können wir die verschiedenen Zeitalter unterscheiden, als da sind *Kritayuga*, *Tretāyuga* und *Dvāparayuga*? Wie können wir ein bestimmtes Zeitalter als solches erkennen? Die achte Frage: Woran erkennt man Heilige: einen verwirklichten Seher zum Beispiel oder eine durch rechtes Tun verwirklichte Seele? Was sind ihre Merkmale und Eigenschaften? Neuntens: Welche Übungen muss man ausführen, um mit *Paramātman*, der Seele in uns, eins zu werden, welche die Überseele, die Universalseele ist? Und zehntens und letztens: Was sind die *Vedas* und die *Upavedas*? Welcher *Upaveda* gehört zu welchem *Veda*?

Bitte gib mir Antwort auf diese Fragen und erkläre mir auch noch andere wichtige und beachtenswerte Dinge. Meister, ich ergebe mich dir völlig. Niemand sonst kann mich über all diese und andere Dinge aufklären. Bewahre mich vor dem Untergang, der aus der Unwissenheit folgt!" Der König fiel *Shuka* zu Füßen und bat ihn inständig um seine Gnade.

Mit liebevollem Lächeln sprach der Heilige: „Erhebe dich, o König! Wie kannst du, wenn du so viele Fragen auf einmal aufwirfst, die Antworten verstehen? Davon abgesehen, hast du auch seit langem Hunger und Durst nicht gestillt. Komm, iss wenigstens ein paar Früchte und trinke ein wenig Milch. Das sind Vorrechte, die dem physischen Körper zustehen. Mit ausgehungertem Körper stirbst du womöglich mittendrin, mit ungelösten Zweifeln! Nimm ein wenig Nahrung zu dir", ordnete *Shukadeva* an.

Der König entgegnete: „Meister! Wenn die letzten Tage des Lebens angebrochen sind, sollte man keine Kost, die der Unwahrheit Nahrung gibt, der Nahrung vorziehen, die einem Unsterblichkeit gewährt. Mag auch der Körper dem Verhungern nahe sein – wie könnte ich vorzeitig hinübergehen, wenn ich gerade den Unsterblichkeitsnektar trinke und du mich die Freude des süßen Allheilmittels gegen die Krankheit namens Tod kosten lässt? Nein, das wird nicht geschehen! Selbst wenn der erboste *Shringi* mich nicht verflucht hätte und auch wenn die Schlange *Takshaka* nicht beauftragt wäre, mich in sieben Tagen zu töten – ich würde doch nicht vorzeitig mitten im Hören von Geschichten über Gott, den Herrn, hinscheiden. Wenn ich diese Geschichten höre, verschwende ich keinen Gedanken an Essen und Trinken. Meine Nahrung und mein

Getränk sind die nektargleichen Episoden aus dem Leben *Krishnas*. Denke darum nicht über Essen und Trinken für mich nach, sondern mache mich bereit, die höchste Seligkeit zu empfangen, die oberste Stufe der Erkenntnis und Verwirklichung. Bewahre mich vor dem Untergang. Ich werfe mich dir zu Füßen!" So flehte der König den göttlichen Lehrer unter Tränen der Reue an.

Shukadeva sprach: „Gut, höre also! Im Anfang goss *Brahma* Licht aus über die Welt, die Manifestation der *Maya*. *Brahma* verfügte, dass die Schöpfung sich vermehren und fortpflanzen sollte. Doch aus dem leeren Raum erklang eine warnende Stimme: ‚*Tapas* (Verzicht) ist die unentbehrliche Grundlage für alles!' Durch *Tapas* wird die Täuschung verschwinden." Hier warf *Parikshit* ein: „Was ist die Bedeutung von *Tapas*? Worin liegt sein Wert? Bitte kläre mich darüber auf!"

Shuka nahm die Unterbrechung freundlich hin und sprach: „Lieber Sohn! *Tapas* bedeutet Disziplin, Kontrolle von Körper und Geist. Durch *Tapas* geschehen die großen Vorgänge Schöpfung, Erhaltung und Wiederaufhebung. *Tapas* ist die Ursache für Selbst-Erkenntnis. Das heißt, wenn Gemüt, Intellekt und Sinne der Läuterung durch spirituelle Disziplin unterworfen werden, wird das Selbst sich enthüllen. Ich will dir etwas über diese Technik der Läuterung erzählen, höre gut zu! Gemüt, Intellekt und Sinne wenden sich stets äußeren Dingen zu; sie sind ständig nach außen gerichtet. Trifft ein Klang aus der äußeren Welt auf das Ohr, so hört dieses ihn. Sobald das Ohr etwas hört, will das Auge sehen, worum es sich handelt. Sieht das Auge etwas, so will das Gemüt es haben. Sofort stimmt der Intellekt der Idee zu und macht sich daran, es sich so schnell wie möglich zu beschaffen.

So bemüht sich eine Sinneswahrnehmung nach der anderen um äußere Objekte; ruhelos und auf jämmerliche Weise unterstützt dabei ein Sinnesorgan das nächste. Man muss das Gemüt unter Kontrolle bringen, ebenso das Urteilsvermögen und die Sinne, die alle ziellos materiellen Freuden hinterherjagen. Man muss sie dahin führen, dass sie die Aufgabe übernehmen, alle Aufmerksamkeit auf den Ruhm und die Herrlichkeit Gottes zu richten. Bringe sie dazu, dass sie einem systematischen Verlauf zielgerichteter Disziplin folgen, und führe sie dem höheren Wege zu. Ihrem ungezügelten Verhalten muss Einhalt geboten werden, und man muss sie erziehen, und zwar durch *Japa*, *Dhyāna*, gute Taten bzw. uneigennützige Arbeit oder andere von Hingabe bestimmte und erhebende Beschäftigungen, die reinigend wirken.

Dieser Vorgang des Reinigens der inneren Ausrüstung des Menschen, der Läuterung durch einzig auf Gott ausgerichtetes Sprechen, Fühlen und Handeln wird *Tapas* genannt. Das innere Bewusstsein wird frei von jedem Makel und Mangel. Wenn das innere Bewusstsein völlig gereinigt und ungetrübt ist, wird Gott darin wohnen. Schließlich wird der Suchende erleben, dass er Gott in sich selbst sieht und erkennt. Oh König, kann man sich Großartigeres vorstellen? Die großen Heiligen unterzogen sich alle Bußübungen und erlangten dadurch bleibende und einzigartige spirituelle Größe. Ja, sogar böse Dämonen wie *Rāvana* und *Hiranyakashipu* erlangten die Herrschaft über die materielle Welt und erwarben sich ihre ungeheuren Zerstörungskräfte durch mühsame und harte Übungen, die sie in aggressive Bahnen lenkten. Hätten sie ihre Bemühungen in sattvische Wege gelenkt, statt den Weg des *Rajas* vorzuziehen, hätten sie Frieden und Freuden der Selbstverwirklichung erreichen können. Entsprechend der Art der unterliegenden Beweggründe wird *Tapas* in drei Gruppen eingeteilt: von *Tamas*, *Rajas* oder *Sattva* bestimmt – *tāmasa Tapas*, *rājasa Tapas* und *sāttvika Tapas*. Von diesen dreien ist *sāttvika Tapas* das wirkungsvollste, um zur Gotteserkenntnis zu gelangen.

Vasishta, *Vishvāmitra* und andere Heilige erlangten erstaunliche Kräfte durch ihr *sāttvika Tapas*, das sie aus lauteren und selbstlosen Beweggründen vollzogen. Schließlich stiegen sie bis zum Rang von *Brahmārshis* auf. *Tapas* wird des weiteren in drei Arten eingeteilt, nämlich in geistiges, körperliches und sprachliches *Tapas*. Wenn du wissen möchtest, welches dieser drei am wichtigsten ist, so muss ich sagen, dass alle drei wichtig sind. Konzentriert man sich allerdings auf geistiges *Tapas*, so folgen die beiden anderen von selbst.

Der an materielle Wünsche gebundene Mensch wird auf verschiedene Weise versuchen, diese Wünsche zu erfüllen. Er ist Sklave seiner Sinne und dessen, was sie verlangen. Wenn er aber die Sinne von der Welt zurückzieht, Herrschaft über ihren Herrn, das Gemüt, erlangt und dieses Gemüt für *Tapas* einsetzt, dann kann er *Svārājya*, d.h. Selbst-Beherrschung und Unabhängigkeit erlangen. Den Sinnen erlauben, sich an Objekte zu heften – das ist Bindung. Wird das Gemüt, das durch die Sinne in die Außenwelt fließt, nach innen gerichtet und zur Kontemplation über den *Atman* angehalten, so erreicht er *Moksha*, Befreiung.

Oh König! Alle sichtbaren Dinge sind vergänglich und unwirklich. Gott allein ist ewig und wirklich. Bindung an Objekte endet in Kummer und Not. Gott ist die dir eigene Wirklichkeit. Diese Wirklichkeit, der Gott in dir, hat keine Beziehung zur sich ändernden und vergänglichen objektiven Welt; er ist nichts als reines Bewusstsein. Selbst wenn man meinen wollte, dass es hier eine Beziehung geben müsse, so könnte es nur etwa eine Beziehung sein wie die von einem Träumenden zu dem, was er im Traum sieht und erfährt."

Hier konnte *Parikshit* sich nicht zurückhalten und fragte: „Herr und Meister! In dieser Angelegenheit plagt mich wieder ein Zweifel: In Träumen erscheinen doch nur jene Dinge, die man im Wachzustand direkt wahrgenommen hat. Also muss doch Wirklichkeit die Grundlage dieser falschen Erscheinungen sein. Im Traum hält man alles, was man darin erfährt, für Wirklichkeit; im Erwachen erkennt man, dass alles unwirklich war. Doch das ist die Erfahrung, die wir Menschen machen. Kann denn Gott auch der Täuschung anheimfallen? Und weiterhin: Wenn die Objekte nur eines und von gleicher Art wären, dann könnte man sagen, dass dies das Ergebnis der täuschenden *Maya* ist. Die Objekte aber sind vielfältig und von mannigfacher Form. Sie alle erscheinen wirklich und wahr. Wie kann man das mit Traumerfahrungen vergleichen?"

Shuka musste über diese Frage lachen. „Oh König!", sprach er. „Es ist ja gerade die *Maya*, die die vielfältigen Formen verursacht. Es ist ein ausgeklügeltes Theaterstück, eine Art Maskenball. Die objektive Welt oder Natur nimmt durch die Machenschaften der *Maya*, der Kraft, Dinge vorzutäuschen, mannigfache Formen an. Aus dem ersten Impuls der Täuschung oder Unwissenheit entstanden die Grundeigenschaften, die *Gunas*, und vermischten sich miteinander. Mit der Veränderung manifestierte sich die Zeit, und diese große Vielfalt, die Universum genannt wird, erschien. Die Einzelseele muss sich daher dem Herrn dieser Täuschung widmen, dem Regisseur dieses Theaterstücks, dem Drahtzieher dieser Zeit, dem Schauspieler, der die *Gunas*, d.h. bestimmte Verhaltensweisen und Eigenschaften, darstellt, der Mutter aller Welten – der *Maya*. Er muss sich Verständnis aneignen für die unermessliche Kraft und Herrlichkeit des unvergänglichen Absoluten, des *Aksharaparabrahman*, und ganz eintauchen in die daraus zu gewinnende Seligkeit. Dann wirft er alle Unwissenheit ab und kann ungebunden bleiben, selbst wenn er die Erzeugnisse der *Maya* gebraucht!"

Die Worte des Weisen versetzten den König in großes Erstaunen, und er fragte: „Herr! Wie begann diese Schöpfung? Was ist der Grundstoff, den *Maya* dazu brachte, sich zu vermehren?" *Shuka* führte diese Punkte näher aus: „Die Schöpfung geschieht und beginnt jenseits der Anfänge der Zeit. Erst wuchs der Lotos aus dem Nabel der ur-ersten Person, die in den Schriften *Nārāyana* genannt wird. Aus diesem Lotos manifestierte sich der Herr selbst als *Brahma*. *Brahma* wollte in alle vier Richtungen schauen, daher entwickelte er vier Gesichter.

Brahma merkte, dass er sich in Bewegung setzen musste, damit die Schöpfung geschehen konnte. Er nahm also den Lotossitz, die Yogahaltung *Padmāsana*, ein und entwickelte den Gedanken an diese ganze Schöpfung. *Parikshit*! Das Geheimnis der Schöpfung ist nicht so leicht zu entwirren oder schnell zu verstehen. In der Handlungsweise des Absoluten kann es keine Folge von Ursache und Wirkung geben. Niemandem gelingt es völlig, das Schöpfungsvermögen und die Taten des Allerhöchsten, Allmächtigen und Allwissenden zu erforschen.

Mein König, da ich gerade versuchte, deine vorhin gestellten Fragen zu beantworten, brachtest du eine neue Frage vor. Vielleicht fürchtest du, dass ich vergesse, die ersten Fragen zu beantworten, da ich so bereitwillig auf die letzte eingegangen bin. Du wirst aber in der nun folgenden Erzählung des *Bhāgavatam* in allen diesen Punkten Aufklärung erhalten. Alle deine Fragen liegen im Bereich der *Puranas*."

Da *Parikshit* diese tröstenden und zufriedenstellenden Worte vernahm, fragte er: „Meister, was sind die *Puranas*? Was beinhalten sie und wieviele gibt es?" *Shukadeva* antwortete: „Die Schriften, die die kurzgefassten Wahrheiten der heiligen Veden weiter ausführen und erläutern, werden *Puranas* genannt. Sie sind zahllos; jedoch sind gegenwärtig achtzehn von ihnen besonders berühmt und bekannt. Diese achtzehn wurden von meinem Vater *Vyāsa* zusammengestellt und herausgegeben. Sie weisen zehn gemeinsame Merkmale auf. Die Ergänzungen zu diesen *Puranas*, die *Upapurānas*, besitzen nur fünf solcher Merkmale. Du möchtest sicher wissen, welche die zehn Kennzeichen sind. Ich will deiner Frage zuvorkommen und gleich die Antwort geben! Die Merkmale der *Puranas* sind: *Sarga, Visarga, Sthāna, Poshana, Ūti, Manvantara, Īshānucarita, Niroda, Mukti* und *Āshraya*. Von diesen zehn ist *Āshraya* das wichtigste.

Puranas und Avatare

„Es wäre schwierig, diese zehn Merkmale der *Puranas* mit ein paar Worten zu umreißen – jedes muss genau bezeichnet werden, so wie man, wenn man den Vorgang der Butterherstellung beschreiben will, jeden Schritt, vom Melken bis zum Rühren der Butter, erwähnen muss. Jeder Schritt ist wichtig. Die zehn Bezeichnungen beziehen sich auf die jeweiligen Eigenschaften, die sie kennzeichnen. Das gemeinsame Ziel aller aber ist die Gewinnung von ‚Butter' – nämlich Befreiung. Um diese Befreiung zu erreichen, werden die zehn Eigenschaften angenommen. Alle *Puranas* sind dazu bestimmt, dem eifrigen und ernsthaften Zuhörer Stab und Stütze auf der Pilgerfahrt zur Befreiung zu sein. Was die Veden, die *Shruti*, durch eine Feststellung hier und einen Grundsatz dort anzeigen, was sie durch indirekte Andeutungen in anderem Zusammenhang ausdrücken oder an anderer Stelle auch durch direkte Beschreibung der tatsächlichen Erfahrung aufzeigen – all das wird in den *Puranas* sorgfältig ausgearbeitet und verständlicher und einleuchtender beschrieben", sagte *Shuka*.

Während *Parikshit* diesen Worten lauschte, stieg in ihm wieder eine Frage auf, und er sprach: „Meister, du sagtest, dass du mir eines der *Puranas* mitteilen willst. Daher wüsste ich gern mehr über diese kennzeichnenden Merkmale. Das wird mir das Zuhören noch erfreulicher und nutzbringender gestalten."

Shuka schickte sich an, dieser Bitte nachzukommen und die zehn Merkmale der *Puranas* zu beschreiben. Er sprach: „Höre, o König! Ich habe beschlossen, dir das *Bhāgavatapurāna* mitzuteilen. Es ist voller Antworten auf deine Zweifel und Fragen. Keines der *Puranas* wäre für diesen Zweck besser geeignet.

Das erste der Merkmale oder die erste der Eigenschaften ist also *sarga*. Ich will dir erklären, was das bedeutet. Wenn die drei Grundeigenschaften, die *Gunas* – *Sattva, Rajas* und *Tamas* – im Gleichgewicht sind, so wird das als *Prakriti* bezeichnet, als Urmaterie und Basis, als *Mūla*. Durch Störungen dieses Gleichgewichts, durch Un-Gleichgewicht, entstehen die fünf Elemente: Erde, Wasser, Feuer, Luft und Raum. Ebenso entstehen die feinstofflichen Zuordnungen dieser fünf, nämlich Geruch, Geschmack, Gestalt, Berührung und Klang, und gleichzeitig die Sinne, die diese Eigenschaften wahrnehmen können: Nase, Zunge, Auge, Haut und Ohr. Gemüt und Ego entstehen auf derselben Grundlage. Dieser Entstehungsvorgang wird mit dem Ausdruck *Sarga* bezeichnet. Das zweite Kennzeichen eines *Purana* ist *Visarga*, d.h. *Sarga* oder Erschaffung in speziellem Sinne. Die Vermehrung in vielfache Erscheinungsformen von Lebewesen durch Interaktion verschiedener Eigentümlichkeiten und Besonderheiten in der Betätigung wird als *Visarga* beschrieben. Es hängt sehr eng zusammen mit der allumfassenden Überperson, die in sich das Universum trägt.

Das dritte Hauptmerkmal eines *Purana* ist *Sthāna*. Alles, was im Universum entsteht, muss irgendwelche Grenzen haben, um einem bestimmten Zweck dienen zu können. Die Festlegung dieser Begrenzungen sowie die Vorgänge, die diesen Grenzen gerecht werden, werden in dem Teil des *Purana* beschrieben, der sich mit *Sthāna* befasst. *Sthāna* heißt Zustand. Zu einer Maschine gehören z.b. der entsprechende Startschlüssel und bestimmte Vorrichtungen, durch die ihre Tätigkeit reguliert und abgeschaltet wird. Sonst wäre die Maschine sich selbst und den Benutzern eine Gefahr. *Sthāna* befasst sich mit der Einrichtung solcher Regulationsmechanismen.

Das nächste Erkennungszeichen eines *Purana* ist, dass es einen Abschnitt über *Poshana* enthält. *Poshana* bedeutet Hegen und Pflegen, Beschützen und Behüten vor Leid und Schaden. Einfacher gesagt: Alles Pflegen, Leiten und Bewahren wird unter dem einen Begriff ‚göttliche Gnade' zusammengefasst. Ein gepflanzter Setzling muss mit Sorgfalt und Liebe gehegt werden. Genauso wird die gesamte Schöpfung durch die Gnade des Schöpfers gehegt und gepflegt.

Als nächstes kommt *Manvantara*, die Chronologie des *Manu*, die in jedem *Purana* enthalten ist. Der Tag setzt sich aus acht *Yāmas* zusammen, 30 solcher Tage machen einen Monat aus, 12 Monate werden ein Jahr genannt. Ein Jahr in dieser Welt ist gerade ein Tag für die Götter. 360 solcher Tage bilden für sie ein Jahr. Das *Kaliyuga* dauert 1.000 solcher Jahre. Das vorhergehende *Dvāparayuga* umfasste 2.000 solcher Jahre, während das ihm vorausgehende *Tretāyuga* 3.000 dieser Jahre dauerte. Das *Kritayuga*, das erste der vier Zeitalter, umfasste 4.000 solcher Jahre. Jedes *Yuga* hat 200, 400, 600 oder 800 Übergangszeiten, die sogenannten *Samdhyā*-Perioden. 12.000 solcher Jahre umfassen ein *Mahāyuga*, und 1.000 von diesen *Mahāyugas* sind für *Brahma* ein einziger Tag! An jedem Tag *Brahmas* erscheinen 14 *Manus*, die jeweils dem Universum vorstehen. Jeder *Manu* ist also mehr als 70 *Mahāyugas* lang

Herr über das Universum. Die Geschichte dieser *Manus* und ihrer Abstammung wird unter dem Begriff *Manvantara* zusammengefasst.

Das nächste Erkennungszeichen eines *Purana* ist *Ūti*. *Ūti* bezieht sich auf die Folgen der Handlung und ihre Einwirkung auf die Natur und das Werden eines jeden. Wie das Leben eines einzelnen sich gestaltet, wird bestimmt durch die Einwirkung seiner Taten in vorangegangenen Leben; es wird nicht etwa von einem launischen und unberechenbaren Gott zugeteilt. Gott behandelt alle gleich. Die Menschen aber schmieden sich unterschiedliche Schicksale durch ihre eigene Widerspenstigkeit und ihren Eigensinn. Dieser Aspekt wird durch *Ūti* beschrieben.

Ein weiteres Thema, das alle *Puranas* abhandeln, ist *Īshānucarita*. Hier geht es um die Herrlichkeit Gottes *(īsha)* und darum, wie Menschen auf mannigfache Weise die Macht und Größe, die Süße und das Licht dieser Herrlichkeit erfahren haben.

Weiterhin finden wir in den *Puranas* den Aspekt, der sich mit *Nirodha*, Absorption, befasst. Der Herr nimmt alle Herrlichkeit, die er manifestiert, wieder in sich auf. Er begibt sich dann in den ‚*Yoga*-Schlaf', bis der göttliche Impuls zur neuerlichen Manifestation das göttliche Gleichgewicht wieder stört.

Ein anderes Thema, das alle *Puranas* erläutern, ist *Mukti*. Das ist die Befreiung des Menschen von den Fesseln der Unwissenheit, die ihn gefangenhalten. Das heißt, der Mensch muss befreit werden von dem Bewusstsein, dass er der Körper sei, in dem er gefangen ist. Ihm muss klar werden, dass er in Wirklichkeit die im Körper eingeschlossene göttliche Seele ist.

Der letzte Punkt, den alle *Puranas* behandeln, ist *Āshraya*. *Āshraya* heißt Hilfe, Unterstützung, Stütze. Ohne Hilfe kann keine Befreiung erlangt werden. Das Absolute ist die Stütze des Universums. Das Absolute, der *Paramātman*, aus dem alles hervorgegangen ist, in dem alles besteht und in dem alles aufgeht, ist die Stütze auf dem Weg zur Befreiung. Wer *ādhibhautika*, *ādhidaivika* und *ādhyātmika* erkannt hat, weiß durch dieses Wissen auch um *Āshraya* oder *Paramātman*."

Hier unterbrach *Parikshit* den Weisen und bat: „Meister! Sage mir doch bitte, was bedeuten *ādhibhautika*, *ādhidaivika* und *ādhyātmika*?" *Shuka* freute sich über diese Frage und schickte sich gleich an, sie zu beantworten: „Oh König! Ich sehe einen Gegenstand. Dieser Gegenstand ist *ādhibhautika*, d.h. materiell. Doch wer oder was genau nimmt diesen Gegenstand wahr? Du magst vielleicht sagen, dass die Augen ihn sehen. Woher aber haben die Augen die Fähigkeit, Dinge zu sehen? Bedenke dies! Die Gottheit, die über die Augen herrscht, ist *Sūrya*, die Sonne. Die Sonne gibt dem Auge die Sehkraft. Im Finsteren, ohne Sonne, kann das Auge ja nicht sehen. Die Sonne ist in diesem Falle als *ādhidaivika* zu bezeichnen. Nun aber ist bei diesem Vorgang noch ein grundlegender Faktor beteiligt, nämlich der *Jīvin*, das Einzelne, Individualisierte hinter all den Sinnen, hinter Auge, Ohr und allem anderen. Dieses Individualisierte ist der *Atman*, ist *ādhyātmika*. Ohne den *Atman*, den *Deva* und die Sinne, die helfen, die Dinge zu erkennen, kann der Prozess nicht vorangehen. Der *Atman* ist der Zeuge dieses Prozesses.

Nun habe ich dir die zehn Merkmale des *Bhāgavatam* und der anderen *Puranas* erläutert. Sage mir, was du noch von mir wissen möchtest, und ich will es dir gern mitteilen. Ich stehe dir zu Diensten", sprach der Weise.

Darauf sprach *Parikshit*: „Meister, die Beschreibung der zehn Merkmale der *Puranas* habe ich verstanden, und ich habe begriffen, dass der *Paramātman* als *Atman* in jedem der Zeuge von Zeit, Raum und Kausalität ist. Dieser ewige Zeuge hat zum Wohle der Welt viele Formen angenommen und Moral und Rechtschaffenheit aufrechterhalten. Ich möchte gern die göttlichen Erzählungen über diese Inkarnationen hören – über *Rāma*, *Krishna* und andere Erscheinungen sowie über die tieferen Geheimnisse dieser Manifestationen. Du brauchst nicht zu befürchten, dass die Zeit knapp werden könnte. Lass mich jeden verfügbaren Augenblick heiligen, indem ich aufmerksam der beglückenden Schilderung dieser Geschehnisse lausche. Ich bitte, dass solchermaßen durch deine Gnade mein Durst gestillt und meinem Herzen Zufriedenheit geschenkt werden möge."

Shuka erwiderte: „Oh König, mit dieser Erzählung wollte ich gerade beginnen. Höre also! Jede konkrete Erscheinungsform Gottes ist von Bedeutung, es gibt keine, die ‚höher' oder ‚niedriger' wäre. Die Geschichte einer jeden ist erhebend. Jede ist eine volle Manifestation. Wenn man diese Geschichten hört, mag vielleicht der Eindruck entstehen, dass die eine oder andere Erscheinungsform großartiger und erhabener sei als die anderen. Es hat dann womöglich den Anschein, als könne ein bestimmter *Avatar* dir mehr Erleuchtung bringen als die anderen. Sie sind jedoch alle in gleicher Weise göttlich und unbegreiflich. Die Erscheinungsform des *Avatars* ist jeweils der Zeit, der Aufgabe, den Umständen und den Erfordernissen angepasst. Seine Form entspricht dem Zweck.

Hörst du, König? Gott ist allmächtig. Für ihn gibt es keinen Unterschied zwischen Möglichem oder Unmöglichem. Das Vokabular der Menschen reicht nicht aus, um seine Zauberei und Kunst, sein Spiel und seine Streiche zu beschreiben. Er ist gestaltlos, dennoch kann er die Form der kosmischen Person (vishvarūpa) annehmen, die in ihrer Gestalt die ganze Schöpfung beinhaltet. Er ist Eins, aber er macht sich zu Vielen. *Matsya, Kūrma, Varāha, Narasimha, Vāmana,* Parshurāma, *Rāma, Krishna, Buddha* und *Kalki* – dies sind, wie die Menschen sagen, die göttlichen Formen, die er angenommen hat. Diese Beschreibung wird aber seiner vollen Herrlichkeit und Größe nicht gerecht. Wir müssen alle Formen als seine ansehen und die Lebenskraft eines jeden Wesens als seinen Atem. Kurzum: Jedes Teilchen der Schöpfung ist Gott, ist die Manifestation seines Willens. Nichts unterscheidet sich von ihm, nichts ist von ihm getrennt.

Zum Schutz der Welt jedoch, um *Dharma* aufrecht zu erhalten und die Sehnsucht seiner *Bhaktas* zu erfüllen, nimmt Gott kraft seines Willens eine bestimmte Gestalt an und bewegt sich so in der Welt. Er erfreut seine *Bhaktas* besonders durch seine göttlichen Spiele, die ihnen zeigen, dass er gekommen ist. So werden sie in ihrem Glauben gestärkt und dazu angeregt, ihr ganzes Tun Gott zu widmen und dadurch Heil und Erlösung zu erlangen. Die vorhin erwähnten Erscheinungsformen, die im Hinblick auf dieses Ziel angenommen wurden, betrachten die Menschen darum als besonders heilig, und sie beten Gott in diesen Gestalten an.

Zu bestimmten Gelegenheiten, wenn es nötig war, eine besonders kritische Situation aufzulösen, hat Gott sich in Gestalten inkarniert, die nur einen Teil seiner Göttlichkeit einschlossen, mit einigen göttlichen Fähigkeiten und Kräften. Es gibt zahlreiche Beispiele solcher Inkarnationen zum Schutz der Welt."

Bei diesen Worten *Shukas* schaute *Parikshit* auf. Sein Gesicht strahlte vor Freude, und er rief: „Ach, der bezaubernde Herr und Gott hat auch Gestalt durch nur einen Teil seiner selbst angenommen? Natürlich! Für ihn ist alles nur Spiel. Berichte mir von diesen Formen, die er zum Schutz der Welt annahm; beglücke mich mit dieser Erzählung!" Mit dieser Bitte warf *Parikshit* sich vor seinem Lehrer nieder.

Shuka nahm seine Erzählung wieder auf: „Höre, o König! Kapila, Dattātreya, Sanaka, Sananda, Sanatkumāra, Sanatsujāta und andere Weise, Rishabha, Nara-Nārāyana, Vishnu, Dhruva, Hayagrīva, Prithu,

Kashyapa, Dhanvantari, Hamsa, Manu, Balarāma, Vyāsa und viele andere göttliche Erscheinungen sind nichts weiter als Name und Gestalt, die Gott angenommen hat, um *Bhaktas* Gnade zu gewähren, die Welt vor dem Verderben zu retten, Moralkodex und Verhaltensregeln für die Menschheit festzulegen sowie traditionelle und altbewährte Ideale und Bräuche unter den Menschen wieder aufleben zu lassen. Es gibt noch viele Beispiele solcher Teil-Inkarnationen *(amsha-avatāras).* Uns bleibt aber nicht genug Zeit, sie alle ausführlich zu beschreiben. Es ist auch nicht nötig, da sie nicht so wichtig sind. Ich bin nur auf deine Bitte eingegangen, weil ich dachte, dass ein kurzer Überblick genügt."

Parikshit gab sich damit nicht zufrieden. Er sagte: „Meister! Sprich wenigstens kurz über die Gründe, warum der Herr sich auf solche Weise, nur durch ein Teilchen seiner selbst, als Kapila, Dhruva, Dattātreya, Hayagrīva, Dhanvantari usw. inkarnierte. Erzähle mir, was sie vollbracht haben, und welche Bedeutung jeder dieser *Avatāras* hat. Das wird mich reinigen und erleuchten."

Also berichtete *Shuka*: „König! Devahūti, die Frau des Kardama Prajāpati, gebar neun Töchter. Als ihr zehntes Kind kam Kapila zur Welt. Gott selbst war als Kapila erschienen und wurde der Lehrer und spirituelle Führer seiner Mutter Devahūti! Er lehrte sie das Geheimnis der Befreiung und weihte sie in die Lehre ein, die zu ihrer endgültigen Erlösung führte.

Anasūjā, die Gemahlin des Heiligen Atri, betete zu Gott, dass sie ihn als ihr Kind empfangen und zur Welt bringen möge. Der Herr antwortete auf ihre Bitte: „Datta!", das bedeutet: „Gewährt". Da der Vater Atri hieß, wurde das Kind Dattātreya genannt. Dattātreya heißt „dem Atri gewährt oder gegeben." Dattātreya beschenkte die weithin berühmten glorreichen Kaiser Kārtavīryārjuna und Yadu mit dem größten Schatz: der Weisheit des *Yoga*.

Zu Beginn des jetzigen Zeitalters (kalpa) erschien Gott verkörpert als die vier kindlichen Heiligen Sanaka, Sananda, Sanatkumāra und Sanātana. Diese vier waren körperlich stets fünf Jahre alt, völlig unschuldig, so dass sie unbekleidet herumwanderten, und so göttlich, dass sie, wo immer sie waren, Weisheit und Frieden ringsum verbreiteten.

Der Herr wurde auch als die Zwillinge Nara und Nārāyana geboren. Sie lebten im Himalaja, in den Wäldern nahe Badri, wo sie sich dem *Tapas* widmeten. Ihre Mutter hieß Mūrtidevī.

Gott fand Gefallen am rigorosen *Tapas* des Knaben Dhruva. Er segnete ihn, indem er ihm seinen Anblick in menschlicher Gestalt gewährte.

Der Herr machte Dhruva zum Herrscher über das Polargebiet, indem er ihn als Polarstern an den Himmel setzte.

Der böse König *Vena* wurde von den Rishis verflucht und vernichtet. Sein Körper wurde zu Asche zerstoßen, und der erste Oberherr der Welt ging aus diesem Pulver hervor. Gott selbst nahm diese Gestalt an: Er ward Prithu, der erste Herr *(īshvara)* der Erde *(prithivī)*. Durch seine spirituelle Disziplin und seine rechtschaffene Lebensführung rettete *Prithu* seinen Vater *Vena* vor der Hölle. Er brachte wieder Moral und Wohlergehen in die Welt. *Prithu* ließ Dörfer und Städte auf der Erde errichten und wies die Menschen an, in Frieden darin zu wohnen. Jeder sollte in liebevoller Zusammenarbeit mit den anderen die ihm zugewiesenen Pflichten erfüllen.

Gott wurde wiederum als Kind der Eltern Nābhi und Sudevī geboren: Er erschien als *Paramahamsa*, als gottverwirklichter Weiser. Seine Lehre galt dem allerhöchsten und besten Heilmittel für alle Krankheiten, nämlich der Entsagung *(tyāga)* und ihrer Anwendung.

Später nahm der Herr während einer großen Opferzeremonie Gestalt als *Yajna* an, und da diese Erscheinung Kopf und Hals eines Pferdes aufwies, wurde sie Hayagrīva, Pferdehals, genannt. Hayagrīvas Atem manifestierte sich als *Veda*. Der verschlagene Unhold Somaka stahl aber die *Veden* und versteckte sie in den Wogen der *Pralaya*. Nun musste Gott die Gestalt eines Fisches annehmen, die *Veden* in den Tiefen des Meeres suchen, das Ungeheuer vernichten und die *Veden Brahma* übergeben, damit dieser sie neu einsetzen konnte. Dadurch wurden der Erde die in den *Veden* niedergelegten Lebensregeln und das in ihnen erklärte Lebensziel wiedergegeben.

Also hat Gott der Herr viele Formen angenommen, die der jeweiligen Notwendigkeit entsprachen, und hat sich in unzähligen gefährlichen Situationen gezeigt und seine Gnade über die Welt ausgeschüttet. Er hat der Menschheit ihre Ängste und Nöte genommen; die Guten und Frommen hat er gerettet. Zahllos sind die Berichte über solche *Avatāras*. Sein Wille bewirkt, dass er erscheint. Es ist daher töricht, nachzuforschen, welche Gründe ihn bewogen haben mögen, sich zu verkörpern.

Diejenigen, die versuchen, die Gründe herauszufinden oder festzulegen, die bewirken, dass Gottes Wille auf eine bestimmte Weise geschieht und nicht anders, sind wahrlich Toren, die sich auf ein ungehöriges Abenteuer einlassen. Dasselbe muss man von jenen sagen, die behaupten, dass seine Kraft und sein Wirken bestimmten Eigenschaften, Voraussetzungen und Grenzen unterliegen. In diese Kategorie gehören auch alle, die behaupten zu wissen, dass Gott nur auf eine ganz bestimmte Weise wirken wird und auch jene, die erklären, dass das göttliche Prinzip von einer bestimmten Natur ist.

Für Gottes Willen gibt es keine Grenzen oder Hindernisse. Der Manifestation seiner Kraft und Herrlichkeit können keine Begrenzungen gesetzt werden. Alles, was Gott will, ist erfolgreich; er kann sich in jeder nur erdenklichen Form manifestieren. Er ist einzigartig, unvergleichlich, er gleicht nur sich selbst. Er ist sich selbst Maßstab und Autorität, er ist Zeuge seiner selbst.

Einmal war der Herr so gerührt von der aufrichtigen Hingabe des Weisen Nārada, dass er ihm in Gestalt eines himmlischen Schwans *(hamsa)* erschien und ihm ausführlich das Wesen von *Bhakta* und *Bhagavān* und deren Beziehung zueinander erklärte, damit alle Gottsuchenden geleitet und erlöst werden mögen. Das Wissen und den Weg stellte er auf ein Fundament, das stark genug ist, das Ende des gegenwärtigen Zeitalters zu überdauern, ohne dass man um dessen Verfall oder Untergang bangen müsste. Er ließ die sieben Welten im Glanz seines makellosen Ruhmes erstrahlen.

Als das große Milchmeer gequirlt wurde, trug der Herr als *Kūrma-Avatāra* in Gestalt einer Schildkröte den *Mandara-Berg*, der als Rührstock diente. Zur selben Zeit nahm er noch eine andere Form an: Als *Dhanvantari* brachte er das mit *Amrita* gefüllte göttliche Gefäß. In der Gestalt des *Dhanvantari* lehrte er die Menschen, wie man Krankheit besiegt und wie man körperliche Leiden heilen kann. Er verlieh vielen Ärzten und *Vaidyas* Ruhm durch ihre diagnostischen Fähigkeiten und ihre Heilkräfte.

Das war noch nicht alles, o König! Den Ärzten und *Vaidyas* stand bis dahin kein Anteil am Opfer an die Götter zu. Auf *Dhanvantaris* Geheiß musste ihnen ein Anteil gewährt werden; so hob er ihren Status in der Gesellschaft an.

Hast du gesehen, wie sich das unergründliche Spiel Gottes in diesen Manifestationen zeigt? Gott! Gott der Herr allein kennt die Wege des Herrn! Wie könnte jemand anders ihre Größe und Herrlichkeit ermessen? Wie könnten sie mit ihrer unzulänglichen Ausrüstung an Intellekt und Vorstellungskraft sie erfolgreich bewerten? Die Menschen sind gebunden mit den Fesseln der Unwissenheit *(ajñāna)*, daher diskutieren und argumentieren sie und lassen sich lauthals lang und breit über Gott und seine Eigenschaften aus und verstricken sich so in die Sünde der Gotteslästerung.

Der Mensch kann aber Gottes Gnade gewinnen, wenn er angesichts göttlicher Manifestationen alle Zweifel abwirft, wenn sein Gottesbild von vorüberziehenden Launen und Ereignissen nicht beeinträchtigt wird, und wenn er seine eigenen Stimmungen und Taten in Übereinstimmung bringt mit den Manifestationen Gottes, die er erleben darf. Handelt er anders, kann er nicht darauf hoffen, Gnade zu erlangen oder die Glückseligkeit zu kosten.

Unter diesen Inkarnationen sind *Rāma* und *Krishna* für die Menschheit von größter Bedeutung, da der Mensch sie als Vorbilder verstehen kann. Er kann sich an ihrer Art der Problemlösung ein Beispiel nehmen und Seligkeit erfahren, indem er sich der Kontemplation über ihre großen Taten und Lehren widmet. Diese beiden Gestalten haben sich in den Herzen der Menschheit einen Platz erobert und werden von den Menschen verehrt und angebetet. Ich will dir die beachtenswertesten Vorkommnisse aus dem Leben dieser beiden göttlichen Inkarnationen erzählen. Höre!"

Der Rāma-Avatar

„Zuerst", sprach *Shukadeva*, „will ich dir *Rāmas Saumya* beschreiben. Mit *Saumya* meine ich sein sanftes, zartes und mildes Wesen. Er war in ein grasgrünes Gewand mit einer goldgelben Schärpe um die Hüften gekleidet. Auf dem Haupte trug er ein goldenes Diadem; doch ging er stets mit gesenktem Blick, als scheue er sich aufzuschauen. Die Herzen aller, die ihn so sahen, schmolzen dahin. Niemand ertappte ihn jemals dabei, dass er Blicke auf andere warf. Er schaute immer nur nach innen, niemals nach außen. Wenn jemand ihm etwas schenkte oder anbot, so nahm er es nie völlig an. Er brach ein Stückchen davon ab oder nahm nur ein Teilchen davon, um dem Geber einen Gefallen zu tun. Manchmal berührte er die Gabe nur mit den Fingern und gab sie dann dem Überbringer zurück.

Seinen Schwiegereltern war er mehr als ein Schwiegersohn – er war wie ein Sohn zu ihnen. Mit seinen Schwägerinnen oder deren Dienerinnen sprach er nur selten, und nie hob er den Blick, um sie anzuschauen.

Alle Frauen, die älter waren als er, ehrte und achtete er so, wie er seine Mutter *Kausalyā* ehrte. Alle, die jünger als er waren, betrachtete er als jüngere Schwestern, und alle gleichaltrigen Frauen sah er als seine Ziehmütter an und behandelte sie mit entsprechender Ehrerbietung.

Er hielt sich stets streng an die Wahrheit. Er wusste, dass Schande auf das ganze Königshaus fallen würde, wenn sein Vater das gegebene Wort bräche. Um das Versprechen seines Vaters einzulösen und dessen Ansehen aufrechtzuerhalten, ging er freiwillig für vierzehn Jahre in die Verbannung in den Wäldern. Sein Vater hatte ihn nicht selbst darum gebeten. *Rāma* ‚erfuhr' von dem Beschluss von seiner Ziehmutter *Kaikeyī*. Ohne Gegenrede gab er das Königreich auf und begab sich direkt in den Urwald. Sein Handeln entsprach genau dem, was er sagte, und er passte sein Tun vollkommen dem Wort an.

Rāmas Herz war voller Mitgefühl. Wer auch immer Zuflucht bei ihm suchte und sich ihm ergab, dem gewährte er Schutz und Obdach. Als die Affenheerscharen und die Dämonen während der Schlacht mit *Rāvana* in *Lankā* im Kampf auf Leben und Tod miteinander verstrickt waren, da verwandelten einige der Dämonen sich in Affen und drangen auf diese Weise hinter die Kampflinien. Die Späher der Affen entdeckten sie alsbald und brachten sie vor *Rāma*, damit sie drastisch bestraft würden. *Rāma* aber hielt die Affen davon ab, die Gefangenen zu quälen. Er sagte ihnen, dass sie gekommen seien, um bei ihm Zuflucht zu suchen, und er erklärte, dass er geschworen habe, allen zu vergeben, die sich ihm ergeben würden, ganz gleich, welches Unrecht sie begangen hätten. So hatte er auch *Rāvanas* Bruder *Vibhīshana* Zuflucht gewährt und ihn genauso behandelt wie seinen leiblichen Bruder *Lakshmana*. ‚Wer einmal sagt: Ich bin dein, der ist mein für immer', verkündete *Rāma*. *Rāma* lebte Rechtschaffenheit *(dharma)* vor und lehrte sie durch jede seiner Handlungen. Durch Praxis und Lehre wurde die Rechtschaffenheit von ihm fest gegründet. Er kümmerte sich intensiv um die Guten und beschützte sie. Den Frommen nahm er ihr Leid; er zog sie zu sich heran, und durch seine Gnade fand ihr Leben Erfüllung. Er kannte keinen Unterschied zwischen ‚hoch' und ‚niedrig'. Er war Meister aller *Shastras* und kannte den tiefen Sinn aller Veden.

Durch seine vielfältigen Unternehmungen und beispielhaften Taten verwandelte *Rāma* die Welt in ein Reich der Rechtschaffenheit. Während er das große Pferdeopfer vollzog, ehrten ihn alle versammelten

Weisen und Gelehrten als den großen Erhalter von Tradition und Kultur. Ausmaß und Tiefe seines Mitgefühls und seines weichen Herzens sind unbeschreiblich und nicht in Worte zu fassen. Den sterbenden Adler Jatāyu, einen Vogel, dem normalerweise niemand Ehre erweisen würde, nahm er auf seinen Schoß und strich ihm mit seinem langen fließenden Haar den Staub vom Gefieder. Als Jatāyu seinen letzten Atemzug getan hatte, vollzog *Rāma* für ihn die Bestattungsrituale wie ein Sohn für seinen verstorbenen Vater!

Seine Erscheinung verzauberte alle, die ihn sahen. Liebe, Schönheit und Tugend strahlten von ihm aus und verbreiteten sich auf alle, die ihn umgaben. Den Angehörigen des Affenstammes ließ er ebensoviel Liebe und Zuneigung zuteil werden wie seinen Brüdern *Bharata*, *Lakshmana* und *Shatrughna*.

Rāma war die vollkommene Verkörperung des *Dharma*, der Rechtschaffenheit. Die *Rishis* und Weisen priesen ihn, indem sie sagten, *Dharma* selbst habe durch ihn menschliche Gestalt angenommen! Es ist jetzt nicht nötig, auf tausend Einzelheiten einzugehen, doch für alle Haushälter ist *Rāma* das große Vorbild. Sein Erscheinen galt der Wiederherstellung spiritueller Werte und dem Schutz der Welt vor Sittenverfall. Oh, wie liebevoll war er im Umgang mit seinen Brüdern! Als schon alles für seine Krönung vorbereitet war und er kurz davor verbannt wurde und in die Wälder gehen musste, da klagte und jammerte das Volk von *Ayodhyā* in unerträglichem Schmerz. *Rāma* jedoch verließ Stadt und Königreich mit ebensoviel Freude und Gleichmut, wie er sie zuvor gezeigt hatte, als er auf den Thron zugegangen war. Gibt es ein großartigeres Beispiel für ein Bewusstsein, das ruhig und außerhalb jeglicher Erregung ist *(sthitaprajna)*?

Seiner Meinung nach war der Wert des versprochenen Wortes so hoch einzuschätzen, dass es sich lohnte, selbst das Leben dafür hinzugeben. Mit vollkommenem Gleichmut erlitt er schwere Mühsal, um das Versprechen seines Vaters einzulösen. Seine aufrichtige Beharrlichkeit im Einlösen des Versprechens, das sein Vater gegeben hatte, sollte jedem Sohn als Anregung und Vorbild dienen.

Sītā bestand darauf, mit ihrem Gemahl in den Wald zu gehen, da eine treue Ehefrau einzig in Gesellschaft ihres Gatten am Leben bleiben kann. Sie, die noch nie zuvor Sonne und Regen ausgesetzt war, verbrachte nun die Tage im furchterregenden Urwald – pflichtgetreu und in ungetrübter Freude.

Für *Lakshmana* galt: ‚Er, der mit dir geboren wurde, verdient mehr Liebe als die, die später zu dir kam.' Das war die Einstellung, mit der er seinem Bruder *Rāma* folgte und seine Gattin *Ūrmila* in *Ayodhyā* zurückließ. *Bharata* blieb nichts anderes übrig, als *Rāmas* Wunsch zu gehorchen. Schweren Herzens begab er sich zurück in die Hauptstadt, da *Rāma* es ablehnte, den Herrscherthron einzunehmen. *Bharata* schuf sich seinen eigenen künstlichen ‚Wald', das heißt, er führte, einem inneren Antrieb gehorchend, das Leben eines Asketen, da er das Gefühl hatte, genauso wie sein verbannter Bruder leben zu müssen.

Beachte den Unterschied zwischen *Dasharatha*, dem Vater, und dem Sohn *Rāma*: Sie sind so verschieden wie Erde und Himmel! Seiner Frau zuliebe und um sie glücklich und zufrieden zu sehen, war der Vater bereit, die schlimmsten Qualen zu ertragen. Schließlich schickte er deshalb sogar seinen geliebten Sohn in die Verbannung. Der Sohn aber verbannte später seine eigene Frau in den Urwald, um der Ansicht eines Bürgers in seinem Reich gerecht zu werden! Bedenke die unterschiedliche Art der beiden in der Ausübung ihrer Pflichten gegenüber dem Volk, über das sie herrschten. *Dasharatha* war von der Illusion besessen, dass er der materielle Körper sei; *Rāma* hingegen handelte aus der Erkenntnis heraus, dass er göttliche Seele *(ātman)* war.

Ach, es ist mir nicht möglich, dir die Tugenden und Vorzüge *Rāmas* zu beschreiben, o König! Welche größere Lebensaufgabe könnte sich einem Menschen stellen als die Kontemplation über diese höchste Persönlichkeit? Um sich vor dem Untergang zu bewahren, benötigt man nur eine einzige Übung: die glorreiche Erzählung über das Leben der *Avatare* anzuhören. Wenn man das tut, werden alle Sünden fortgewaschen!", sprach *Shukadeva*.

Parikshit war hocherfreut über diese Worte, und sein Gesicht glühte vor Erregung. „Meister!", sprach er. „Da dein Bericht über Leben und Taten, Tugenden und Zauber *Rāmas*, der Verkörperung des *Dharma*, in mir so große Seligkeit erweckt, frage ich mich, um wieviel größer meine Seligkeit wäre, wenn du mir vom Leben *Krishnas* erzählen würdest! Wie süß muss die Erzählung von *Krishnas* Knabenstreichen und seinen Abenteuern als Kind, seinen göttlichen Spielen *(līlā)* und seinen göttlichen Worten sein! Ich bete darum, dass ich in den Tagen, die ich noch zu leben habe, allzeit im Gedanken an ihn und in der Betrachtung seiner Macht und Größe, seines Zaubers und seiner Schönheit verbleiben kann. Ich bitte darum, auf diese Weise aus dem Kreislauf von Geburt und Tod erlöst zu werden!"

Der Krishna-Avatar

Auf *Parikshits* Gebet antwortete *Shuka*: „Oh König, die göttlichen Handlungen *Krishnas* sind wahrlich, wie du sagst, erstaunlich und wundersam, süß und von tiefer Bedeutung. Sie sind nicht mit dem Wunsch behaftet, die göttliche Natur öffentlich zur Schau zu stellen. Der gewöhnliche Mensch lässt sich von äußerem Prunk und augenfälligen Motiven beeindrucken. Daher beurteilt er die *Līlās* als gewöhnlich oder sogar als etwas Niedriges. Der innere Sinn und Zweck ist nicht für alle gleich offenkundig. Der Herr kann sich jedoch niemals mit zwecklosen und gemeinen Handlungen befassen. Er erscheint, um die Welt aus dem Sumpf der Schlechtigkeit und Ungerechtigkeit zu heben, um seinen *Bhaktas* zu geben, was sie brauchen, Recht und Sittlichkeit wiederherzustellen und die Veden neu zu beleben. Er muss die Verdienste, die jeder in früheren Leben erworben hat, in Betracht ziehen und seine Gnade entsprechend verschenken. Durch Gewährung von Gnaden oder Erfüllung von Wünschen stellt er sich zur Verfügung; seine Taten *(līlā)* gestaltet er derart, dass sie der Zeit, der Person, den Bemühungen und dem Mitgefühl entsprechen, die den jeweiligen Gnadenregen hervorrufen. Wer könnte also diese *Līlās* richtig begreifen und interpretieren?

,*Hari* allein kennt und versteht *Haris* unbegreifliches Tun', lautet ein Spruch. Einzig er kann sich selbst interpretieren und sonst niemand. Nur eines kann man mit Sicherheit behaupten: Die göttlichen *Avatare* werden niemals auch nur im geringsten etwas zum eigenen Vorteil ausführen oder um irgendwelche persönlichen Neigungen und Vorlieben zu erfüllen. Ihr gesamtes Tun dient dem Wohle der Welt! Obwohl die Welt ohne sie nicht existieren und überleben könnte, gehen die *Avatare* durch diese Welt und wirken in ihr, als hätten sie nichts mit ihr gemein. Man kann beobachten, dass alle ihre Worte und Taten von völliger Entsagung geprägt sind. Was kann ihnen, die die Welt in ihren Händen tragen, die Welt geben oder vorenthalten? Sie können die Welt gestalten, wie sie möchten.

Dummköpfe, Ungläubige, Gottesverleugner, Menschen, die in den Schlingen der Unwissenheit gefangen sind, und solche, die gar nichts lernen, mögen Gottes *Līlās* wohl als ichbezogen oder gar als motiviert von Verblendung ansehen, wie eben Handlungen gewöhnlicher Sterblicher. Wahre Gläubige aber werden die *Līlās* als bedeutsame und aufbauende Gnadenbeispiele schätzen und erkennen. Wie kann das unergründliche Absolute *(tat)* von denen begriffen werden, die sich in der Dualität *(tvam)* verloren haben?

Oh König! Die Taten *Rāmas*, des Königs von *Kosala*, und die Taten *Krishnas* sind, wie du weißt, sehr unterschiedlicher Art. Als die bösen und grausamen Feinde des *Dharma* das Gute zu überwältigen drohten, da wurden die Brüder *Krishna* und *Balarāma* geboren. Der eine war schwarz, der andere weiß, und beide versetzten durch ihre Taten, die das Begriffsvermögen der Menschen überschritten, die Welt in Erstaunen.

Krishnas Wirken geht über das Verständnis eines jeden hinaus, möge er noch so klug oder gelehrt sein. Sein Handeln und Gehen, sein Sprechen, Lächeln, Lachen, seine Bewegungen, seine Rede und sein Gesang – alles bezaubert in einzigartiger künstlerischer Vollendung. Alles, was *Krishna* tat, erschien so besonders, so außergewöhnlich. Oft sah das, was er tat, wie Gesetzlosigkeit und reiner Mutwille aus. Während er nach Osten ging, war seine Aufmerksamkeit gen Westen gerichtet! Er ließ seine Augen sprechen. Ein Aufblitzen dieser Augen verriet seine Pläne und Absichten. Die Grenzen und Beschränkungen der Menschen kümmerten ihn nicht im geringsten. Er kannte keinen Unterschied zwischen alten und neuen Gesichtern – er behandelte alle gleich. Verwandtschaft berücksichtigte er ebensowenig, wie er den Forderungen der Konvention nachgab. Wo immer er auftauchte, stellte er irgend etwas an. Wie ein Wirbelsturm, der das Land heimsucht, stiftete er in jedem Haus, das er besuchte, Verwirrung und hinterließ eine Reihe von Streitigkeiten, Klagen und Tränen!

Es war nicht nötig, ihn förmlich in ein Haus einzuladen – er kam ungefragt und ohne Ankündigung. Jedes Haus gehörte ihm. Er ging hinein und nahm sich, was er wollte, wo immer es verborgen sein mochte, und stillte seinen Hunger nach Herzenslust.

Er war eines jeden liebster Verwandter und treuester Kamerad und konnte sich daher ungestraft aus jedem Hause besorgen, was er wollte. Doch das reichte ihm nicht. Er nahm viel mehr, als er selbst brauchte, denn er versorgte auch seine Kameraden gut und reichlich. Und derer waren nicht wenige! Die Besitzer mochten ihren Verlust beklagen und den Diebstahl verdammen – ihn kümmerte das nicht. Er verschenkte alles, als sei es sein Eigentum! Niemand konnte ihn an diesem Spiel hindern; niemand konnte gegen sein Wort etwas ausrichten. Wenn jemand es wagte, sich ihm in den Weg zu stellen oder gar, ihn zu bedrohen, so zog sich der Betreffende mit Sicherheit nicht zu beschreibende Unannehmlichkeiten zu!

Um aber die Wahrheit zu sagen: Auch die kleinste seiner Handlungen war von höchster Süße durchdrungen. Selbst die Leiden, die er denen zufügte, die er strafen wollte, waren süß. Daher hegte niemand auch nur den leisesten Groll gegen ihn. Im Gegenteil – jeder sehnte sich danach, ihn noch öfter zu treffen, länger mit ihm zu spielen, mit ihm zu sprechen und so oft wie möglich bei ihm zu sein. Seine Scherze und groben Streiche mochten aussehen, wie sie wollten – die Opfer nahmen es ihm nie übel.

Der Grund dafür war *Prema*, die allem zugrunde liegende Liebe, der seine Worte und Taten entsprangen. Die Kuhhirtinnen mochten ihn wohl mit Stöcken verfolgen, um ihn zu verjagen – doch wenn sie sich ihm näherten und ihn ansahen, wurden ihre Herzen von dieser Liebe erfüllt, und mit Gebeten auf der Zunge gingen sie von dannen. Was immer er tat, erschien als göttliches Spiel.

Und wie er reden konnte! So gefällig und wohlgesetzt, so schlau und meistens absichtlich irreführend! Vor seinen Kameraden tat er sich Sand in den Mund, doch als seine Mutter ihn deshalb zur Rede stellte, stritt er alles ab und streckte ihr zum Beweis die Zunge heraus! Wahre Behauptungen machte er falsch und falsche wahr! Täglich begab er sich nach *Vrishabhendrapura*, dem Dorf, in dem *Rādhā* wohnte. Viele Leute sahen ihn auf dem Hin- wie auf dem Rückweg auf der Straße. Als aber seine Mutter ihn darauf ansprach und mit den Worten herausforderte: ‚Warum musst du jeden Tag solche Strecken zurücklegen? Hast du hier keine Spielkameraden?', da entgegnete er: ‚Ich kenne diese Straße gar nicht!'

In jedem Hause stiftete er Verwirrung, schuf Zwietracht unter Schwiegermüttern und Schwiegertöchtern, stachelte sie gegeneinander auf und hatte seinen Spass daran. Selten hielt es ihn an einem Ort. Vom Aufstehen bei Tagesanbruch bis zum Schlafengehen zog dieses kleine Bündel Übermut ohne Pause von Haus zu Haus.

Trotz alledem konnten die Dorfbewohner seine Abwesenheit nicht ertragen, auch nicht für einen Augenblick! Wenn er einmal an einem Tage nicht erschien, dann schauten die Hirtenmädchen nach ihm aus und beobachteten die Straße durchs Fenster oder spähten von der Veranda in die Ferne. So groß war der Zauber der göttlichen Liebe, die *Krishna* über sie ausschüttete, wie auch die Liebe, die die Menschen für ihn empfanden. Seine Streiche waren so herzerfrischend, so erfüllend und bedeutungsvoll.

Der blaue Knabe war ein Meister der List und der Diplomatie. Er durchschaute jeden noch so klug verbrämten Trick. Als die Dämonin *Pūtanā* zu ihm kam, um ihn wie eine Mutter an ihrer Brust zu nähren, tat er, als fiele er auf diese List herein. Er sog ihr aber das Leben aus und streckte sie zu Boden. Viele dämonische Wesen *(āsura)* näherten sich ihm mit der Absicht, ihn zu vernichten. Manche davon nahmen die vertrauten Gestalten von Hirtenjungen und -mädchen aus dem Dorfe an – er aber fand immer heraus, wer dahinter steckte, und beförderte sie alle ins Reich des Todes. Ein solches Wesen zeigte sich in der Gestalt eines Kalbes, mischte sich unter die Kühe und Kälber, die Krishna hütete, und wartete auf eine Gelegenheit, ihn umzubringen! Doch das göttliche Kind – gerade drei Jahre alt – durchschaute die böse Absicht. *Krishna* packte das Kalb beim Schwanz, wirbelte es durch die Luft und zerschmetterte es auf dem Boden, so dass der Dämon sein Leben aushauchte.

Derartige Kraft und Fertigkeit standen in keinem Verhältnis zu dieser kindlichen Gestalt. Er aber zeigte seine Göttlichkeit auf millionenfache Weise, um die Menschen zu überzeugen und zu bekehren. Er gab allen Menschen Unterricht, ob jung oder alt, Frau oder Mann, gut oder böse, Verwandter, Gönner, Freund oder Feind. Alle beriet er so, dass ihr Leben in gute Bahnen gelenkt wurde.

Manche verwickelte er in ausweglose Schwierigkeiten. *Kamsa*, seinen Onkel mütterlicherseits, der berauscht war von Herrschsucht und brutaler Unverfrorenheit, packte *Krishna* beim Haar, zog ihn vom Thron, beförderte ihn mit Faustschlägen ins Jenseits und schleifte den leblosen Körper die ganze Hauptstraße entlang bis zum Ufer der *Yamuna*. Die gesamte Bevölkerung der großen Stadt *Mathurā* sah in jeder seiner Taten eine wundersame Mischung aus Verblüffendem, Erstaunlichem, Süßem, Bezauberndem und Verlockendem, von Schönheit und Einfachheit.

Er war noch ein Säugling, als er dem Leben der Dämonen *Pūtanā*, *Trināvarta* und *Shakatāsura* ein Ende setzte. Dann, als er als kleiner Dieb jedes Haus nach Butter durchsuchte, band seine Mutter ihn an einen großen hölzernen Mörser. Doch er zog diesen einfach hinter sich her und entwurzelte damit zwei riesige, zusammengewachsene Bäume. Er zügelte Eitelkeit und Wut der Schlange *Kāliya*, die durch ihr Gift die Wasser der *Yamuna* zur Bedrohung für Mensch und Vieh gemacht hatte. Als seine Mutter den Versuch unternahm, ihn festzubinden, indem sie ihm ein Seil um die Mitte legte, zeigte er ihr seine kosmische Gestalt, in der das ganze Universum nur als winziges Teilchen seiner selbst erschien. Seine Eltern und die Bewohner von *Gokula* waren zutiefst erstaunt über die unerhörte Erfahrung seiner Göttlichkeit. Indem er gähnte, zeigte er ihnen gleichzeitig den Makrokosmos und den Mikrokosmos!

Seinen lieben Hirtenkameraden zeigte er sein Paradies *(vaikuntha),* wo es weder Schmerz noch Verlust gibt. Seinen Vater *Nanda* überredete er, die übliche *Pūjā* für *Indra* aufzugeben und statt dessen den *Govardhana*-Hügel zu verehren. Als der Regengott *Indra,* beleidigt durch die Vernachlässigung, fürchterliche Regengüsse auf das Dorf niedergehen ließ, hielt *Krishna* auf seinem kleinen Finger den ganzen *Govardhana*-Berg in die Höhe, so dass das gesamte Dorf darunter Schutz finden konnte!

Die Hirtenkinder versetzte er durch seine spielerischen Streiche und sein wohlklingendes Flötenspiel in ekstatische Zustände. Dies als niedrig und sinnlich zu deuten, zeugt von Dummheit.

Krishnas Tanz mit den Hirtinnen im Mondenschein, bei dem jede einzelne Maid einen konkreten *Krishna* an ihrer Seite hatte, wird von niedrig gesinnten Leuten als lose Sitten und ungehöriger Zeitvertreib gedeutet. Solche Folgerungen entbehren jeglicher Grundlage. *Krishna* war erst fünf oder sechs Jahre alt, als diese wundersamen Ereignisse stattfanden – wie könnte man sie da als lüstern aburteilen? Der Herr ist jenseits von Kennzeichen und Eigenschaften. Dieses süße Spiel war nur ein Mittel, den Hirtinnen Gnade zukommen zu lassen – ein Beispiel für Hingabe und die Frucht der Hingabe. Der Herr überschüttete die *Gopis* mit seiner Gnade, die sie sich durch verdienstvolle Taten erworben hatten. Es war ein Gnadenakt, eine Segnung.

Wenn man diese übermenschlich-göttliche Erscheinungsform als normal-menschlich ansieht, so mag man Wollust und diebisches Wesen unterstellen. Überlege aber: Welcher gewöhnliche Mensch wäre fähig, auch nur den geringsten Bruchteil von dem zu vollbringen, was *Krishna* tat? Er erlöste die Welt von den Quälereien monströser Unheilstifter wie Pralamba, Dhenuka, Keshī, Vanāsura, Arishta, Mushtika, Kuvalayāpīda, Kamsa, Naraka, Paundraka, Dvivida, Jarasandha, Dantavakra, Shambara, Kāmboja, Kuru, Matsya, Kaikaya und unzähliger anderer mächtiger Gestalten. Liegt das alles in den Kräften eines gewöhnlichen Menschen?

Jede Handlung dieses einzigartigen *Avatars* ist ein erstaunliches Wunder. Selbst im Ärger konnte er nicht umhin, seine überquellende Liebe zu bekunden. Ungehindert floss sein Mitgefühl in dieser Liebe über. Wenn man ihn sah, berührte, hörte, konnte man Befreiung erlangen. Denen, die sich ständig seines Namens erinnerten, gewährte er Unsterblichkeit. Die Hirten, unter denen er lebte, kosteten jedesmal den Nektar der Verzückung, wenn sie bei seinen Taten zugegen waren oder an diese dachten.

Oh König! Das *Bhāgavatam* ist nicht allein die Geschichte des Herrn, die sich vor dem Hintergrund von *Mathurā, Brindāvana, Gokula* und den Ufern der *Yamuna* mit *Nanda, Yashodā, Vasudeva, Devakī* und den anderen abspielt. Der Begriff *Bhāgavata* umfasst alle Geschichten aller Inkarnationen des erhabenen Herrn. Alle Inkarnationen waren Verkörperungen ein- und desselben *Gopāla Krishna* aus der Welt der höchsten Glückseligkeit, die *Goloka* oder *Vaikuntha* genannt wird. Die Geschichte einer jeden solchen Inkarnation ist nichts als die Geschichte *Vāsudevas*, die aus ihm hervorgeht und sich wieder mit ihm vereinigt. Diese göttliche Energie ist die substantielle Grundlage aller *Avatare* wie aller Lebewesen."

Gopāla, Gopas und Gopis

Shukadeva wollte gern, dass König *Parikshit* die göttlichen Spiele *Krishnas* im rechten Lichte sähe, und er sprach: „Oh *Mahārāja Parikshit*! Wer könnte den übernatürlichen Liebreiz *Krishnas* beschreiben, dessen liebliche Gestalt die vollkommene Verkörperung der Süße war! Wie könnte jemand das in Worte fassen? Ich soll dir Geschichten von *Krishna* erzählen – diese gehören aber zu einem Bereich, der jenseits der Grenzen menschlicher Sprache liegt. Gott hat oft Gestalt angenommen und während jeder Inkarnation viele übernatürliche Wunder gezeigt. In dieser *Krishna*-Inkarnation jedoch offenbarte er eine einzigartige Anziehungskraft. Ein Lächeln von ihm, das seine perlschimmernden Zähne enthüllte, genügte: Wer den Quell der Liebe im Herzen trug, wer den Zauber der Hingabe im Herzen hatte, ja, selbst wer seine Sinne bezähmt und die inneren Triebe gemeistert hatte, fühlte ein Aufwallen des Gefühls, ein Aufquellen liebeserfüllter Anbetung! Eine sanfte Berührung von seiner zarten Hand – und man verlor jegliches Körperbewusstsein, war so in Seligkeit versunken, dass man von diesem Augenblick an im Gleichklang mit ihm lebte! Hin und wieder scherzte er, erzählte fröhliche Geschichten – dann dachten alle Zuhörer, dass kaum jemandem auf der ganzen Welt größeres Glück beschieden sei als ihnen.

Wenn die *Gopas* und *Gopis*, die Männer und Frauen von *Vraja* während ihrer täglichen Beschäftigungen auch nur einmal *Krishna* erblickten, so blieben sie, von seinem Liebreiz bezaubert, mitten in der Arbeit wie angewurzelt stehen, so dass man sie für steinerne Statuen hätte halten können. Die Frauen von *Vraja* hatten ihr ganzes Denken und Fühlen, ja, ihren Atem selbst völlig *Krishna* hingegeben, den sie als Verkörperung der Liebe und des Mitgefühls erkannten. Kein noch so fortgeschrittener Gelehrter kann Worte finden, die ihr Wesen und ihre Erfahrungen hinreichend beschreiben könnten. Wahrlich, Sprache versagt hier und muss verstummen.

Die von erhabenen Gefühlen erfüllte Ergebenheit und Hingabe der *Gopas* und *Gopis* kannte keine Grenzen. Kein Geringerer als *Uddhava*, *Krishnas* enger Freund und Ratgeber, rief bei ihrem Anblick aus: ‚Weh mir, ich habe alle Jahre meines Lebens vergeudet! Nun war ich so lange in *Krishnas* mondgleicher, kühler, erquickender Gegenwart, war so dicht bei ihm und habe doch keinen Zugang zu seiner Liebe und seiner Herrlichkeit gefunden. Nicht ein Bruchteil der Liebe und Hingabe zum Herrn, die diesen *Gopis* eigen ist, erleuchtet mein Herz. Wahrlich, wenn man auf Erden geboren werden muss, dann nur als ein Hirte oder eine Hirtin in seiner Nähe! Was nützt es, in einer anderen Gestalt geboren zu werden und ein Leben ohne Sinn und Bedeutung zu führen? Wenn mir nicht das Glück beschieden ist, als *Gopa* oder *Gopi* geboren zu werden, so lass mich in *Brindāvana* eine grüne blumengeschmückte Laube werden oder ein Jasminstrauch sein oder, falls mir dieses Glück nicht zusteht, lass mich wenigstens als Grashalm wachsen auf den Wiesen, welche die *Gopas*, *Gopis* und *Krishna* aufsuchen!" So erscholl *Uddhavas* Klage. Er war voller Qual und Sehnsucht nach Gott; sein Herz war voller Verlangen! Ja, und genau diese Qual hat ihn erlöst!

Wer also behauptet, dass das Verhältnis zwischen *Krishna* und den *Gopis* niederer und sinnlicher Natur war, zeigt damit nur, dass er sich allzu leicht zu falschen Schlussfolgerungen verleiten lässt. Solche Behauptungen verdienen keinerlei Beachtung. Oh König! Einzig, wer reinen Herzens ist, kann *Krishnas* Handlungsweise verstehen!"

Parikshit war durch diese Worte äußerst beglückt. Lächelnd fragte er den Heiligen: „Meister! Wann und warum begab *Uddhava* sich nach *Brindāvana*? Was hat ihn veranlasst, sich von *Krishna* zu entfernen und dorthin zu gehen? Bitte erzähle mir mehr darüber!"

Shuka entsprach dem Wunsch des Königs und berichtete: „Oh König! *Uddhava* konnte es nicht ertragen, fern von *Krishna* zu sein – nicht einmal für einen Augenblick. Er konnte sich nie aus *Krishnas* unmittelbarer Nähe fortbegeben. *Krishna* selbst aber schickte ihn nach *Brindāvana*, damit er den *Gopis* eine Botschaft überbrachte, und so blieb ihm nichts anderes übrig als zu gehen. *Krishna* gewährte ihm allerdings nur einen einzigen Tag zur Erfüllung seines Auftrags; er wies *Uddhava* an, nicht länger als einen Tag dort zu bleiben. Dennoch lag dieser eine Tag des Getrenntseins wie eine Ewigkeit vor *Uddhava*, als er nach *Brindāvana* reiste.

Als er *Brindāvana* jedoch erreicht hatte, bedauerte er, dass die Stunden so schnell verflogen und dass er diesen Ort schon so bald wieder verlassen musste. ‚Ach, dass ich so bald wieder von diesen Menschen scheiden muss! Wie glücklich wäre ich, könnte ich mein ganzes Leben in ihrer Gesellschaft verbringen! Leider habe ich mir dieses Verdienst nicht erworben!' Mit diesen traurigen Gedanken plagte sich *Uddhava*.

Siehst du, o König, dass zwischen dem Herrn und seinem *Bhakta* in Wahrheit kein Unterschied besteht? Als *Uddhava* die *Gopis* verlassen musste, war seine Pein größer als der Schmerz, den er empfunden hatte, als er von *Krishna* fortgehen musste! Sein Glücksgefühl war an beiden Orten dasselbe. In Wahrheit gibt es keinen Unterschied zwischen *Gopi* und *Gopāla*, zwischen *Bhakta* und *Bhagavān*. Die Herzen der *Gopis* waren zu dem Allerheiligsten geworden, in dem *Krishna* wohnte. Ihr inneres Verlangen wurde gestillt durch den Nektar von *Krishnas* Gegenwart *(krishna-rasa),* den sie ständig kosteten. Ihren Schmerz, den die Trennung von *Krishna* verursachte, die Aufrichtigkeit ihrer liebevollen Zuneigung zu ihm, ihren Eifer, etwas über *Krishna* zu erfahren, ihre Sorge um ihn und die Ernsthaftigkeit, mit der sie seinen Befehl empfangen und ausführen wollten – all dies konnte *Uddhava* erkennen. Die *Gopas* und *Gopis* erlaubten ihrer Aufmerksamkeit auch nicht für einen Augenblick, fortzuwandern von den Geschichten über *Krishna*, den Beschreibungen seiner *Līlās* und den Erzählungen von seinen Taten.

Krishnas unvergleichlicher Liebreiz durchdrang das Gebiet von *Vraja* mit solcher Macht, dass Lebendiges leblos erschien und Lebloses lebendig! *Uddhava* sah mit eigenen Augen, wie die Felsblöcke des *Govardhana*-Berges in Freudentränen dahinschmolzen. Ebenso sah er, wie die *Gopis* zu steinernen Bildnissen erstarrten, wenn ihre Herzen von göttlicher Freude erfüllt waren. Diese Erfahrungen waren für ihn wundervoll und erleuchtend."

Während *Shuka* beschrieb, wie die Hingabe der *Gopis* in Wahrheit beschaffen war, wurde er selbst von einer solchen Freude überwältigt, dass ihm die Tränen unter den Augenlidern hervorquollen. Er verlor jegliches Bewusstsein für die äußere Welt und versank immer wieder in *Samādhi*, so dass die zuhörenden Heiligen und *Rishis*, während sie ihn beobachteten, von heiliger Ekstase erfüllt wurden. Unbezähmbare Sehnsucht ergriff sie, diesen mondgleichen *Krishna (Krishnacandra)*, der *Shuka* derart beseligte, auch zu erblicken.

Inzwischen hatte *Shuka* die Augen wieder geöffnet und sprach: „Oh *Mahārāja*! Welches Glück wurde diesem *Uddhava* zuteil! Als die *Gopis* ihm alle Plätze zeigten, an denen sie mit *Krishna* gespielt hatten, führten sie ihn auch zum *Govardhana*-Berg. *Uddhavas* Verwunderung wuchs noch mehr, als er diesen Ort sah. Auf den Felsen und der harten Erde konnte er die Eindrücke erblicken, die *Krishnas* Füße und die der *Gopas* und *Gopis* hinterlassen hatten – und zwar so deutlich, als hätten sie gerade eben erst dieses Gebiet durchstreift. Als sie sich dem *Govardhana*-Berg näherten, fühlten die *Gopis* die Qual der Trennung von *Krishna* so schmerzlich, dass sie in Schluchzen ausbrachen. In ihrem Bewusstsein war nur er, ihre Gedanken gaben sie nur ihm. Als sie alle zusammen wie aus einer Kehle ‚*Krishna!*' riefen, da erzitterten die umstehenden Bäume vor Erschütterung und Begeisterung. Sie wiegten die Äste hin und her und seufzten vor Trauer. *Uddhava* konnte mit eigenen Augen beobachten, wie die Trennung von *Krishna* nicht nur die *Gopas* und *Gopis* von *Brindāvana* betroffen und betrübt hatte, sondern selbst die Berge und Bäume. Oh König, was soll ich noch mehr erzählen? *Uddhava* sah unglaubliche Bilder, demütig und überwältigt vor Erstaunen."

Hierüber wollte der König gern mehr erfahren, und er sprach: „Meister, wie geschah dies? Bitte kläre mich auch darüber auf, wenn nichts dagegen einzuwenden ist!" Auf diese Bitte erwiderte *Shuka*: „Oh König! Das Bewusstsein der *Gopis* war eins geworden mit *Krishnas* Bewusst-Sein, daher erkannten sie nichts anderes und niemand anderen. Jeden

Stein, jeden Baum, den sie erblickten, sahen sie als *Krishna* und umarmten sie mit dem Ruf: ‚*Krishna! Krishna!*' Hierdurch fühlten auch die Steine und Bäume die Pein des Getrenntseins von *Krishna*. Auch sie schmolzen im Feuer dieses Schmerzes dahin, so dass die Tränen von den Blattspitzen tropften. Die Steine wurden weich durch die Tränen, die sie verströmten. Stell dir vor, wie erstaunlich dieser Anblick gewesen sein muss! Der Grundsatz, dass ‚alles lebt' (sarvam sajīvam) wurde *Uddhava* auf diese Weise bewiesen. Die Steine und Bäume von *Brindāvana* machten ihm deutlich, dass nichts ohne Bewusstsein und Leben ist.

Wer nicht imstande ist, die Größe der *Gopis* zu erfassen, diese Hingabe, die Steine zum Schmelzen brachte und Bäume veranlasste, vor Schmerz zu schluchzen, der hat kein Recht, zu urteilen oder gar zu verurteilen. Wer das dennoch tut, enthüllt nur, dass sein Einsichtsvermögen unbeweglicher ist als Felsen und Steine. Ein träges Gemüt kann niemals die Großartigkeit *Krishnacandras* erfassen, der der absolute Beherrscher des Universums ist und das Universum durch seine Schönheit und Macht bezaubert. Nur die allerklarste und reinste Intelligenz kann das begreifen.

Und so entdeckte *Uddhava* an jenem Abend noch etwas Besonderes, das ihm neu war. So, wie die Brahmanen und andere Zweimalgeborene bei Sonnenuntergang das Feuer in zeremoniellem Ritual verehren, so entzündeten auch die *Gopis* die Feuerstellen in ihren Häusern, indem sie glühende Kohlen oder offenes Feuer in Muschelschalen und irdenen Tellern aus den Nachbarhäusern holen. *Uddhava* bemerkte, dass das erste Haus, in dem Lampe und Herd angezündet wurden, das Haus von *Nanda* war. In diesem Haus war *Krishna* aufgewachsen, hier hatte er gespielt. *Uddhava* sah, dass die *Gopis*, sobald das Licht in *Nandas* Haus aufleuchtete, eine nach der anderen mit Lampen herbeikamen, um sie feierlich an diesem Licht entzünden zu lassen. Die so angezündeten Lampen brachten sie dann in ihre eigenen Häuser. Auf der Treppe der Versammlungshalle des Dorfes sitzend, beobachtete *Uddhava* die Prozession der Lampen.

Unterdessen beschäftigte sich eine der *Gopis* zu lange damit, ihre Lampe in *Krishnas* Haus anzuzünden. Die anderen, die nach ihr kamen, wurden ungeduldig, weil sie auch an die Reihe kommen wollten. *Yashodā*, die aus den inneren Gemächern des Hauses herbeikam, rief beim Anblick dieser *Gopi*: ‚Oh, was für ein Unglück!', und versuchte, sie mit einem Klaps auf den Rücken aufzuwecken. Die *Gopi* aber öffnete ihre Augen nicht. Die Umstehenden zogen sie sanft von der Lampe fort und legten sie nieder, damit sie wieder zu sich käme. Sie hatte sich ihre Finger schlimm verbrannt. Nur mit großer Mühe konnte sie wieder zu Bewusstsein gebracht werden. Auf Befragen teilte sie mit, dass sie *Krishna* in der Flamme erblickt hatte. Diese freudige Erfahrung hatte sie alles vergessen lassen, so dass sie nicht bemerkt hatte, dass ihre Finger in der Flamme verbrannten. Sie hatte keinen Schmerz gefühlt. *Uddhava* war zutiefst verwundert über diesen Zwischenfall, der ein weiteres wunderbares Beispiel für die Hingabe der *Gopis* war."

König und Kamerad

„Meister, ich möchte gern mehr hören über die Kinderstreiche *Krishnas*, die er als Hirtenknabe mit seinen Kameraden aus *Vraja* verübte. Mehr über seine Spiele und Abenteuer in Wald und Wildnis während der elf Jahre, die er nach seiner Geburt im Kerker von *Mathurā* in *Brindāvana* verbrachte."

Diese Bitte *Parikshits* machte *Shuka* sehr froh. Lächelnd sprach er: „Es ist mir nicht möglich, dir alle *Līlās* dieses göttlichen *Gopāla* zu beschreiben. Jedes einzelne erfüllt den Geist mit Süße. Die Hirtenknaben von *Vraja*, die dieser Freude teilhaftig wurden, waren wahrhaft gesegnet. Der Herr achtet nicht auf äußere Unterschiede wie den Namen einer Person, ihre Staatsangehörigkeit oder Kaste, ihren Beruf und ihre Einstellung. Ganz gleich, auf welche Weise ein Mensch sich ihm nähert – er wird ihn willkommen heißen, ihn an sich ziehen, seine Wünsche erfüllen und ihm Freude schenken. Solchermaßen war der Herr geartet.

Von dem Augenblick an, da *Krishna* von seinem Vater *Vasudeva* in *Nandas* Haus zurückgelassen wurde, machte er *Nanda* größte Freude. Die göttliche Kühnheit und Tapferkeit dieses Kindes ließ immer wieder dankbares Jubeln in diesem Hause erschallen. Von Tag zu Tag wuchs *Krishna* und nahm an Liebreiz zu. Er erstrahlte als seiner Mutter teuerster Schatz. Er spielte auf ihrem Schoße; er machte die ersten kleinen Gehversuche, überwand die Türschwelle, hielt sich an Vaters oder Mutters Finger fest und wagte ein paar Schritte. Die Eltern taten ihr Bestes, ihn vor allen Blicken zu verbergen, damit die vielen Todesboten, die *Kamsa* ohne Unterlass sandte, ihn nicht fänden – er aber zeigte sich irgendwie von selbst. Meistens ging er selbst auf diese Boten zu und stellte sich ihnen vor. Wer könnte *Gopāla*, den Erhalter und Beschützer des Universums, versteckt halten – und wo? Wer könnte ihn entführen, und wohin? Oh *Parikshit*, es ist alles göttliches Spiel!

Er wuchs Tag um Tag und begann, mit gleichaltrigen Kindern aus den Häusern der Hirten die sandigen Ufer des heiligen Flusses *Yamuna* aufzusuchen, um dort zu spielen. Die Eltern versuchten wohl, ihn davon abzuhalten, doch es gelang ihnen nicht. Wie seine Kameraden trieb er die Kühe auf die Weide. Die Augen, die dieses hinreißende Bild erblickten – *Gopāla* inmitten der Herde sauberer, gepflegter und zufrieden weidender Kühe –, diese Augen sind es wert, wahrhaft Augen genannt zu werden, denn sie sahen den großartigsten Anblick aller Zeiten. Male es dir selbst aus, o König! Eine makellos weiße Herde von Kühen und Kälbern – dazwischen der dunkle göttliche Knabe! Die Kühe fühlten sich zu ihm hingezogen; sie ‚dachten' nicht daran, ihm wegzulaufen. Und auch *Krishna* wollte nicht ohne sie sein, denn er liebte sie wie Brüder und Schwestern – ja, als wären sie seine eigenen Kinder! Eine sachte Berührung von seiner Hand auf dem Rücken, und die Kälbchen und ihre Mütter vergaßen alles ringsum. Sie öffneten die Mäuler, hoben die Schwänze und leckten ihm liebevoll Gesicht und Hände. *Gopāla* umarmte sie immer wieder, hängte sich an ihre Hälse und schaukelte mit geschlossenen Augen und strahlendem Lächeln fröhlich an ihnen hin und her.

Spielerisch stießen die Kälbchen mit ihren gerade knospenden Hörnern gegen seinen zarten Körper. An den ewig jungfräulichen, frühlingshaften Ufern der kühlen *Yamuna* spielte er Tag und Nacht voller Anmut und Freude mit seinen Freunden, den Kälbchen und den Hirtenknaben. Die Eltern mussten ihre Dienstboten ausschicken, damit sie ihn suchten und – wohl oder übel – mit seinen Freunden heimbrachten.

So vergingen die Tage, daheim und draußen, und *Gopāla* wuchs zu einem hinreißenden Knaben heran. Obwohl die Eltern es nicht gern sahen, band er die Kühe und Kälber im Stall los, trieb sie den Weg entlang, den die Herden des Dorfes für gewöhnlich nahmen, und brachte sie über die Landstraße zu den draußen liegenden grünen Weiden. Wie die anderen Knaben hatte er ein Stück Stoff um den Kopf gewunden und trug ein Stöckchen über der Schulter. Wenn er so in größter Selbstverständlichkeit dahinschritt, glich er einem herrlichen, königlichen jungen Löwen.

Er spielte mit großem Spass mit seinen Kameraden und sang die süßesten Melodien, wobei er das linke Ohr mit der linken Hand bedeckte. Dann unterbrachen die Kühe, die unermüdlich das grüne Gras kauten, wie verzaubert ihre Tätigkeit und lauschten glückselig glotzend der göttlichen Melodie. Sie spitzten die Ohren, um keinesfalls die Botschaft zu verpassen, die sie zur Seligkeit rief; die Augen hatten sie halb geschlossen, als seien sie in tiefste Meditation versunken! Die Kälbchen, die gierig an den Eutern gesogen hatten, standen still und tranken sich lieber satt an den göttlichen Klängen von *Krishnas* Gesang. Es war ein betörender Anblick für alle, die es erleben durften.

Oh König, ich kann dir weder Anzahl noch Art der Spiele dieses *Gopāla* mitteilen. Sie waren allesamt wunderbar und ehrfurchtgebietend, und alle waren voller *Ānanda* und brachten *Ānanda*. Manchmal forderte er seine Kameraden heraus und wirbelte das Stöckchen in seiner Hand so schnell herum, dass das Auge keinen Stock mehr wahrnehmen konnte. Dann scharten sich die Freunde um ihn und baten, er möge ihnen auch beibringen, wie man den Stock so dreht. Für ihn, der das Universum mit allem, was es enthält, so schnell kreisen lässt, ist das Herumwirbeln eines Stöckchens keine besondere Leistung. Es ist aber ein Kunststück, das durch keinen Unterricht erlernbar ist! Die armen Burschen konnten die Wirklichkeit hinter ihrem Spielkameraden nicht erfassen.

Oft spielte er in den Bäumen ‚Fangen'. Wenn die Verfolger ihm nachkletterten, flüchtete er auf den allerhöchsten Ast, auf ein Zweiglein, das so dünn und schwach war, dass es unter dem Gewicht eines Eichhörnchens schwanken würde! Er konnte nicht erwischt werden! Ja, in der Tat, wie könnte er sich so ohne weiteres einfangen lassen? *Krishna* kann nur von denen erobert werden, die reinen Herzens sind.

Gopāla erscheint dem Auge sichtbar bei seinen Kameraden in den Wäldern und Hainen. Er spielt mit ihnen und erfreut sie durch manchen Streich und manches übermütige Spiel. Er geht mit ihnen, seine Hand liebevoll auf ihren Schultern. Doch von einem Augenblick zum anderen ist er fort und den Blicken entschwunden, um seinen Freunden auf andere Weise, perfekt verkleidet, zu begegnen. So vollkommen ist seine Verkleidung, dass sie ihn für einen Fremden halten, mit dem es ihnen nicht erlaubt ist zu reden. Doch er überrascht sie mit lautem Gelächter und dem Ruf: ‚Ich bin's, ich bin es doch! Ihr konntet mich nicht erkennen!' Diese Spiele versetzten die Knaben in Erstaunen und manchmal auch in Furcht.

So verging der Tag, und in der Abenddämmerung kehrte *Gopāla* mit seinen Freunden zurück ins Dorf, ganz unschuldig, als sei nichts geschehen, was seinen Gleichmut hätte stören können. An bestimmten Tagen bestand seine Mutter darauf, dass er daheim blieb und nicht auf die Weide hinausging. An solchen Tagen schleppten sich Hirtenknaben, Kühe und Kälber langsam und niedergeschlagen zum Weidegrund. Lustlos und vereinsamt lagen sie unter den Bäumen, ohne an Essen oder Trinken zu denken. Ihre Augen sehnten sich nach dem Glückseligkeit verströmenden *Krishna*; er allein konnte Leben in diese Gesellschaft bringen.

Oft sandte *Kamsa*, *Krishnas* bösartiger Onkel, seine Boten, die Dämonen, in Verkleidung und mit Spielsachen und Süßigkeiten. Die Knaben scharten sich um diese Händler und erkundigten sich nach dem Preis der Dinge, die sie gern gehabt hätten. Der Dämon aber wartete nur auf die Gelegenheit, *Krishna* zu ergreifen, und wollte den Augenblick abpassen, da er sich nähern würde. *Krishna* würdigte Spielzeug und Süßigkeiten keines Blickes. Meistens wartete er bis zum Abend und näherte sich dann den Unholden. Er ließ sie glauben, dass er in ihre Falle gegangen sei – aber nur, um seinerseits über sie herzufallen, sie in Stücke zu reißen und die Kadaver weit fort zu schleudern! Solcherlei Abenteuer erfüllten die Dorfleute, abgesehen von der großen Freude über das Entkommen, mit Erstaunen, Verwunderung und Furcht.

Einmal geschah es, dass das Dorf voller Karren mit Mangofrüchten stand. *Krishna* wusste, dass dies wieder ein übler Plan der Dämonen, der Abgesandten *Kamsas*, war. Er nahm die Früchte und tötete die Überbringer. Er meinte, dass es nicht recht sei, die Früchte abzulehnen, die sein Onkel geschickt hatte, und nahm diese daher an. Aber er schickte niemanden lebend zurück, der *Kamsa* hätte mitteilen können, was geschehen war. So erging es allen, die der Onkel in böser Absicht aussandte.

Oh König! Von dem Augenblick an, da der Herr seinen Wohnsitz in der Gegend von *Vraja* nahm, wandelte sich die Umgebung in eine Schatzkammer der *Lakshmī*, der Göttin des Reichtums und des Wohlstands. Überall schien sie ihr huldvolles Lächeln zu verbreiten. Es gab Tausende und Abertausende von Kühen. Milch, Butter und Yoghurt wurden nie knapp – im Gegenteil. Es war so viel davon vorhanden, dass man gar nicht wusste, wie man alles verbrauchen oder aufbewahren sollte. *Gopāla* liebte die Kühe so sehr, dass er die Vorstellung, ihre kostbaren Gaben fortzuwerfen, nicht ertragen konnte. Aus diesem Grunde nahm er lieber alles in seinen eigenen Magen auf. Dieser Gnadenakt brachte ihm den Namen Milch- und Butterdieb ein!

Indra, der Götterkönig, der alles beobachtete und wusste, dass *Krishna* mit diesem Namen bedacht wurde, beschloss, der Welt ein Zeichen zu geben, aus dem sie erkennen konnte, dass *Krishna* wahrhaft Gott auf Erden war. So führte er Umstände herbei, die das Volk von *Vraja* veranlassten, ihn, den König der Götter, nicht mehr mit den üblichen Riten zu verehren. Dieses „Vergehen" vergalt *Indra* mit schwersten Regenfällen, und *Krishna* musste den *Govardhana*-Berg emporheben, um Hirten und Kühe vor der Wucht der Regengüsse zu beschützen. All dies gehörte zum Spiel. *Indra* war weder verärgert, noch befasste er sich mit Rache- oder Vergeltungsplänen. Außerdem würde *Krishna* niemals den Leuten vom Gottesdienst abraten. Solche Wunder wurden beschlossen, damit die Menschen den Göttlichen, der sich schon mitten unter ihnen aufhielt, erkannten. Ereignisse dieser Art bestätigen die Ansicht, dass nichts geschehen kann, ohne dass eine tiefere Absicht zugrunde liegt."

Parikshit unterbrach den Heiligen mit dem freudigen Ruf: „Oh, wie süß sind die *Līlās*, die Spiele und Streiche des göttlichen Knaben *Gopāla*! Je mehr wir davon hören, desto mehr Geschmack finden wir daran! Meister, lass mich noch mehr hören, damit ich *Moksha* erlange."

Das Schicksal der Dämonen

Sich auf *Krishnas* Knabenstreiche zu besinnen und anderen die Gelegenheit zu bieten, der Schilderung dieser Streiche zu lauschen, waren Aufgaben, die *Shuka* große Freude bereiteten. Darum antwortete er auf diese Bitte auch sofort: „Oh König! Du kannst die wenigen dir noch verbleibenden Lebenstage ja auf keine bessere Weise verbringen, als dass du sie der Betrachtung Gottes widmest. Die Taten des Herrn sind Tropfen des Unsterblichkeitstrankes. Jede seiner Taten ist ein Quell der

Seligkeit. Sage mir, über welche dieser Taten du etwas hören möchtest. Ich will dir die Wahrheit einer jeden erklären und dir von der Herrlichkeit berichten, die ich geschaut habe."

Da sprach König *Parikshit*: „Meister, ich möchte hören, auf welch wundersame Weise *Gopāla* unter den Hirtenknaben wandelte. Das wird mir solche Freude machen, dass ich mich aus den Schlingen von Tod und Wiedergeburt befreien kann."

Also begann *Shuka*: „Lieber König! *Gopāla* stand stets in den frühen Morgenstunden auf, zwischen vier und sechs Uhr *(brahmamuhūrta)*. Er brauchte nicht lange für sein morgendliches Bad, dann begab er sich in den Kuhstall, um die Kühe und die Kälbchen auszusuchen, die an diesem Tag zur Weide gebracht werden sollten. Er gab ihnen Wasser zu trinken und häufte Gras vor den Tieren auf, die im Stall bleiben sollten, so dass auch sie sich satt essen konnten. Die Kühe, die er mitnehmen wollte, band er von den Pfosten los und trieb sie aus dem Stall auf den Platz vor seinem Hause. Dann ging er hinein und nahm sein ‚Pausenpaket' mit, das kalten Reis mit Yoghurt und ein wenig sauer eingelegtes Gemüse enthielt. Er gab seinem älteren Bruder Bescheid, dass es Zeit sei aufzubrechen, und stellte sich dann auf die Straße, um das Horn zu blasen. Das war für seine Kameraden ein Zeichen, dass sie sich fertigmachen und zu ihm stoßen sollten. Dieser Lockruf setzte die Hirtenknaben in Bewegung. Sie beeilten sich, ihre Aufgaben daheim schnellstens zu erledigen, um dann mit ihren Päckchen für die Mittagsmahlzeit zu Mutter *Yashodās* Haus zu eilen, bereit, die Aufgaben, zu denen *Krishna* sie heranrief, zu erfüllen.

Dann wanderten die Kinder unter Flötenspiel und Gesang zum Dorf hinaus. Manche antworteten dem Kuckuck, der in den Bäumen sang, mit dem Echo seines Liedes. Andere liefen den Schatten nach, die die über ihnen fliegenden Vögel warfen, und manche lagen langausgestreckt auf den Rücken der Kühe, sangen fröhlich ihre Lieblingslieder und beobachteten die ganze Zeit aufmerksam, was *Gopāla* tat und wo er sich gerade aufhielt. So bewegte sich das Trüppchen in Richtung Wald.

Gopāla steckte dann seine Flöte ins Lendentuch, hielt sein Essenspäckchen in der linken Hand, erhob seine liebliche silberhelle Stimme und sang, langsam dahinschreitend, ein bezauberndes Lied. Die Kühe liefen im Gleichklang mit diesem Lied, als schlügen ihre Füße freudig den Takt. Sie spitzten die Ohren, um der göttlichen Melodie zu lauschen, und hoben die Köpfe in stiller Bewunderung und Anbetung. Schließlich erreichten alle gemeinsam das Ufer der Wasserstelle.

Inzwischen war es auch an der Zeit, das Mahl einzunehmen. Sie ließen sich unter den Bäumen nieder und öffneten ihre Bündel mit kaltem Reis und Yoghurt, Sahne oder Milch und verschiedenen anderen Zutaten – je nach Geschmack und Bedürfnis der Knaben. Sie warteten alle, bis *Gopāla* sein Paket geöffnet und mit dem Essen begonnen hatte, bevor sie selbst den ersten Bissen nahmen. Sobald *Gopāla* einen Happen genommen hatte, begannen alle Kinder zu essen. Manchmal gab *Gopāla* seinen Freunden eine Handvoll Essen aus seinem Paket und erhielt dafür von jedem eine Handvoll aus ihrem eigenen Vorrat. Er ging herum und bat jeden um einen Anteil aus seinem Päckchen. Die Knaben gaben *Gopāla* nur zögernd etwas; sie scheuten sich, ihm von ihren Tellern die Handvoll Essen, um die er bat, zu geben, denn dadurch, dass sie schon davon gegessen hatten, war es ‚unrein' geworden, als Opfergabe für den Herrn nicht mehr geeignet. *Gopāla* beteuerte angesichts ihrer Befürchtungen, dass der Eine in ihnen allen wohne und dass sie nicht denken sollten, er sei von ihnen getrennt. ‚Wie ist Unreinheit der Opfergabe möglich, wenn doch alle eins sind?', fragte er. Dann nahm er die angebissene eingelegte Frucht, die an ihrem Tellerrand lag, und biss sich ein Stückchen davon ab, um es genüßlich zu kauen. Wie könnte denn der Herr, der als *Rāma* einst mit Genuss die Reste von *Shabarīs* Teller gegessen hatte, die Essensreste seiner Hirtenkameraden zurückweisen? Sie waren ihm ja genauso innig ergeben.

Eines Tages saßen sie auf den Felsen im Schatten der Hügel, hatten gegessen und ihre Hände gewaschen, als *Gopāla* auf die Kuhherde zurannte, die auf der offenen Weide graste. Seine Freunde, die zu rätseln begannen, was geschehen sei, entdeckten ein wunderschönes großes Kalb inmitten der Herde. *Gopāla* steuerte direkt auf dieses Tier zu, hob es hoch, indem er es bei den Hinterbeinen ergriff, und wirbelte es über seinem Kopf durch die Luft. Dann schlug er es gegen einen Felsen, um es zu zerschmettern. Das Kalb aber stieß einen fürchterlichen Schrei aus und verwandelte sich in einen Dämon, der Blut spie, während er seinen letzten Atemzug tat. Entsetzt rannten die Knaben in höchster Eile zu *Gopāla* und baten ihn, das Geheimnis zu lüften. *Gopāla* sprach mit strahlendem Lächeln: ‚Ein böser Dämon nahm diese Gestalt an und kam in *Kamsas* Auftrag hierher, um mich zu töten! Er schlich sich in unsere Herde ein und spielte diese Rolle in dem Schauspiel, das er sich ausgedacht hatte. Ich habe ihm nun seine gerechte Strafe zukommen lassen.'

Da priesen die Knaben *Gopālas* weise Voraussicht, seine Tapferkeit und Stärke und riefen: ‚*Gopāla*! Du hast ihm gegeben, was er verdient hat!' Vor Freude hüpften sie aufgeregt um ihn herum und hielten Ausschau nach weiteren fremden Kühen oder Kälbern in ihrer Herde, die womöglich ebenfalls Dämonen in Verkleidung sein könnten.

Sie waren auch besorgt, dass ihre Kühe zu Schaden gekommen sein könnten oder dass ein Dämon in irgendeiner Form die eine oder andere Kuh lebend verschluckt haben könnte. So überprüften sie wachsam die Herden, um jedes Anzeichen von Gefahr rechtzeitig zu entdecken.

Nun hatten sie gegen Mittag einen Hügel mit reichen Weidegründen erreicht. Die Kühe wurden auf schattige Plätze unter den überhängenden Felsen getrieben, um nicht der sengenden Sonne ausgesetzt zu sein, und auch die Knaben streckten sich im Grase aus und ruhten ein Weilchen. Bald kam der Nachmittag, und gegen Abend erhob sich einer der Knaben und ging zur Herde, um die Kühe zur Heimkehr ins Dorf zusammenzutreiben. Da erblickte er einen riesigen Reiher, der die Tiere aufpickte und sie Stück für Stück in seinem geräumigen Bauch verschwinden ließ. ‚*Krishna! Gopāla!*', schrie der Junge, und *Gopāla*, der den verzweifelten Hilferuf hörte, war im Handumdrehen zur Stelle. Er packte den Reiher, von dem er wusste, dass er ein Dämon namens Bakāsura war, beim Schnabel, und indem er die beiden Schnabelhälften auseinanderstemmte, zerriss er den Reiher in zwei Teile. Die Kühe wurden auf diese Weise aus dem Bauch des Dämonen befreit.

So vernichtete *Gopāla* alle von *Kamsa* gesandten Boten. Jeder Tag brachte ein neues Wunder, eine weitere Wundertat! Die Hirtenknaben begannen, alles als Spiel des Allerhöchsten kennenzulernen. Sie wunderten sich nicht mehr. Tief im Herzen erkannten sie, dass *Gopālas* Fähigkeiten und Kräfte übermenschlich und unbegreiflich waren. Daher waren sie jederzeit bereit, ihn ohne Furcht überallhin zu begleiten.

Als der Bruder Bakāsuras erfuhr, dass *Gopāla* den Dämon getötet hatte, der ihn eigentlich hätte verschlingen sollen, wurde er sehr zornig und schwor Rache. Er kam in Gestalt einer riesigen Pythonschlange in die Wälder, in denen die Weidegründe lagen, und legte sich mit weit aufgerissenem Maul auf den Dschungelpfad, um alle Kühe und Hirten mitsamt *Balarāma* und *Krishna* auf einmal zu verschlingen. Auf den ersten Blick glich sein Maul einem länglichen Hohlweg, und Kühe nebst Hirten liefen hinein, ohne die Falle zu erkennen. *Gopāla* bemerkte wohl, dass hier wieder ein Dämon am Werk war. Auch er begab sich in den Schlangenkörper – allerdings nur, um ihn von innen aufzuhacken und die Gefangenen zu befreien. Sie legten alle Furcht ab und wanderten unter *Gopālas* sicherer Hut nach Hause.

Von diesem Tage an hatten die Hirten auch nicht mehr die geringste Spur von Angst. Sie glaubten fest, dass *Gopāla* sie vor jeglicher Gefahr beschützen würde, da er allmächtig war. So machten sie sich unterwegs keine Sorgen, schauten nicht rechts noch links, sondern nahmen vertrauensvoll dieselbe Richtung wie *Krishna*.

Das Spiel des Knaben *Krishna* brachte jeden Augenblick ein Wunder, eine Wundertat, ein verblüffendes Ereignis, ein Heldenabenteuer mit sich. Wie könnte ich sein Tun beschreiben? Können gewöhnliche Menschen solche Wunder vollbringen? Jene, die keinen Glauben fassen, obwohl sie solche Ereignisse sehen, sind eine Last für die Erde; sie sind Früchte, die ohne Geschmack und Nutzen sind."

Als *Shukadeva* diese Worte sprach, wurde sein Gesicht durch ein tiefes inneres Lächeln erleuchtet. Seine Augen, die er lange Zeit auf eine bestimmte Stelle gerichtet hielt, glänzten, als sähe er in einer Vision den strahlenden Herrn selbst.

Parikshit fragte: „Meister! Sogar Dämonen *(dānava)* entwickeln Glauben an Gott und beten ihn an. Wie kommt es, dass Menschen ihn vergessen und den Dienst für den Herrn vernachlässigen? Sie vertrauen mehr dem, was sie hören, als dem, was die Augen sehen. Ich nehme an, dass dies die Folge einer großen Sünde ist, die sie einst beginnen – oder es könnte die Auswirkung eines Fluches sein."

Shuka antwortete: „Oh König, du hast recht. Dämonische Menschenwesen wie *Kamsa*, *Jarāsandha*, *Shalya* und *Shishupāla* sahen mit eigenen Augen, wie sich *Krishnas* übermenschliche Macht offenbarte. Die Unwahrheit aber, dass er nichts weiter als ein Hirtenknabe sei, klang so übermächtig in ihren Ohren, dass sie stets nur diese unfassbare *Ākāshavānī* vernahmen und dem, was sie mit eigenen Augen sahen, keinen Glauben schenken wollten. Die Folge war, dass sie auf schmähliche Weise ihr Leben verloren. Sie achteten nicht auf die Wunder, die wundersamen Begebenheiten und erstaunlichen Taten, deren Zeuge sie waren. Sie erlebten, dass ihre Boten eine Niederlage nach der anderen von *Krishnas* Händen erleiden mussten, und missachteten dennoch ihre Pflicht gegen den Gott, den sie vor sich hatten. Welch andere Erklärung bleibt uns, als dass sie zu dieser Handlungsweise verdammt waren. Dieser Fluch muss sie als Folge einer Sünde getroffen haben.

Gopāla ist der Beschützer der Welt *(lokapāla)* und nicht einfach nur ein Hirtenknabe. Die Gestalt, die er angenommen hat, ist menschlich, ist die eines kleinen Hirten, das ist alles. In Wahrheit aber ist er die allerglückverheißendste Gestalt, die die Individualseelen, die *Jīvins,* von Bindung befreit. In seinen Händen liegen Kraft, Vernunft und Befreiung (*shakti*, *yukti* und *mukti*)."

Parikshit, der äußerst froh war über diese Worte des Heiligen, sprach: „Meinen Großeltern wurde das einzigartige Glück zuteil, *Gopālas* göttliche Gesellschaft zu genießen. Sie spielten mit ihm, sprachen mit ihm und erfuhren die Seligkeit seiner Gegenwart und Gesellschaft. Nun, ich darf wenigstens die Beschreibung eines kleinen Teils seiner Herrlichkeit hören und die Seligkeit genießen, die mir daraus erwächst. Auch das ist ein großes Glück. Diese Gelegenheit, das alles von einem so berühmten Heiligen wie dir zu vernehmen, ist auch den Segnungen jener Vorväter zu verdanken. Könnte man solch eine günstige Gelegenheit ohne besonderes Glück erlangen?" So sprach *Parikshit*, während ihm Freudentränen über die Wangen liefen.

„Meister!", fuhr er fort, „ich habe gehört, dass *Gopāla* die Schlange *Kāliya* niedertrat und ihren Stolz demütigte. Wie steht es um die innere Bedeutung dieser Laune? Welche große Wahrheit liegt hinter diesem Wunder? Warum wurde es als erstaunliches Zeichen von *Krishnas* Herrlichkeit betrachtet? Bitte erläutere mir dies, und befreie mich von meinen Zweifeln."

Die Schlange Kāliya

„Höre, o König, den Bericht von diesem bedeutsamen Ereignis!", sprach *Shukadeva*. „Der göttliche Knabe *Gopāla* war Gott selbst, der aus reinem Vergnügen menschliche Gestalt angenommen hatte. Er wuchs auf wie ein Menschenkind und war nun fünf Jahre alt. Niemand konnte die Bedeutsamkeit seines Handelns erkennen. Er verriet den anderen auch nichts über seine *Līlās* – weder bevor sie stattfanden, noch hinterher.

Man musste einfach nur beobachten und gehorchen. Niemand, egal wer und wie groß seine Fähigkeiten, konnte das Wesen dieser *Līlās* erraten oder tiefer in ihre Bedeutung eindringen.

Eines Tages trieb *Gopāla* die Rinder zusammen, so heimlich, dass nicht einmal die Eltern etwas bemerkten. Wenigstens der ältere Bruder wusste sonst Bescheid und ging als Begleitung mit, doch an diesem Tage merkte nicht einmal er, was vorging. *Krishna* versammelte seine Kameraden aus den Hirtenhäusern und begab sich mit den Rinderherden zum Ufer der *Yamuna*. Er brachte sie zu einem tiefen Wasserloch im Flussbett, das für gewöhnlich von den Leuten gemieden wurde.

Diesen Tümpel umgab eine unheimliche Geschichte. Wasserlöcher dieser Art sind von Natur aus still und trübe – dieses aber wies eine blaue Färbung auf und war kochend heiß. Das Wasser warf ständig Blasen und sonderte Dampf ab. Infolgedessen hing immer eine Wolke darüber. Wer diese vom Dampf verpestete Luft einatmete, tat damit, zur Verwunderung und Bestürzung aller, seinen letzten Atemzug. Auch Vögel, die nichtsahnend über diesen Tümpel flogen, erlitten tödliche Vergiftungen. Sie schlugen verzweifelt mit den Flügeln und fielen tot in die Tiefe.

Jeder in *Gokula* wusste um diese tödliche Falle, dieses todbringende Wunder. Alle vermieden sorgsam, ihm zu nahe zu kommen. Die Kinder wurden davor gewarnt, und jedermann sorgte wachsam dafür, dass das Vieh nicht in der Nähe graste. Natürlich protestierten *Krishnas* Freunde heftig und baten ihn, diesem Teich nicht zu nahe zu kommen, doch all ihr Bitten und Flehen war vergebens. Er versicherte, dass er jetzt zu genau diesem Tümpel müsse, es sei sein festgelegtes Ziel für diesen Tag! Die Knaben zerrten ihn zurück und taten ihr bestes, um das ‚unvermeidliche Unglück' zu verhindern. Er schüttelte sie ab, zog seine Kleider aus und verkündete, dass er sich mit einem Bad in diesem giftigen Pfuhl erquicken wolle!

Die Knaben brachten nicht genug Mut auf, ihn entschieden vor den Schrecken des Teiches zu warnen. Er fegte ihre halbherzigen Einwände beiseite. Mit einem bestimmten, widernatürlich anmutenden Eigenwillen kletterte er auf einen am Ufer stehenden Baum und tauchte von dort mit einem Kopfsprung in den garstigen Teich. Lange Zeit tauchte er nicht wieder auf. Die Hirtenknaben, für die *Krishna* der Lebensatem selbst war, packte die Angst. Sie scharten sich um den Teich und schrien schluchzend und unter Schmerzenstränen nach ihm.

Unterdessen erschien *Krishna* wieder über Wasser. Unter seinen Schwimmzügen erzitterte der Teich, als werde er von einem Erdbeben geschüttelt. Mit einem Male erblickten die Knaben eine riesige Schlange, die *Krishna* giftspeiend folgte und dabei durch ihre glühenden Augen Feuer ausstieß wie ein Vulkan. Angesichts dieses schier unerträglichen Schreckensbildes schrien die Knaben voll Furcht: ‚*Krishna*! Komm ans Ufer! Komm hierher! Komm an dieses Ufer!' Doch *Krishna* planschte herum, als könne er ihr Flehen nicht hören. Er vergnügte sich in dem Teich und genoss fröhlich sein Abenteuer. Schließlich gelang es der Schlange, *Krishna* auf ihrer Verfolgungsjagd durch die tobenden Wellen zu erreichen. Sie schlang sich um seinen Körper und zog ihre Schlingen fester und fester zu. Nun endlich rannten einige Knaben so schnell sie konnten nach *Gokula*, um *Krishnas* Eltern, *Nanda* und *Yashodā*, zu benachrichtigen. Laut weinend erzählten sie ihnen, was sich zugetragen hatte.

Nanda und *Yashodā* eilten sofort mit der gesamten Bevölkerung von *Gokula*, allen *Gopas* und *Gopis*, zu dem Gifttümpel, voller Angst, dass *Krishna* das Schlimmste zustoßen könnte. Auch *Balarāma*, *Krishnas* älterer Bruder, war dabei. Er wusste um *Krishnas* Kraft und Fähigkeiten und beschwichtigte die Eltern. Er versicherte, dass *Krishna* kein Unglück geschehen könne, tröstete sie und sprach ihnen Mut zu. Innerhalb kurzer Zeit war das Flussufer von Menschen bevölkert. Überall erscholl aus allen Kehlen der Verzweiflungsschrei: ‚*Krishna*! *Krishna*!' Viele wurden ohnmächtig, als sie *Krishna* und die Schlange erblickten. Es war auch in der Tat ein herzerschütternder Anblick!

Für die *Gopis* war es unerträglich zu sehen, wie *Krishna*, gefangen in den Schlingen des mächtigen Ungeheuers, ins blutrote Wasser hinabgerissen wurde, sich im nächsten Augenblick wieder emporarbeitete und mutig mit der Giftfunken sprühenden Schlange rang. *Yashodā* und viele *Gopis* fielen bewusstlos am Ufer nieder. Sanft wurden sie von den anderen wieder zur Besinnung gebracht, und als sie zu sich kamen, weinten sie jämmerlich und riefen nach ihrem geliebten *Krishna*. ‚Mein geliebtes Kind!', klagte *Yashodā* verzweifelt. ‚Wo hat diese schreckliche Schlange nur die ganze Zeit gelauert, und warum musste sie ausgerechnet jetzt zum Vorschein kommen?'

Einige seiner Freunde schluchzten: ‚Diese Schlange soll doch lieber ihre Zähne in uns schlagen, statt *Krishna* zu verwunden! Warum lässt sie *Gopāla* nicht frei?' Einige Hirtenmädchen schickten sich an, in den

Teich zu springen, damit die Schlange von *Krishna* abließe und statt dessen sie angriffe. ‚Wir wollen unser Leben opfern, damit *Krishna* gerettet wird!', verkündeten sie. *Balarāma* aber stellte sich ihnen in den Weg und versicherte, dass *Krishna* unversehrt herauskommen werde und dass ihm kein Leid geschehen könne. Dann rief er *Krishna* zu, er möge das Ungeheuer recht bald besiegen und dann zu ihnen kommen.

Viele *Gopis* beteten inbrünstig, dass *Krishna* siegen möge: ‚*Krishnas* Sicherheit bedeutet Sicherheit für die Welten. Unser *Krishna* ist der alleinige Herrscher über alle Welten. Möge *Krishna* daher schnell aus der Umklammerung der Schlange erlöst werden!' Ihre Gebete waren an denselben *Krishna* gerichtet, den sie durch ihr Gebet retten wollten! Noch während sie beteten, öffneten sie die Augen, um nachzuschauen, ob er sich schon befreit hätte. Wie gebannt wartete die riesige Menschenansammlung am Flussufer auf *Krishnas* Befreiung – jeden Augenblick konnte es so weit sein. Angst und Furcht, Hoffnung und Glauben bemächtigten sich ihrer.

In diesem Augenblick – ach, wie kann ich diese Szene betrachten und sie dir beschreiben, o König?" *Shuka* konnte nicht mehr weitersprechen. Den aus seinem Herzen aufsteigenden Strom der Gefühle von Seligkeit, Schmerz, Ungewissheit und Anbetung konnte er nicht zurückhalten. Er war so überwältigt, dass er in einem vergeblichen Versuch, seine Tränen zu unterdrücken, sein Gesicht in den Händen verbarg.

Als *Parikshit* dies sah, rief er: „Herr und Meister! Was ist dies für ein Wunder? Was geschah? Welches Unheil trat ein, dass es dir solchen Schmerz bereitet? Bitte berichte mir, schnell!"

Shuka fasste sich wieder, trocknete die Tränen mit dem Saum seines gelben Mönchsgewandes und sprach: „Oh *Mahārāja*! Kein Unglück geschah, wohl aber dieses Wunder: *Krishna* begann zu wachsen, wurde jeden Augenblick größer und größer, so dass die Schlange Ring um Ring ihre Schlingen von ihm lösen musste. Als die *Gopas* und *Gopis* den kleinen Knaben vor ihren Augen auf so unglaubliche Weise wachsen sahen, wurden sie von Erstaunen und Freude ergriffen. Schließlich musste die Schlange ihren Griff völlig lösen. Sie war zu erschöpft, um noch schaden zu können. Dennoch spie sie mit unverminderter Wut Gift ins Wasser und in die Luft. Immer wieder hob sie ihre Köpfe und starrte *Krishna* an, als sei ihr Verlangen, ihn außer Gefecht zu setzen, noch immer ungestillt.

Unterdessen packte *Krishna* die Schlange beim Schwanzende, wirbelte sie schnell herum und peitschte mit ihrem Körper das Wasser. So war die Schlange gezwungen, ihre Köpfe zu neigen – sie kämpfte jedoch mit aller Macht darum, sie über Wasser zu halten. Da sprang *Krishna*, ihr Schwanzende fest umfasst, auf sie, entschlossen, über die Reihe ihrer Köpfe zu tanzen! Die Schlange konnte das Gewicht des Herrn, der fröhlich von einem Kopf zum anderen stieg, nicht aushalten. Sie blutete aus Maul und Nase und winselte vor Schmerz und Schmach, konnte kaum noch atmen und war dem Tode nahe.

Als die am Ufer Versammelten dies sahen, riefen sie voller Freude und Zuversicht: ‚*Krishna*! Komm nun ans Ufer! Du hast uns alle von diesem Ungeheuer befreit. Das Schlimmste ist nun vorüber. Unsere Gebete sind erhört worden. Du hast gesiegt. Wir haben die Frucht unserer guten Taten errungen.' Während noch die Hirten derart über die erstaunliche Wendung des Geschehens frohlockten, tauchten Schlangenfrauen, die Gattinnen des Ungeheuers, qualvoll schluchzend aus den Tiefen des Teiches empor. Sie fielen vor *Krishna* nieder und flehten ihn an: ‚Oh Herr! Du hast dich mit der ausgesprochenen Absicht verkörpert, die Schlechten und Bösen zu strafen. Daher ist es nicht mehr als recht und billig, dass du dieses Ungeheuer niedergestampft und seinem Stolz Einhalt geboten hast. Es ist ja gerecht, und du hast nur deine Aufgabe und Mission erfüllt. Mag unser Gemahl jedoch auch noch so grausam gewesen sein – wir sind sicher, dass sein Wesen verändert ist, seit du deine Füße auf seinen Kopf setztest. Vergib ihm, o Herr, und gib uns mit deinem huldreichen Segen unseren Gatten zurück. Verschone ihn und segne ihn, so dass er keinem Lebewesen mehr Schaden zufügt!'

Der Herr geruhte, ihre Bitten zu erfüllen. Er verzieh dem Ungeheuer *Kāliya* und ließ es frei mit der Ermahnung: ‚Verletze fürderhin niemanden, ohne herausgefordert zu sein. Dein Wesen sei von *Sattva* geprägt. Ich gebe dir den Segen, dass niemand dir Leid zufügen und dich zur Rache reizen wird. Du trägst auf deinen Köpfen die Abdrücke meiner Füße, daher wird nicht einmal dein natürlicher Feind, der Adler *Garuda*, dir je wieder ein Leid zufügen. Geh, und lebe in Frieden.'"

Der Allwissende als Schüler

„Großer Meister! ich kann mich nicht satt hören an den Geschichten von *Krishnas* Knabenspielen, und seien es noch so viele! Dieser liebliche Knabe *Krishna* war wahrhaftig der Göttliche, der alles, was existiert, in sich trägt, und dennoch gab er sich dem Spiel hin, als sei er ein gewöhnliches Menschenkind! Oh, welch großes Glück ist mir beschieden! Wenn ich darüber nachdenke, glaube ich nicht, dass es mir aufgrund von Verdiensten aus diesem Leben zugefallen sein kann. Oh! Ich verbringe diese meine letzten Tage, indem ich den Heldentaten dessen lausche, der auf der tausendköpfigen Weltenschlange *(shesha)* ruht! Der Fluch des Weisen hat dazu beigetragen, dass ich auf diese Weise von meiner Sünde gereinigt werde! Nochmals verneige ich mich ehrerbietig tausendmal vor dem Zorn des Weisen, der mir diesen Segen verschafft hat!

Da der letzte Augenblick immer näher rückt, dreht sich meine Sehnsucht nur noch um das freudige Aufnehmen der süßen Geschichten von *Krishnas* Spiel und Zeitvertreib. Das berauscht mich, es macht mich geradezu verrückt. Da ich vor Verlangen brenne, gib mir diesen kühlen tröstenden Trunk in den wenigen Stunden, die mir noch von der mir zugemessenen Lebenszeit verbleiben."

Überwältigt von der großen Hingabe, die sein Herz erfüllte, fiel König *Parikshit Shuka* zu Füßen und bat inständig um mehr Geschichten über den Knaben *Krishna*. In *Shuka* wallte bei dieser Bitte das Mitgefühl auf, und er fragte: „Oh König, über welches der zahllosen beglückenden göttlichen Ereignisse wünschest du von mir etwas zu hören? Ihrer sind so viele, dass selbst, wenn man sie jahrtausendelang fortwährend erzählen wollte, noch viele unerzählt bleiben müssten. Kein noch so Kundiger kann diese Geschichte in ein paar Stunden unterbringen."

Da erwiderte *Parikshit*: „Meister! Ich habe gehört, dass unser innig geliebter *Krishna* zusammen mit *Balarāma* von einem vom Glück begünstigten Lehrer namens *Sandīpani* in vielen Fertigkeiten und Fachgebieten unterwiesen wurde. War es denn nötig, dass ein Unwissender ihn, den Meister aller Wissensgebiete, den Herrn und Beherrscher von allen und allem, in etwas unterrichtete? Das muss doch *Krishnas* Spiel gewesen sein. Nur dieser große Spielleiter, *Gopāla*, weiß, wer wann und auf welche Weise gesegnet und gerettet werden muss. Er wird wohl dieses Spiel inszeniert haben, um *Sandīpani* durch die Gnade des Zusammenseins mit dem Herrn aus den Fesseln von Geburt und Tod zu befreien. Lass mich hören, welche Umstände zu diesem Spiel rings um *Sandīpani* gehörten – das Zuhören wird mich erlösen."

Shuka sprach. „Oh König, du hast die unumstößliche Wahrheit ausgesprochen. Jawohl, alles ist *Krishnas* Spiel. Für das Schauspiel, das er leitet, ist das Universum die Bühne mit zahllosen Vorhängen und Leinwänden, Bühnenzubehör, Fächern und Abteilungen, um seine Stücke aufzuführen, die zur Rettung und Befreiung ersonnen wurden. Da das günstige Schicksal *Sandīpanis* herangereift war, gab *Krishna* ihm diese großartige Gelegenheit und segnete ihn auf diese Weise. Höre! Ich will dir von diesem göttlichen Schauspiel berichten.

Balarāma und *Krishna*, die göttlichen Brüder, wuchsen heran und nahmen, wie die dem Zenith zustrebende Sonne, beständig an Glanz zu. *Nanda* und *Yashodā*, ihre Eltern, machten sich, da der Nebel der natürlichen Verblendung sie umhüllte, Sorgen um die Zukunft der beiden. So beschlossen sie, dass die Kinder standes- und altersgemäß in bestimmten Künsten und Wissenschaften, Kenntnissen und Fertigkeiten unterwiesen werden müssten. Garga, der Familienpriester, wurde herbeigerufen. Man beriet sich mit ihm und setzte einen günstigen Tag und Zeitpunkt für die notwendigen Riten fest. Mit großem Prunk und Zeremoniell feierten sie den Ritus zur Einweihung in das Wissen der Brahmanen. Bei diesem *Upanayana* genannten Ritus wird der Schüler dem Lehrer zugeführt. Den Anweisungen der *Shastras* entsprechend wurden an diesem Tage viele Werke der Wohltätigkeit verrichtet und viele wertvolle Dinge verschenkt. Die Leute von *Gokula* wurden mit besonderen Volksbelustigungen beglückt.

Dann luden die Eltern viele *Pandits* ein und berieten sich mit ihnen und Garga, um den erfahrensten Lehrer herauszufinden – denn diesen wünschte man sich zur Erziehung der Kinder. Garga dachte ein Weilchen nach und verkündete dann, dass es das Beste sei, die Kinder zu dem berühmten *Sandīpani* zu schicken, einem *Pandit* aus Avanti, der in Kāshī, der heiligen Stadt am heiligen Gangesfluss, wohnte.

Nach Gargas Angaben war *Sandīpani* ein frommer und heiliger Mensch. Die Eltern wollten zwar ihre geliebten Kinder nicht gar so weit fort schicken, doch wussten sie um die große Wahrheit, dass Lernen ohne Lehrer nur blindes Lernen ist. Also stimmten sie zu und reisten höchstpersönlich mit *Balarāma* und *Krishna* nach Kāshī. An diesem heiligen Orte angekommen, vertrauten sie *Sandīpani* die Brüder an und regelten alles für ihren Aufenthalt bei dem berühmten Lehrer. Kurze Zeit danach reisten sie schweren Herzens zurück nach *Gokula*.

Von diesem Tage an studierten *Balarāma* und *Krishna* unter *Sandīpanis* Leitung, und sie zollten ihm Ehrfurcht und Ehrerbietung. Oh König, Tausende, Zehntausende, ja Millionen Kinder studieren unter Anleitung eines Lehrers, aber Schüler, die sich so betragen, dass sie den Lehrer mit Freude und Zufriedenheit erfüllen, sind sehr selten. Unter Hunderten findet sich nicht einer! Ein Schüler sollte den Lehrer zufriedenstellen – sich in das, was er lehrt, vertiefen. Er sollte nicht Sinnenfreuden nachlaufen, sondern sich nur dem Erwerben von Wissen hingeben, und zwar in dem ständigen Bewusstsein, dass die Aufgabe und die Pflicht einzig und allein im Lernen liegt. *Balarāma* und *Krishna* waren solche Schüler.

Nicht ein einziges Mal unterbrachen sie den Vortrag des Lehrers, niemals versuchten sie, ihren eigenen Willen gegen den des Lehrers durchzusetzen. In keinem Falle übertraten sie seine Befehle oder Anordnungen. Niemals zweifelten sie seine Autorität an noch wagten sie es, seine Weisungen zu missachten. Obwohl sie die Verkörperungen der allerhöchsten Autorität über Himmel und Erde waren, erwiesen sie ihrem Lehrer den Respekt und Gehorsam, der ihm aufgrund seines Ansehens und Ranges zustand.

Sie waren voller Ernsthaftigkeit und Hingabe und ließen sich durch nichts von ihrem Unterricht ablenken. *Sandīpani*, der ihre Disziplin und Lernbegeisterung sah, fühlte große Freude in seinem Herzen aufwallen. Beim Anblick der Knaben überkam ihn ein unbändiges Verlangen, sie in noch vielen weiteren Wissensgebieten zu unterrichten. Er machte sie zu Meistern der vier Veden und des *Vedanta*, der Wissenschaft der Logik, der Grammatik, der Rechtswissenschaft sowie der Wirtschaftswissenschaft – er lehrte sie alles, was er wusste. Oh König, was soll ich sagen, wie könnte ich es beschreiben? Die Welt mag Genies gesehen haben, die in fünf Jahren zum Meister eines Faches wurden, oder sogar in einem Jahr oder selbst in einem Monat – doch höre! *Balarāma* und *Krishna* verbrachten nur vierundsechzig Tage bei *Sandīpani*, und in dieser kurzen Zeit wurden sie zu Meistern in vierundsechzig Künsten und Wissenschaften! So hatten sie dieses Schauspiel des Lernens inszeniert. Für sie war es nur ein Spiel. Wie ließe sich diese erstaunliche Spiegelfechterei, dieses göttliche Meisterstück der Schauspielkunst erklären? Können gewöhnliche Sterbliche dermaßen schnell lernen? Könnten sie so viel in so kurzer Zeit meistern?

Wenn *Sandīpani*, beglückt über die Demut und die Treue der Brüder, ihren Gruß und ihre aufrichtigen Ehrbezeigungen entgegennahm und wenn er sich an der Unterhaltung mit ihnen erfreute, kamen ihm immer wieder die Tränen, obwohl er beharrlich versuchte, den Schmerz zu unterdrücken, der in ihm aufwallen wollte. *Balarāma* und *Krishna*, die dies bemerkten, zögerten lange, nach dem Grund dafür zu fragen. Schließlich jedoch stellte *Krishna* sich eines Tages mit gefalteten Händen vor den Lehrer und sprach zu ihm: ‚Oh größter aller Lehrer! Bei der Unterhaltung mit Euch sehen wir manchmal, wenn Ihr über etwas nachsinnt, Tränen in Euren Augen. Wenn Ihr es für angemessen befindet, uns den Grund Eures Schmerzes wissen zu lassen, so nennt ihn uns bitte.'

Als *Sandīpani* diese Bitte vernahm, brach der in seinem Herzen angestaute Kummer hervor. Von unerträglichem Schmerz übermannt, umschlang er *Krishna* mit beiden Armen und weinte laut. *Krishna*, der natürlich wusste, worum es sich handelte, stellte sich nichtsahnend und sprach: ‚Bester, verehrter Lehrer, sagt uns den Grund für Eure Pein. Nach besten Kräften wollen wir alles, was in unserer Macht steht, tun, um Euren Schmerz zu lindern. Keine Aufgabe könnte uns heiliger und wichtiger sein als die, die Freude im Herzen unseres Lehrers wiederherzustellen. Betrachtet uns nicht als kleine Jungen und sagt uns nur frei heraus, worum es geht.' Da *Krishna* ihm solcherart Vorstellungen machte, fühlte *Sandīpani* sich sehr erleichtert. Er fand die Fassung wieder, zog die Knaben zu sich heran und bedeutete ihnen, sich dicht neben ihm zu seiner Rechten und Linken niederzulassen.

‚Ihr Lieben', sprach er dann, ‚es ist wahrhaft ein großes Glück, dass ich euch für mich gewinnen konnte. Schon durch eure Worte wird mir die Vorfreude zuteil, dass mein Wunsch sich erfüllen wird. Meine innere Stimme sagt mir, dass ihr keine gewöhnlichen Kinder seid. Mir ist, als sei es euch möglich, diese Aufgabe zu lösen – dieser Glaube bewegt mich, zu euch zu sprechen. Manchmal werde ich von Zweifeln geschüttelt. Ich weiß nicht, was mich erwartet.' Er sprach nicht weiter, und wieder flossen die Tränen. Da fiel *Balarāma* ihm zu Füßen und sprach: ‚Verehrter Lehrer, warum zweifelt Ihr an uns und setzt nicht Euer Vertrauen in uns? Wir sind doch wie Eure eigenen Söhne. Selbst unser Leben wollen wir opfern, wenn wir Euch nur Freude bereiten können.' Da der Lehrer ihren Eifer und ihre Entschlossenheit sah, empfand er Scham darüber, dass er ihnen den Grund seines Kummers nicht anvertraut hatte, und er sprach weiter: ‚Kinder! Nach vielen Ehejahren wurde mir ein

Sohn geschenkt. Liebevoll zog ich ihn auf und behütete ihn mit sehr viel Sorgfalt, wie mein eigenes Leben. Eines Tages ging er ans Meer, nach *Prabhāsakshetra*, und während er dort das heilige Bad in den Fluten nahm, ertrank er. Da ich nun euch beide beobachtete und eure Demut und Disziplin sah, spürte ich großen Trost und sogar Freude, ja, ich hatte meinen Verlust beinahe vergessen. Ihr habt alles, was man lernen muss, sehr schnell gelernt. Nun könnt auch ihr nicht mehr bei mir bleiben. Wem soll ich jetzt meine Obhut und Liebe schenken, wenn ihr fort seid?' Der Lehrer brach in untröstliches Schluchzen aus. *Krishna* aber stand fest entschlossen und aufrecht vor ihm und sprach: ‚Oh bester aller Meister! Wir müssen Euch unsere Dankbarkeit erweisen, da Ihr uns auf unvergleichliche Art in allen seltenen Künsten und Wissenschaften unterwiesen habt. Das ist nur unsere Pflicht *(Dharma)*. Wir wollen uns auf der Stelle ans Meer begeben, das Euren kostbaren Sohn verschlungen hat. Wir wollen mit der See kämpfen, um ihn zurückzuerobern. Wir werden ihn Euch wiederbringen und Euch damit Freude machen. Diese Tat soll unser Abschiedsgeschenk an Euch *(gurudakshinā)* sein. Segnet uns, damit wir uns auf den Weg begeben können. Gebt uns Euren Segen und die Erlaubnis zu gehen.' Sie fielen vor dem Lehrer nieder, erhoben sich wieder und blieben dann erwartungsvoll vor ihm stehen.

Sandīpani war überzeugt, dass diese Knaben nicht aus gewöhnlichem Holz geschnitzt waren, und glaubte, dass ihnen alles gelingen werde. Er umarmte sie, strich ihnen übers Haar und segnete sie." „Oh Meister!", warf König *Parikshit* ein. „Wie waren meine Großeltern vom Glück gesegnet, dass sie die beiden erleben durften! *Krishna* war der Göttliche, der die Rolle eines Menschen spielte, obwohl er alles in sich trug, was jemals war, ist und sein wird!"

„Oh König, mit Einwilligung und Segen des Lehrers eilten *Balarāma* und *Krishna* ans Meer, stellten sich majestätisch am Strande auf und befahlen mit gebieterischer Stimme: ‚Oh Meer! Gib den Sohn unseres Lehrers zurück, und zwar sofort, sonst wirst du unsere Strafe über dich ergehen lassen müssen!' Als das Meer diese Worte vernahm, erschauerte es vor Furcht. Es berührte *Balarāmas* und *Krishnas* Füße und sprach: ‚Verzeiht, es ist nicht meine Schuld! Als der Knabe badete, zog ihn das Schicksal in einen Strudel und beförderte ihn in die Tiefe. Dort verschlang ihn der Dämon *Pancajana*, der da in den Höhlen wohnte, und hielt ihn in seinem Bauch fest. Das ist die Wahrheit über diesen Vorfall. Alles weitere überlasse ich euch.'

Nachdem das Meer also gesprochen hatte, nickte *Krishna* und sprach: ‚Gut! Ich habe deinen Bericht vernommen!' Dann stürzte er sich in die Meerestiefen und tauchte hinab zu der Höhle des Ungeheuers. Er griff den Dämon, der dort hauste, an und verwickelte ihn in einen Kampf auf Leben und Tod. Da der Dämon, bevor er starb, den Knaben noch schnell dem Todesgott *Yama* übergab, konnte *Krishna* ihn nicht finden, als er den Bauch des Ungeheuers aufriss. Während *Krishna* voller Zorn die Eingeweide nach dem Knaben absuchte, fand er eine riesige Schneckenmuschel. Er nahm sie an sich, tauchte wieder empor aus dem Meer und begab sich schnurstracks in die Stadt des Todes. Vor dem Eingangstor angelangt, blies *Krishna* auf dem Muschelhorn, das er dem Dämon *Pancajana* abgenommen hatte. Der Ton, den es erzeugte, klang wie Donnergrollen.

Yama, der Todesgott, eilte voller Furcht zum Tor. Dort erblickte er *Balarāma* und *Krishna* und erkundigte sich höflich nach dem Grund ihres Besuches. Die Brüder befahlen ihm, den Sohn ihres Guru herbeizubringen und ihnen zu überantworten. ‚Ganz wie ihr befehlt', sprach *Yama* mit gefalteten Händen. Er gab seinen Schergen Befehl, und in Sekundenschnelle wurde der geweihte Sohn des Lehrers den göttlichen Händen übergeben. Sie brachten ihn unverzüglich in die Einsiedelei, stellten ihn *Sandīpani* an die eine Seite und begaben sich selbst an seine andere Seite. ‚Dies ist unser Abschiedsgeschenk. Bitte nimm es an', bat Krishna.

Die Freude der Eltern war unbeschreiblich; sie waren überwältigt von ihrem unerwarteten Glück. Wer sich in Gedanken mit solchen göttlichen Taten beschäftigt – wie z.B. das Zurückbringen des Lehrerssohnes, der in den Armen des Todes gelegen hatte, oder dergleichen Wunder – kann nicht mehr den Glauben aufrechterhalten, dass *Balarāma* und *Krishna* gewöhnliche Sterbliche und nicht göttlich sind. Was also soll man dann von *Sandīpani* sagen? Er wusste. Er erkannte, dass sie die Zwillinge *Naranārāyana* waren.

Ekstatische Freude erfüllte ihn, als ihm bewusst wurde, dass ihm das Glück zuteil geworden war, solch göttliche Wesen als Schüler zu haben, und dass er sich als ihren *Guru* bezeichnen durfte. Im Geiste warf er sich vor ihnen nieder. Unter Tränenströmen umarmte er sie und bereitete alles für ihre Abreise aus der Einsiedelei vor.

Nachdem *Balarāma* und *Krishna* sich von ihrem *Guru* und seiner Gemahlin verabschiedet hatten, fuhren sie in ihrem Wagen in Richtung *Mathurā* fort. Als sie dort angelangt waren und die Einwohner der Stadt erfuhren, wie die Brüder ihrem *Guru* ihre Dankbarkeit erwiesen hatten, priesen sie sie für ihr göttliches Mitgefühl und ihre Fähigkeiten. Alle waren unsagbar glücklich, dass die beiden zu ihnen zurückgekehrt waren.

Oh König, denke einen Augenblick darüber nach, wie inspirierend und beispielhaft *Gopāla Krishna* seine Schülerrolle spielte und wieviel Freude sein Betragen und sein Eifer den Eltern und Vorgesetzten bereiteten. Jede Tat *Krishnas* – mag sie oberflächlich gesehen auch noch so geringfügig und unwichtig erscheinen – hatte eine tiefe innere Bedeutung. Toren können diese nicht entdecken, daher halten sie diese Handlungen für unbedeutend. Könnte in dieser Welt irgend jemand von sich behaupten, er könne den Fischen die Kunst des Schwimmens beibringen? Wer könnte gleichermaßen Gott etwas beibringen und zu seinem Lehrer werden? Obwohl alles Wissen und Lernen von Gott kommt und durch seine Gnade erworben werden muss, übernimmt er auch die Rolle des Schülers. Er spielt das Musterbeispiel des vorbildlichen Schülers, um der Welt durch sein Vorbild zu zeigen, wie man einen *Guru* auswählen muss und wie man diesem dient. Er zeigt, dass die Erziehung Demut und Bescheidenheit wecken muss und dass der Schüler dem Lehrer Dankbarkeit und Achtung zu erweisen hat. Mit der Absicht, die heutigen Schüler und Studenten zu leiten und anzuspornen, unterzog *Krishna* sich selbst dem Erziehungsprozess und lebte das Idealbild vor. Siehe, wie tiefgründig das Geheimnis Gottes und seiner Werke ist!" Während *Shuka* diese Worte sprach, rannen die Freudentränen in Strömen über seine Wangen.

Vom Tod zur Unsterblichkeit

Der König, der völlig vertieft war in die fesselnde Erzählung von *Krishnas* Dankbarkeit gegenüber seinem *Guru*, öffnete plötzlich die Augen, sah den Heiligen vor sich und sprach: „Ach, die Spiele *Krishnas*! Seine von unerklärlichen Dingen erfüllten Taten übertreffen einander an Wunderbarem und Geheimnisvollem. Gott ist bereit, zur Besserung und Verbesserung der Welt jedwede Last auf sich zu nehmen. Auf diese Weise verkündet er seine wahre Erhabenheit und Macht. Der düstere Nebel unserer Vorstellungen jedoch legt sich schwer auf die Augen der Menschen und macht sie unfähig, das Göttliche zu erkennen. Darum entgeht ihnen die innere Bedeutung dieser *Līlās*."

Shuka verstand den Gedankengang des Königs und entgegnete: „Oh König! Der verwirrende Einfluss der Vorstellungen ist die Folge der Summe aller Taten in vorhergehenden Leben. Sind gute Ergebnisse die Folge, so kann man der Täuschung *(māyā)* entgehen – sind die Ergebnisse schlecht und zerstörerisch, so unterliegt man ihr. Waren die vorhergehenden Leben von guten Taten geprägt, so wird im gegenwärtigen Leben jede sündhafte Tendenz durch die tugendhaften Neigungen unterdrückt und man wird an Göttlichkeit glauben, sich mit dem Göttlichen verbinden und das Leben auf der Grundlage des Göttlichen führen.

Denen jedoch, die in vergangenen Leben schreckliche Verbrechen begangen haben, ist jene furchtbare, verdunkelte Sichtweise eigen, die sie daran hindert, das Göttliche wahrzunehmen. Solche Menschen denken nie an Gott und sein Wirken. Es fällt ihnen nicht ein, nach dem zu verlangen, was gut für sie ist, oder das Beste für andere zu wollen. Sie sehen alles verzerrt, ergötzen sich an Boshaftigkeit und begehen üble Taten. Der Glaube an Gott ist die Ernte der in früheren Leben gelegten Saat. Diesen Glauben wachsen zu lassen und zu ernten ist keine Sache eines Augenblicks."

Da der König diese Worte vernahm, wollte er doch gern mehr wissen über *Punya* und *Pāpa*, den Verdienst, den gute Taten mit sich bringen, die Nachteile, die aus schlechten Taten erwachsen, und ihren Einfluss auf das Leben des Menschen. Daher bat er *Shukadeva*, ihm als Erläuterung für das Prinzip der Vorbestimmung noch eine Episode aus *Krishnas* Leben zu erzählen, bei der es um einen Fluch und dessen Aufhebung ging.

Shuka musste über diese Bitte lachen. „Oh König!", rief er, „Zahllos sind die Heilmittel, die *Krishna* auf die mit Flüchen Behafteten anwandte! Jene *Rākshasas*, die er, wie ich dir erzählt habe, schon als Kleinkind und später als Knabe tötete, mussten allesamt als Strafe für irgendeine schlimme Tat als solche Ungeheuer geboren werden. Als sie den Tod aus *Krishnas* Händen erlitten, wurden sie von diesem Fluch erlöst." Als *Shuka* so weit gesprochen hatte, sagte der König: „Ich habe gehört, dass ‚das Entwurzeln des Baumes' eine erstaunliche Episode von besonderer Wichtigkeit war. Wolltest du mir davon ausführlich berichten, so könnte ich daraus große Freude gewinnen."

Shuka, der stets bereit war, den Wünschen des Königs nachzukommen, begann daraufhin mit der Geschichte: „Oh König! Obwohl *Yashodā* keinen Mangel an Bediensteten hatte, erledigte sie als Hausherrin nach altem Brauch alle im Hause anfallenden Arbeiten selbst. So besorgte sie selbst die Verarbeitung der Milch, das Kochen, Yoghurtbereiten und Buttern. Eines Morgens, als sie nach dem Aufstehen – wie gewöhnlich zu Beginn der *Brahmamuhūrta* – gebadet und die frühmorgendlichen Pflichten erledigt hatte, stellte sie den Topf mit Milch vor sich hin und begann mit dem Buttern. Sie zog kräftig an den Seilen, die den Rührstock in der Flüssigkeit senkrecht hielten, und sang dabei die ganze Zeit süße Lieder zum Lobe Gottes.

Unterdessen näherte sich *Gopāla Krishna* langsam aber sicher dem Platz, an dem die Mutter mit dem Buttern beschäftigt war. Plötzlich zog er kräftig am Ende ihres Saris. *Yashodā* erschrak über diesen unerwarteten Ruck, drehte sich um und war freudig überrascht, als sie ihren kleinen Schelm *Krishna* erblickte. Sie unterbrach ihre Arbeit, nahm *Krishna* in die Arme, liebkoste ihn und sagte: ‚Liebes Söhnchen, der Morgen ist noch nicht angebrochen! Warum bist du so früh aufgestanden? Geh, mein Schatz, und schlafe noch ein wenig!" Das göttliche Kind aber gab ihr auf betörende Weise zu verstehen, dass es hungrig sei, und begann mitleiderregend zu schluchzen, um seinem Verlangen nach Nahrung Nachdruck zu verleihen. Das Herz der Mutter schmolz dahin. Sie legte den Butterquirl beiseite und legte einen Deckel auf den Topf. Dann setzte sie sich nieder, nahm *Krishna* auf den Schoß und streichelte sanft und zart sein Köpfchen, während sie ihn an ihrer Brust stillte. Da erscholl Lärm aus der Küche. Sie hörte, wie ein Topf vom Herd fiel, und befürchtete, dass dort die Katze ihr Unwesen trieb. Also nahm sie das Kind vom Schoß und setzte es auf den Boden, um schnell hinzulaufen und nachzusehen, was geschehen war.

Als *Yashodā* im Nebenzimmer verschwand, wurde *Krishna* sehr zornig über diese Behandlung. Ihn einfach mitten in seiner Mahlzeit abzusetzen! Er sah den Topf vor sich stehen und richtete seinen ganzen Zorn auf dieses Gefäß. Mit dem Quirlstock versetzte er ihm einen kräftigen Schlag, und als die dicke Sauermilch über den Boden floss, schöpfte er den Rahm ab und stopfte sich den Mund damit voll. Dann beeilte er sich zu verschwinden, um allen Vorwürfen zu entgehen. Als *Yashodā* zurückkehrte, sah sie das Unheil: der Topf zerbrochen, die Milch auf dem Boden, und von der Butter keine Spur! Und weit und breit kein *Krishna* in Sicht! Sie wusste, dass hier *Gopāla* am Werk gewesen war, und begann, jeden Winkel nach ihm abzusuchen.

Sie konnte ihn nirgends entdecken. Also begab sie sich in die Nachbarhäuser und fragte, ob er dort jemandem über den Weg gelaufen sei. Doch niemand hatte das Kind gesehen, niemand wusste, wo *Krishna* war. *Yashodā* bekam es mit der Angst zu tun. ‚Er muss davongelaufen sein, weil er Angst hat, für den zerbrochenen Topf und den ausgeflossenen Inhalt bestraft zu werden!', dachte sie. ‚Armes Kind! Es ist hinausgelaufen in die Dunkelheit!' Haus um Haus durchsuchte sie, die ganze Straße entlang. Schließlich erwischte sie ihn, wie er sich gerade an einen Topf voll Butter heranmachte, den die Hausfrau nebst einer Reihe von Gefäßen mit Milch, Yoghurt und Butter aufgehängt hatte. *Krishna* stand auf einem Mörser, den er umgedreht hatte, um besser an den Buttertopf heranzukommen und ihn sicher herunterzubringen, zum Schmaus mit seinen Kameraden!

Als *Yashodā* ihn erblickte, schrie sie ihn an: ‚Du Dieb! Tust du das in allen Häusern? Als sich die armen *Gopis* bei mir über deine Diebstähle beschwerten, habe ich sie getadelt und fortgeschickt, ohne ihren Anschuldigungen näher nachzugehen. Nun habe ich es mit eigenen Augen gesehen! Ja, ich traue meinen Augen kaum! Oh, wie habe ich mich die ganze Zeit getäuscht! Diesmal kommst du mir nicht davon! Nein, wenn ich dir das durchgehen lasse, nur weil du ein kleines Kind bist, wird dich das später zu schlimmen Verbrechen führen. Ich muss dich jetzt ordentlich bestrafen, da gibt es kein Pardon. Wenn das Kind einer angesehenen Familie zum Dieb wird, so ist das eine Schande für die ganze Sippe. Den schlechten Ruf wird man so leicht nicht wieder los. Das Ansehen unserer ganzen Familie wird darunter leiden!' *Yashodā* litt unbeschreibliche Selenqualen. Noch nie hatte sie solche Erniedrigung erlebt. Sie ließ ihrem Zorn freien Lauf und griff sich einen langen, dicken Strick, um ihn damit an den schweren Mörser zu binden.

Gopāla wusste sehr wohl, was sie vorhatte. Er entschlüpfte und ließ sich auf der nun folgenden Jagd von Haus zu Haus nicht von ihr fangen. Durch alle Straßen und Gassen rannte die Mutter ihm nach. Sie, die zur Korpulenz neigte, war noch nie so schnell gelaufen, und so war sie schon bald außer Atem. Sie verlangsamte ihre Schritte und begann, nach Luft zu ringen. Männer, Frauen und Kinder fingen an, über ihre erfolglose Verfolgungsjagd zu lachen und genossen den Spass an *Krishnas* Streich und den vergeblichen Fesselungsversuchen seiner Mutter.

Gopāla ist allwissend; ihm bleibt nichts verborgen. So wusste er auch, dass die Mutter zu erschöpft war, um noch weiterlaufen zu können, und er ließ sich fangen. *Yashodā* brachte es nicht fertig, ihre Hand gegen ihn zu erheben, um ihn zu schlagen. Sie ergriff ihn nur fest bei der Hand und sagte: ‚Komm heim, du Dieb! Es wäre nicht schön, dich hier auf offener Straße zu schlagen. Ich werde dir zu Hause schon deine Lektion zukommen lassen!', und zog ihn hinter sich her nach Hause. Dort angelangt, zerrte sie ihn zum großen steinernen Mörser, um ihn mit einer dicken Schnur daran festzubinden. Der Strick, den sie dafür vorgesehen hatte, erwies sich als zu kurz, und so holte sie einen zweiten, um ihn zu verlängern. Diesen Vorgang musste sie noch mehrmals wiederholen, denn die Schnur mochte noch so lang sein – *Krishna* schien so dick zu werden, dass sie nie um ihn herumreichte. Es fehlte stets noch ein kleines Endchen, um ihn wirklich festbinden zu können! Die Mutter staunte ob dieser wunderlichen Entwicklung der Dinge. Sie konnte sich nicht erklären, worauf sie dieses Wunder zurückführen sollte. Zu guter Letzt brachte sie es irgendwie fertig, einen Knoten zu knüpfen. *Yashodā* ließ *Krishna*, der nun an dem Mörser festgebunden war, allein zurück und ging ins Haus, um ihren Hausfrauenpflichten nachzugehen.

Währenddessen wanderte *Krishna* in den Garten, wobei er den Mörser hinter sich her schleifte. Im Garten stand ein Baum mit zwei dicht nebeneinander emporwachsenden Stämmen. Der Mörser verfing sich zwischen den Stämmen, und als das göttliche Kind mit einem kleinen Ruck versuchte, das Hindernis zu überwinden, wurde der Baum entwurzelt! Mit weithin hörbarem Krachen fiel er um. Der Lärm zog jedermann zu *Yashodās* Haus: Dort war ein Baum umgefallen, obwohl es weder stürmte noch regnete! *Yashodā* eilte hinaus, um nach dem Rechten zu sehen, und stand wie versteinert, als sie sah, was geschehen war: Sie erblickte *Gopāla*, umgeben von Laub, im Gewirr der niedergegangenen Zweige. Laut aufstöhnend lief sie zu ihrem Kinde. Sie löste den Strick und trug *Krishna* fort, erleichtert, dass das Kind dieses Unglück unversehrt überstanden hatte.

‚Mein Kind! Hast du dich erschreckt? Oh, wie böse war ich zu dir!', jammerte die Mutter. Doch noch während sie so klagte, kamen aus dem Baum zwei göttliche Männergestalten hervor und begrüßten *Gopāla*, indem sie ihm zu Füßen fielen. Dann sprachen sie, mit gefalteten Händen vor ihm stehend: ‚Oh Herr und Gott! Wir sind die Söhne *Kuberas*, die Zwillinge *Nalakūbara* und *Manigrīva*. Durch einen Fluch des Heiligen *Nārada* wurden wir in diesen Baum gebannt und mussten in dieser Gestalt unser Leben fortsetzen. Heute ist durch deine Gnade dieser

Fluch aufgehoben. Mit deiner Erlaubnis wollen wir in unsere Heimat zurückkehren!' Mit diesen Worten verschwanden die beiden göttlichen Erscheinungen. Die Leute von *Gokula* waren äußerst überrascht und hocherfreut über die Erscheinung dieser seltsamen Göttergestalten.

Obwohl sie nun gehört hatten, wie *Gopāla* als Gott gepriesen und verherrlicht wurde, und obwohl sie offensichtliche Beweise seiner Göttlichkeit erfahren hatten, fiel wieder der Schleier der *Maya* über sie. In ihren Gesprächen bezeichneten sie *Gopāla* wieder als Sohn *Nandas* und *Yashodās* und hielten ihn für ihren Hirtenkameraden. Die Schlingen der Illusion hatten sie wieder eingefangen."

Als *Shuka* diese Worte gesprochen hatte, unterbrach der König ihn mit der Frage: „Meister! Wie konnte *Maya* solch überwältigende Macht erlangen? Wer hat *Maya* die Fähigkeit verliehen, die Glorie Gottes selbst zu verbergen? Und was ist wirklich das wahre Wesen von *Maya*? Bitte sage es mir!" *Shuka* erklärte daraufhin: „Oh König! Diese *Maya* ist nichts Eigenständiges, das eine eigene Form hätte. Es ist so, dass Gott einzig mit der Hülle von *Maya* unterscheidbar wird. Er ist offenbar, weil er sich mit *Maya* ausgestattet hat, sie sozusagen als Kleidung trägt. Sie ist sein Attribut *(upādhi)*, das heißt, *Maya* lenkt die Sicht ab von der Wirklichkeit. Es ist das Wesen von *Maya*, die Wirklichkeit zu verbergen und sie als unwirklich erscheinen zu lassen. Wer sie entfernt, vernichtet, davonjagt, durch sie hindurchgeht – einzig der kann Gott erlangen. *Maya* gaukelt dir vor, dass das Nicht-Existente existiert. Sie täuscht Wasser in der Fata Morgana vor, sie bringt dich dazu, dass dir das, was du dir vorstellst und wünschst, als Wahrheit erscheint. Die Täuschung kann den Menschen nicht beeinflussen, wenn er imstande ist, seine Wünsche und Vorstellungen und das Pläneschmieden aufzugeben.

Wie hätte sonst *Yashodā*, die mehrfach mit eigenen Augen *Krishnas* Göttlichkeit wahrgenommen hatte, wieder in den Glauben verfallen können, dass er ihr Sohn sei? Die Vorstellung, der Wunsch, war die Ursache dieser Täuschung. Die Körper sind die von Sohn und Mutter – der wirkliche Kern jedoch, der Bewohner des Körpers *(dehin)*, hat weder einen Sohn noch eine Mutter! Der Mutter-Körper ist mit dem Sohn-Körper verwandt, aber einen Mutter-*Dehin* oder Sohn-*Dehin* gibt es nicht! Wenn man diesen Glauben in sich festigen kann, dann kann kein Verlangen mehr nach äußerlichen Genüssen aufkommen. Frage und forsche nach, und du wirst die Wahrheit erkennen. Ohne dieses Nachforschen wird die Verblendung wachsen, und der Intellekt wird ihr nach und nach erliegen.

Ach, die Rolle, die das Göttliche auf sich nimmt, zeitigt wahrhaft bedeutsame Ergebnisse! Die Lehre des *Vedanta* sagt, dass man zu der Wirklichkeit, die hinter dieser Rolle liegt, durchstoßen sollte. Das ist der tiefe Sinn der Veden. Durch die Rolle getäuscht, läuft der Mensch den Wünschen nach! Da er den angenommenen Körper für wirklich und wahr hält, verfällt er der *Maya*. Ist es nicht so, dass für jene, deren Aufmerksamkeit sich auf den Körper konzentriert, die innere Person unsichtbar ist? Die Glut der Kohlen ist nicht sichtbar, wenn sie von Asche bedeckt ist. Wo Wolken sich zusammenballen, sind Sonne und Mond nicht zu sehen! Ein dicker Algenteppich auf einem Teich täuscht festen, bewachsenen Boden vor. Wenn die Pupille des Auges vom grauen Star überzogen ist, kann man nichts mehr sehen. Ebenso wird der Bewohner des Körpers überhaupt nicht bemerkt, wenn die Vorstellung vorherrscht, dass der Körper die Wirklichkeit sei."

„Meister! Heute ist in Wahrheit der Schleier von meinem Bewusstsein genommen. Deine Lehre hat wie ein Windstoß die Asche von den glühenden Kohlen fortgeblasen. Die Illusion, dass dieses aus den fünf Elementen zusammengesetzte Gebilde, das man Körper nennt, das Wirkliche sei, wurde völlig gesprengt und vernichtet. Ich bin gesegnet, ich bin wahrhaft gesegnet!" Mit diesen Worten fiel *Parikshit* seinem *Guru Shuka* zu Füßen.

Währenddessen begannen die versammelten *Rishis*, Weisen und Bürger sich angeregt zu unterhalten. „Wenn die Zeit abläuft und sich dem Ende zuneigt, muss sich der Körper darauf vorbereiten, abgelegt zu werden", sprachen sie. „Der Körper fällt zu Boden, wenn die Energieströme, die *Prānas*, darin aufhören zu fließen – das Denken jedoch will nicht aufgeben. Darum müssen immer wieder neue Körper angenommen werden, bis endlich das Geistige in uns leer wird, ohne Inhalt, frei von Ansprüchen. Heute hat nun unser König das Geistige vom Körper zu unterscheiden gelernt! Nun ist er in einem so seligen Zustand, dass nicht einmal mehr die *Prānas* einen Einfluss zeigen. Wenn der Geist für immer in *Mādhava* versunken bleibt, wird der Körper durch und durch göttlich und ist nicht mehr menschlich zu nennen.

Die Lehre, die *Shuka* uns heute zuteil werden ließ, war nicht allein für *Parikshit* bestimmt – sie gilt für uns alle", sagten sie. „Diese Lehre gilt allen, die unter der Illusion leiden, sie seien der Körper, in dem sie eingeschlossen sind. Diese Täuschung ist die Ursache der Bindung. Der Glaube jedoch, dass wir der *Atman* sind, ist das Mittel zur Befreiung.

Das Denken, das entweder die Täuschung gutheißt oder die Vorstellung von der wahren Wirklichkeit annimmt, ist daher das Instrument für Bindung wie auch für Befreiung. ‚Einzig das Denken ist für Bindung und Befreiung der Menschen zuständig (mana eva manushyānām kāranam bandhamokshayo).' Diese Aussage der Veden ist die uneingeschränkte Wahrheit."

Die Versammelten saßen mit geschlossenen Augen da, in Gebet und Kontemplation über das versunken, was sie gehört hatten. Als die Sonne sich anschickte unterzugehen, begaben sich die Asketen und Weisen mit ihren Wassergefäßen und Stöcken in den Händen ans Ufer des heiligen Ganges, um ihre abendlichen Zeremonien und Riten zu verrichten.

Krishnas Herabkunft

Der König, dem es gelungen war, die durch die Wünsche verursachten Gemütsschwankungen zu beseitigen und das Denken dadurch auszuschalten, faltete die Hände und bat, von einem allerletzten Wunsch bewegt: „Meister! Was diesen Körper anbelangt, so strebt die Zeit schnell dem Ende zu. Die Erfüllung des Fluches, den der Weise aussprach, eilt mir entgegen. Natürlich bin ich in jeder Hinsicht bereit, das Kommende mit Freuden zu empfangen. Ich habe jedoch gelobt, mich, solange ich mich in dieser körperlichen Behausung aufhalte, mit göttlichen Gedanken zu beschäftigen, mich des Göttlichen zu erinnern und Göttliches zu hören. Dieser Eid soll keinesfalls gebrochen werden. Möge die kurze noch verbleibende Zeitspanne dafür genutzt werden, meinem Herzen eines einzuprägen: das bezaubernde Lotosantlitz *Nandanandanas*, des lieblichen göttlichen Kindes, welches Nandas Haus mit Licht und Glanz erfüllte. Möge die Vorstellung seiner verspielten Wesensart mich ganz erfüllen, mich berauschen und mit unermesslicher Seligkeit beschenken. Beschreibe mir das Glück und den Segen, die seine Geburtsstunde gekennzeichnet haben müssen. Welche wundersamen Ereignisse enthüllten damals der Welt, dass Gott auf die Erde herabgekommen war? Wie kam *Kamsa* zu dem grausamen Beschluss, das göttliche Kind zu töten, und wodurch wurde dieser Entschluss im Laufe der Zeit zum wütenden

Feuer entfacht? Erzähle mir die Geschichte von *Kamsas* Geburt und von der Geburt Gottes als *Krishna*. Möge meine letzte Stunde mit dieser heiligen Geschichte gesegnet werden. Sie wird meinen Atem derart heiligen, dass er seine Erfüllung im Herrn finden wird."

Shukas Glückszustand wurde größer mit jedem Wort, das *Parikshit* sprach. „Oh König!", rief er. „Auch mich erfüllt Freude bei dem Gedanken, die wenigen noch verbleibenden Stunden mit der Erzählung von der wundersamen Geburt *Gopālas* und seinen göttlichen Spielen zu verbringen. *Gopāla* nahm menschliche Geburt an mit der Absicht, dem *Dharma* wieder Geltung zu verschaffen. Ein großes Geheimnis liegt in seiner Geburt, und nur wer durch den läuternden Prozess gottgeweihten Handelns reif an Weisheit geworden ist, kann dieses Geheimnis enträtseln und seine Bedeutung begreifen. Für alle anderen ist die Welt ein Strudel abscheulicher Sünde, in dessen Tiefen sie sich ergötzen. Sie gehen darin unter, lassen sich darin treiben und lösen sich letztlich selbst darin auf. Wir brauchen auf solche Leute keinen Gedanken zu verschwenden.

Mahārāja! Vor langer, langer Zeit wurde die Welt von einem König aus der *Yadu*-Dynastie namens *Ahuka* regiert. Eine große Schar Vasallen umringte seinen Thron in Erwartung seiner Befehle. Sie zollten ihm Ehrfurcht und suchten Frieden im Schutz seiner gütigen Oberherrschaft. *Ahuka* hatte zwei Söhne: Devaka und Ugrasena. Als diese alt genug waren, die Regierungsverantwortung zu tragen, verheiratete der König sie und legte einen Teil seiner Last auf ihre Schultern. Jahre vergingen. Devaka hatte sieben Töchter und Ugrasena neun Söhne. *Devakī* war die älteste Tochter Devakas und *Kamsa* der älteste von Ugrasenas Söhnen. Diese beiden spielen entscheidende Rollen in unserer Geschichte.

In früheren Zeiten war *Mathurā* die Hauptstadt der *Yadu*-Dynastie. Im Bereich dieser Stadt wohnte ein Regent, dem Tribut zu zahlen war, ein *Yadu*-Fürst namens *Shūrasena*. Dieser hatte zehn Söhne und fünf Töchter. Sein ältester Sohn hieß *Vasudeva*, und *Kuntī* war seine älteste Tochter. Diese fürstlichen Familien lebten also Seite an Seite, und die Kinder wuchsen heran. Die Zeit verging wie im Fluge und brachte, von der Kraft geschichtlicher Ursache gedrängt, Folgen, die für die ganze Epoche bedeutsam wurden.

Devakī, die Tochter von *Kamsas* Onkel väterlicherseits, wurde mit *Vasudeva* verheiratet, und die Hochzeit wurde in großem Rahmen gefeiert. Regenten, Könige und Herrscher, Gelehrte, Weise und Heilige kamen in großer Zahl zusammen. Die Stadt quoll über von vornehmen

Fürsten und großen Persönlichkeiten. *Kamsa* trug besondere Sorge, dass jedermann reichlich und großartig bewirtet wurde. Er hatte selbst keine Schwestern, liebte *Devakī* wie sich selbst und stattete sie aus mit teuren Gewändern, kostbarem Schmuck und allem, was zur königlichen Pracht und Herrlichkeit gehört. Jedermann war entzückt über das prunkvolle Fest. Am dritten Tage musste die Braut dem Brauch entsprechend mit der Mitgift und allen üblichen Geschenken in das Haus des Bräutigams gebracht werden, und *Kamsa* selbst kutschierte die Neuvermählten in einer herrlichen Karosse dorthin.

Als sie so in farbenprächtiger Prozession durch die geschmückten Straßen der Stadt fuhren, leuchtete mit einem Male ein gleißender Blitzstrahl über dem Wagen auf, und ein Donnergetöse erscholl, das klang, als werde die Welt mit einem Schluck von einer Sintflut verschlungen. Blitz und Donner ließen Fürsten wie Bürger zu Salzsäulen erstarren. Augenblicklich verstummte jegliche Musik. Die plötzlich eingetretene Stille wurde von einer Stimme zerrissen, die wie eine Explosion am Himmel erdröhnte.

‚Oh König *Kamsa!*' ertönten die Worte. ‚Du beträgst dich wie ein Dummkopf und ahnst nichts von den Ereignissen der Zukunft! Diese Schwester, die du wie dich selbst liebst, die du nun so liebevoll mit Prunk und Freuden in dieser Kutsche fährst, wird als ihr achtes Kind denjenigen gebären, der dir den Tod bringen wird. Bedenke dieses drohende Unheil!'

Die gleißende Erscheinung, die diese verhängnisvollen Worte gesprochen hatte, verschwand vom Himmel. Dahin war die Freude des Volkes, der Fürsten und der Gelehrten, die die schicksalsschwere Nachricht vernommen hatten. *Kamsa*, der auf dem Kutschbock saß, geriet in hcillose Wut. Wie ein Feuer stieg sie in ihm auf, so dass er die Beherrschung verlor. Die Zügel entglitten seinen Händen, sein Herz brannte vor Hass. Seine Gedanken flogen und verfingen sich in immer schrecklicheren Ängsten und Befürchtungen. Schließlich nahmen sie eine entscheidende Wendung: Von seiner lebenden Schwester würde der Mörder geboren werden. Würde das Leben der Schwester beendet, so könnte sie das todbringende Wesen nicht hervorbringen! Von diesen Gedanken bewogen, packte er die hinter ihm in der Kutsche Sitzende beim Zopf und zwang sie, sich von ihrem Sitz zu erheben. Dann zog er sein scharfes Schwert aus der Scheide, in der schändlichen Absicht, ihr den Kopf abzuschlagen.

Selbst das härteste Herz erschauerte vor diesem fürchterlichen Anblick. Dass *Kamsa* dieselbe lang- und heißgeliebte Schwester ermorden wollte, für die er mit solcher Begeisterung den Brautführer gespielt hatte, ergab einen erschreckenden und entsetzlichen Kontrast. Niemand war in der Lage, etwas zur Abwendung dieses Unglücks zu unternehmen.

Doch nun erhob sich *Vasudeva*, der Bräutigam, umklammerte *Kamsas* Hände und rief: ‚Lieber Schwager! Auch ich habe die Stimme vom Himmel vernommen. Wenn dir ein Leid geschieht, so haben auch wir teil daran – wir wollen nicht, dass dir irgendein Unglück zustößt. Wir beten ohne Unterlass für dein Wohlergehen. Niemals werden wir danach trachten, dich zu verletzen. Es ist nicht recht, dass ein Bruder wie du sich in schweres Unheil stürzt, wenn jedermann in Freuden schwelgt. Lass deine Schwester los! Wenn du der Stimme, die deinen Tod durch ein ungeborenes Kind verkündet hat, solchen Glauben schenkst, verspreche ich dir feierlich, dass ich dir jedes Kind übergeben werde, das von *Devakī* geboren wird. Ich schwöre es! Glaube mir, dass dir das deine Befürchtungen nehmen wird. Wenn du dich jetzt jedoch des Mordes an deiner Schwester schuldig machst, obwohl ich dir dieses Angebot mache, so werden die Folgen dieser ungeheuerlichen Sünde sich katastrophal für dich auswirken.'

Da *Vasudeva* so mitleidvoll flehte, fühlte *Kamsa* sich ein wenig erleichtert: Die Gründe, die sein Schwager anführte, waren nicht von der Hand zu weisen. Er lockerte seinen Griff und ließ *Devakī* auf ihren Sitz zurückfallen. ‚Gut', sprach er, ‚aber ich warne dich! Halte das Versprechen, das du mir gegeben hast!' Dann übergab er die Zügel seinem jüngeren Bruder und kehrte in seinen Palast zurück. Ja, er kehrte wohl zurück, aber nun war er hin- und hergerissen zwischen der Todesangst und der Liebe zu seiner Schwester. Er wälzte sich auf seinem weichen Federbett, als läge er auf glühenden Kohlen. Die Todesangst ließ ihn jeglichen Appetit verlieren und raubte ihm den Schlaf. Ein ganzes Jahr verbrachte *Kamsa* in diesem Zustand, und mit seinem Schwager in ständigem Kontakt.

Devakī wurde schwanger, und die neun Monate neigten sich dem Ende zu. Sie gebar einen Sohn. ‚Ich habe es versprochen, um dein Leben zu retten!', sprach *Vasudeva* zu *Devakī* und übergab das in warme Decken gehüllte Neugeborene der Gnade *Kamsas*.

Kamsa hatte jedoch nicht vor, das zarte Kindlein zu töten. Er war hocherfreut, dass sein Schwager sein Versprechen gehalten hatte, und sprach: ‚Mein lieber Schwager, dieses Kindlein kann mir nichts anhaben! Die Stimme vom Himmel hat mich nur vor dem achten Kinde gewarnt. Nimm daher dieses Kind zurück.' So erhielt *Vasudeva* das Kindlein lebend zurück und legte es *Devakī* in die Arme. Die Mutter war glücklich, ihren Erstgeborenen zurückzuerhalten, und ihr Herz floss über in Dankbarkeit für diesen Segen Gottes. Dann empfing sie wieder ein Kind, und die Eltern waren in Sorge wegen *Kamsas* Angst und dem, was er dem Kinde antun könnte. Sie wünschten sich Kinder, fürchteten aber um deren Schicksal.

Unterdessen erschien an *Kamsas* Hof *Nārada*, der Heilige, der das Lob Gottes singend durch die Welten zieht. Höflich fragte er den Herrscher, ob es ihm gut gehe und ob sein Reich sich in Sicherheit und Wohlstand befinde. Während der Unterhaltung enthüllte *Nārada*, dass die *Yādavas* Götter seien, die sich als Menschen verkörpert hatten, und dass er, *Kamsa*, die Inkarnation eines bekannten Dämons namens Kālanemi sei. Er sagte auch, dass der achte Sohn *Devakīs* die Dämonenbrut vernichten und *Kamsas* Leben ein Ende setzen werde! Das hieß natürlich Öl ins Feuer gießen. Doch damit nicht genug – beim Abschied von *Kamsa* sagte *Nārada*: ‚Rechne jeden Tag, den du überlebst, gleich einem Jahrzehnt. Unterschätze den Tod nicht als in der Ferne liegende Eventualität!'

Diese mahnenden Worte stürzten *Kamsa* in noch tiefere Ängste. Er befürchtete nun, dass selbst kleine Kinder seinen Tod verursachen könnten, und er befahl *Vasudeva* zu sich. Zitternd vor Todesangst erschien der Ärmste, das Unheil fürchtend, das auf ihn herabzustürzen drohte. Bei seinem Erscheinen geriet *Kamsa* in Wut und schleuderte ihm die Frage ins Gesicht: ‚Wieviele Kinder hast du jetzt?' *Vasudevas* Zunge war wie gelähmt. Die Angst, dass seine Antwort etwas Schreckliches zur Folge haben könnte, überwältigte ihn. Mit bebenden Lippen brachte er schließlich hervor: ‚Jetzt habe ich sechs.' Kamsa schrie: ‚Gut! Morgen bei Tagesanbruch bringst du sie alle sechs und übergibst sie mir!' *Vasudeva* entgegnete nichts – er musste sein Versprechen halten. Aber die Liebe zu seiner Nachkommenschaft machte es ihm schwer. Wie ein wandelnder Leichnam schleppte er sich zu *Devakī*, die die sechs Söhne auf ihrem Schoß liebkoste. Als er ihr mitteilte, dass *Kamsa* befohlen habe, ihm die Söhne auszuhändigen, drückte sie die Kinder fest an sich und litt unvorstellbare Qualen.

Oh *Mahārāja*! Siehe, wieviele unschuldige Kinder geopfert werden, um ein einziges Leben zu verlängern! ‚Wozu diese schreckliche Sünde?', magst du fragen. Doch wer kann das Geheimnis des Göttlichen enträtseln? Dem äußeren Auge erscheint es als unverzeihlicher Kindermord –

das innere Auge aber sieht darin vielleicht die Auswirkung von Sünden, die diese Kinder in der Vergangenheit begingen, oder die Erfüllung eines über sie verhängten Fluches. Es kann für sie durchaus der Übergang zu einer neuen, besseren Geburt sein. Wer weiß, was in den Tiefen ihrer Vergangenheit oder im Dunkel ihrer Zukunft liegt? Wer weiß, warum sie geboren wurden, warum sie leben und warum sie sterben? Die Welt nimmt nur den Zeitraum zwischen Geburt und Tod wahr und kümmert sich einzig um diese begrenzte Zeitspanne. Nicht so der Herr und Herrscher über alle Welten – der vergangenen, gegenwärtigen und zukünftigen. In ihm ist mehr Erbarmen als in allen Menschen zusammengenommen. Er lässt seine Gnade fließen, indem er die drei Formen der Zeit berücksichtigt, die drei Welträume in ihrer Anordnung und die drei Grundeigenschaften des menschlichen Charakters. Er weiß am besten um die Dinge, besser als irgendein Mensch. Der Mensch kann einzig und allein zu dem Glauben, dass alles Gottes Wille ist, Zuflucht nehmen und damit zufrieden sein und sich der Kontemplation über Gottes Gnade und Herrlichkeit hingeben.

Oh *Mahārāja*! Sobald sich am nächsten Tage die Sonne über den Horizont hob, nahm *Vasudeva*, von Dienern begleitet, höchst widerstrebend die Kinder mit sich, übergab sie *Kamsa* mit fest geschlossenen Augen und brach dann in Tränen aus. Der ichbesessene Wahnsinnige packte eines nach dem anderen bei den Beinen und zerschmetterte sie auf dem harten Boden! Der unglückliche *Vasudeva*, hilflos und nicht imstande, einzugreifen oder etwas zu verhindern, schritt mit zentnerschwerem Herzen nach Hause und beklagte die übergroße Sünde, die dieses mit so ungeheurem Kummer beladene Abkommen heraufbeschwor. Das königliche Paar siechte dahin in den entsetzlichen Qualen, die beide in Stille gemeinsam ertrugen. Jeder Augenblick ihres Lebens erschien ihnen wie eine unerträgliche Last. ‚Gottes Wille muss erfüllt werden. Man muss das Leben durchleben, so lange es andauert', trösteten sie sich gegenseitig. Und wenn sie sich so gestärkt hatten, schwanden ihre Kräfte und Körper wieder dahin in den Tränenströmen, die der Kummer hervorrief.

Und dann: die siebente Schwangerschaft! Doch überraschenderweise wurde sie im siebenten Monat durch eine Fehlgeburt beendet. Musste man *Kamsa* darüber Bericht erstatten? Wenn ja, wie? Sie konnten sich nicht schlüssig werden. Als *Kamsa* davon erfuhr, kam ihm der Verdacht, seine Schwester könne irgendeinen Plan aushecken, um ihn zu täuschen, und so steckte er sie mit ihrem Gemahl in einen gut bewachten Kerker!"

Erfüllung in Nanda-Nandana

Shukadeva begann nun mit der Erzählung von der großartigsten Enthüllung über die wahren Begebenheiten der *Krishna*-Inkarnation: „*Devakī* und *Vasudeva*, die ihre Tage im Kerker verbringen mussten, glichen nun Geisteskranken. Ungepflegt und ungekämmt saßen sie da; ihre Körper waren abgemagert, da sie nicht mehr essen mochten und auch kaum das Nötigste hatten, um ihre Körper zu versorgen. Sie dachten nicht an Essen oder Schlaf. Der Kummer über den Verlust ihrer Kinder zehrte sie allmählich auf. Im zweiten Jahr ihrer Gefangenschaft wurde *Devakī* zum achten Male schwanger! Oh, es war wundersam! Welche Veränderung zeigte sich nun! Die schlaffen und vertrockneten Gesichter *Devakīs* und *Vasudevas* glichen mit einem Male voll erblühten Lotosblumen und wurden von einem merkwürdigen Glanz erhellt.

Ihre Körper, die nur noch aus Haut und Knochen bestanden und wie ausgetrocknet waren, nahmen wieder zu, wurden rund und glatt und erstrahlten in einem zauberhaften goldenen Schein. Die Zelle, in die *Devakī* verbannt war, war erfüllt von duftenden Wohlgerüchen und einem wundersamen Licht. Auf unerklärliche Weise erklang Musik und Geklingel wie von Glöckchen an tanzenden Füßen. Ein erstaunlicher Anblick und erstaunliche Klänge waren das! *Devakī* und *Vasudeva* nahmen dies alles wohl wahr, allein, sie fürchteten sich davor, *Kamsa* etwas davon mitzuteilen. Der wäre in seinem Rachewahn womöglich imstande, den Mutterschoß in Stücke zu hacken! Sie machten sich Sorgen um die ungewisse Zukunft des Sohnes, den sie erwarteten, und schicksalhafte Vorahnungen beunruhigten sie.

Und *Kamsa*? Er wusste, dass seine Zeit mit Windeseile zu Ende ging. Die Gier, als unbestrittener Herrscher des Reiches weiterzubestehen, zerriss ihn förmlich. Der Hang zu Verrat und Verschwörung kam über ihn, und er überfiel die Hoheitsgebiete von *Yadu*, Vrishni, Bhoja und Andhaka, um sie seinem Reich einzuverleiben. Er war dermaßen darauf versessen, seine tyrannische Herrschaft zu festigen, dass er seinen eigenen alten Vater, Ugrasena, ins Gefängnis warf. Von da an herrschte unumschränkt *Kamsas* Wille."

Als *Shuka* an diesem Punkt der Geschichte angelangt war, unterbrach ihn *Parikshit* mit den Worten: „Oh weh! Was für eine Torheit! *Kamsa* wusste genau, dass sein Ende nahte. Er wusste, dass die Person, die ihn vernichten sollte, in der achten Schwangerschaft schnell heranwuchs, und dass die Stimme vom Himmel nicht die Unwahrheit gesprochen hatte – dennoch entschloss er sich zu solchen von unbeherrschter Gier und unsagbarer Bosheit geprägten Taten? Das ist doch unglaublich!"

Shuka brachten diese Worte zum Lachen, und er sprach: „*Mahārāja!* Offenbar denkst du, dass alle, die wissen, dass ihr Ende naht, ihre verbleibende Zeit so wie du nützen, um den Herrn zu erkennen, der die Verkörperung der Zeit ist! Solch ein Verlangen kann dir nur als Folge einer günstigen Bilanz an Verdiensten, die du dir in früheren Leben erworben hast, in den Sinn kommen. Es kann nicht plötzlich aus dem Nichts auftauchen. Beachte den ungeheuren Unterschied zwischen dem, was du gerade tust, weil du erfahren hast, dass deine Zeit abgelaufen ist, und den Taten, die *Kamsa* unternahm, als er erfuhr, dass sein Ende nahte! Diese beiden Haltungen nennt man göttlich *(deva)* und dämonisch *(āsura)*. Diejenigen, die mit göttlichen Tugenden ausgestattet sind, die eifrig danach streben, gute Taten zu vollbringen, gute Gedanken zu hegen und auf Gott zu vertrauen, die allen Wesen Mitgefühl erweisen, Reue zeigen, wenn sie vom rechten Pfade abgekommen sind, die in Wahrheit, Liebe und Gewaltlosigkeit leben, nur Gedanken an Gott hegen und nach segenbringenden Taten verlangen – diese Wesen werden sich in ihren letzten Tagen auszeichnen.

Jene aber, die verstrickt sind in Eigensucht und Eigenliebe, Gier, Laster, Gewalt und Unrecht, werden in ihren letzten Tagen unter üblen Trieben leiden und sich zugrunde richten. Die ersteren erreichen *Kaivalya* – Erlösung und Glückseligkeit –, die letzteren nur *Naraka*, die Hölle.

Das Auge des Betrachters sieht in beiden Fällen das gleiche Ende – den Tod. Das Ziel, das erreicht wird, ist jedoch unterschiedlich. Für die Hinterbliebenen bleibt es freilich unsichtbar. Das Ziel wird durch die Gedanken bestimmt, die den Sterbenden beschäftigen. Das Entschwinden des Lebens ist allen gemeinsam – den Anblick Gottes muss man sich erringen und verdienen. Das ist etwas Einzigartiges. Daher das Sprichwort: ‚Vināsha kāle viparīta buddhi' – ‚wenn das Verderben droht, wendet der Intellekt sich dagegen'. Nur diejenigen, denen der Untergang ohnehin unmittelbar bevorsteht, bekommen und begrüßen böse Absichten. Jene aber, die mit dem *Darshan* des Herrn gesegnet sind, werden sich in ihren letzten Gedanken an Reines und Erbauliches halten."

Als *Shuka* dies alles dargelegt hatte, sprach König *Parikshit* aus tiefstem Herzen und voller Überzeugung: „Nein, das ist weder das Ergebnis meiner Bemühungen, noch ist es die Folge von Verdiensten aus meinen vorigen Leben. Die Frucht der Tugend meiner Großväter und meines Vaters lenkt mich auf den rechten Pfad. Die Erleuchtung aber, die von solchen Juwelen an Weisheit wie dir ausgeht, und die heiligende Wirkung von *Krishnas* Gnade fördern mehr als alles andere Hingabe und Ergebenheit in mir, und natürlich hat die Gesellschaft, in der man sich befinden darf oder muss, förderliche oder nachteilige Auswirkungen.

Mir aber wurde glücklicherweise von Geburt an die Gnade Gottes als Schutz und Führung zuteil. Durch Verbindung mit guten Menschen, Kameradschaft mit gerechten und tugendhaften Persönlichkeiten, Umgang mit großen Gelehrten und durch die Inspiration der edelmütigen Taten meiner ruhmreichen Großväter wurde ich geformt und gefördert. Ich muss auch dankbar die Hilfe erwähnen, die mir von weisen und urteilsfähigen Ministern zuteil wurde, welche mir zur Seite standen und die Liebe und Verehrung meiner Untertanen verdienten und genossen. All dies kann niemals die Folge meiner persönlichen Bemühungen sein. Die Saat mag noch so hervorragend sein – wenn das Feld unfruchtbar ist, kann es dann eine reiche Ernte geben? Hätte mein Königreich nicht durch meine Vorfahren so hohe Ideale gehabt – keine Weisen und Gelehrten für Unterricht und Inspiration, keine Minister für die Ausführung und Ausarbeitung und keine Untertanen, die diese Ideale wertschätzen und entsprechend handeln –, so hätten meine Ideale, und wären sie noch so hoch gewesen, nicht mehr Wert gehabt als ein Gefäß voll süßer Milch, die von sauren Yoghurttropfen verdorben wurde.

Wären sie alle nicht gewesen, so wären meine Ideale verflogen; ich hätte die Untugenden von Leuten angenommen, die mir schmeicheln wollten, und wäre ein zweiter herzloser *Kamsa* geworden! Meine Schlussfolgerung ist also, dass die sündigen Taten *Kamsas* in gewissem Maße den Untugenden zugeschrieben werden müssen, welche die Gelehrten, Ältesten, Minister und Untertanen in seinem Reich hatten.

Du besitzest natürlich die höchste Eignung, die Richtigkeit dieser Schlussfolgerung zu beurteilen. Nun gut, warum sollte ich die wenigen letzten Stunden meines Lebens darauf verschwenden, Fehler in anderen zu suchen oder die Ursachen und Wirkungen jener Fehler zu untersuchen? Am besten ist es, wenn ich jede Sekunde heilige. Berichte mir, Meister, von dem heiligen Augenblick, da *Gopāla*, mein Lebensatem, auf Erden erschien, von seiner Geburt." Mit dieser Bitte fiel *Parikshit* vor *Shuka* nieder und setzte sich dann mit geschlossenen Augen zurecht, bereit zuzuhören. Sein Sehnen und Erwarten war nun freudig darauf gerichtet, von *Shuka* das wundersame Mysterium der göttlichen Geburt zu erfahren.

Und so erzählte *Shuka* die Geschichte: „Oh *Mahārāja*! Die Leibesfrucht der siebten Schwangerschaft ward *Devakī* entnommen und in den Schoß von *Rohinī* übertragen, die auch eine Gattin *Vasudevas* war und in *Gokula* unter *Nandas* Obhut lebte. Dies geschah, damit das Kind zu einem Gefährten und Helfer für *Gopāla* heranwüchse. *Rohinī* gebar einen Sohn, der von Garga, dem Priester und *Guru* der Familie, den Namen *Balarāma* bekam, da dieses Kind einen außerordentlich starken Körper besaß und jedermann durch seine Unschuld und Klugheit entzückte. *Bala* bedeutet Stärke, *Rāma* das, was entzückt und erfreut. Da er aus *Devakīs* Schoß in den von *Rohinī* übertragen worden war, ward er auch *Samkarshana* genannt, das bedeutet: „Er, der angezogen wurde".

Nun neigten sich die neun Monate der achten Schwangerschaft dem Ende zu. *Devakī* und *Vasudeva* wagten kaum noch zu atmen. Sie erzitterten, wenn sie daran dachten, was bei oder nach der Niederkunft geschehen würde, – was *Kamsa* unternehmen würde, um sie zu strafen oder den gefürchteten Feind zu vernichten! Hilflos, in großer Qual, ohne an Essen oder Schlaf zu denken, warteten sie. Als *Kamsa* erfuhr, dass die neun Monate vorüber waren, traf er besondere Vorkehrungen, damit das Kind ihm auf keinen Fall entwischen konnte. Er gab Befehl, *Vasudeva* und *Devakī* an Händen und Füßen mit Ketten zu binden, und verbarrikadierte die Gefängnistüren mit noch gewaltigeren Vorrichtungen. Er stellte noch mehr und noch wachsamere und tüchtigere Wächter rund um das Verlies auf. Auf seinen Befehl mussten die Wächter sich alle fünf Minuten vergewissern, dass die Insassen sich innerhalb der Gefängnismauern befanden. *Kamsa* machte sich ununterbrochen Gedanken und Sorgen über diese Geburt und was ihm durch sie zustoßen könnte.

Doch wer kann den unergründlichen Lauf des göttlichen Willens aufhalten? Kann das göttliche Mysterium ergründet, durchschaut und enträtselt werden? Toren, die die Wahrheit nicht fassen können, die die Göttlichkeit ebensowenig erkennen wie sie die Macht Gottes messen können – die nicht einmal an Gott glauben –, geben sich dem Wahn hin, dass sie sich durch ihre eigenen nichtigen Pläne retten und durch ihre eigenen Anstrengungen den Sieg erringen könnten! In Wahrheit aber kann auch das Geringste ohne Gottes Gnade nicht gelingen!

Obwohl dies so ist, sollten wir nun nicht die Hände in den Schoß legen und denken, dass sich alles von selbst erledigt, wann und falls Gott will. Menschliches Bemühen ist wesentlich, und der Mensch muss sich selbst erproben. Er muss die Kräfte und Fähigkeiten, mit denen er ausgestattet ist, einsetzen und entschlossen mit der Arbeit vorangehen. Die Verantwortung für den Erfolg kann er Gott überlassen, denn ohne Gottes Gnade wird jegliches Bemühen fruchtlos sein.

Eines Nachts, während *Devakī* auf dem Boden ihrer Gefängniszelle lag, setzten die Wehen ein. Sie richtete Geist und Gedanken auf Gott, schaute konzentriert in die Flamme ihrer kleinen Öllampe und fragte sich verzagt: ‚Was wird mit mir geschehen? Was wird die Zukunft mir bringen?' Mit einem Mal erlosch die Flamme, und Dunkelheit breitete sich in der Zelle aus. Im gleichen Augenblick erblickte *Devakī* eine leuchtende Gestalt, die vor ihr stand und einen noch nie gesehenen Glanz verbreitete. Sie überlegte, wer das sein könne, und rief nach *Vasudeva*, aus Furcht, es sei *Kamsa,* der diese Gestalt angenommen hatte. Verwirrt und voller Zweifel fragte sie sich, wer hinter dieser Erscheinung stecken könnte.

Plötzlich wurde die Gestalt deutlich erkennbar. Sie war mit der Schneckenmuschel, dem Rad und der Keule bewaffnet, die vierte Hand war segnend erhoben. Sanft und lieblich erklang die Stimme: ‚Grämt euch nicht. Ich bin *Nārāyana*. In wenigen Augenblicken werde ich als euer Sohn zur Welt kommen. Ich will eure Mühsal tilgen, so wie ich es euch versprochen habe, als ihr mich aufgrund eurer ernsthaften, entsagungsreichen Lebensführung erblicken durftet. Macht euch keine Sorgen um mich. Seid einfach nur Zeugen bei dem Schauspiel, das stattfinden wird. In allen vierzehn Welten wurde und wird niemals jemand geboren, der mir auch nur das Geringste anhaben könnte, seid dessen gewiss. Auch wenn euch ein wenig Furcht heimsucht aus Liebe zu dem Kinde, das *Devakī* trägt, und weil die Kraft der Täuschung euch den Sinn trübt, so werdet ihr doch sogleich Wunder erleben, die mein wahres Wesen enthüllen werden.

Sobald ich geboren bin, werden die Ketten von euren Händen und Füßen abfallen, und die Türen des Gefängnisses werden sich von selbst öffnen. Bringt mich, ohne dass es jemand merkt, von hier in *Nandas* Haus in *Gokula* und legt mich neben seine Gemahlin *Yashodā*, die jetzt gerade in den Wehen liegt. Bringt das kleine Mädchen, das sie geboren hat, hierher ins Gefängnis und behaltet es bei euch. Dann benachrichtigt *Kamsa*. Bis er diese Nachricht erhält, wird niemand in *Mathurā* oder *Gokula* euch bemerken oder ergreifen – dafür werde ich sorgen.' Der

Erhabene erstrahlte in göttlichem Glanze. Er segnete *Devakī* und *Vasudeva* und ging in Gestalt einer Lichtkugel in *Devakīs* Schoß ein. Wenige Minuten später wurde das Kind geboren.

Es geschah um halb vier Uhr morgens – während der besonders gesegneten Morgenstunden. *Vishnumāyā* bewirkte, dass alle Wächter und Wachen in tiefen Schlaf fielen. Sie sanken auf der Stelle um und wurden vom Schlaf umfangen. Im Handumdrehen fielen die dicken Eisenketten von *Vasudevas* Händen und Füßen, und alle Türen und Tore gingen weit auf. Obwohl es tiefste Nacht war, sang der Kuckuck in einem plötzlichen Aufwallen von Freude, und Papageien kündeten von den himmlischen Glücksgefühlen, die sie überkamen. Die Sterne blinkten, denn ein jeder von ihnen lächelte vor innerer Freude. Der Regengott versprühte Tropfen, die wie Blüten zur Erde fielen. Rund um das Gefängnis sammelten sich Vögel in Scharen und sangen und zwitscherten in reiner Wonne.

Vasudeva erkannte, dass sie alle Erscheinungsformen von Gottes Liebreiz waren. Er sah das neugeborene Kindlein an und war äußerst überrascht von dem Anblick, der sich ihm bot. War das, was er sah, wirklich wahr, oder war es eine Sinnestäuschung? Er blieb wie angewurzelt stehen, denn – o König! – das Kind war von einem gleißend hellen Lichtschein umgeben. Als das Kindlein Mutter und Vater erblickte, lachte es tatsächlich auf und schien etwas sagen zu wollen! In der Tat! Sie vernahmen die Worte: ‚Und nun bringt mich schnell nach *Gokula*!'

Vasudeva zögerte keinen Augenblick. Er breitete ein altes Lendentuch auf einer Bambusmatte aus und legte das Kind darauf. Dann riss er ein Stück von *Devakīs* altem Sari ab und bedeckte das Kindlein damit. Schließlich ging er, an den schlafenden Wächtern vorbei, hinaus durch die offenen Türen und Tore.

Er bemerkte die vom Himmel fallenden Regentröpfchen, und es machte ihn traurig, dass das Neugeborene schon bald durchnässt sein würde. Als er sich aber umwandte, sah er, dass die Schlange *Ādishesha* ihm folgte und das Kind vor dem Regen schützte, indem sie ihre breiten Hauben als Schirm über ihm ausspannte! Auf Schritt und Tritt entdeckte *Vasudeva* auf seinem Wege segensvolle und glückverheißende Zeichen. Obwohl die Sonne noch nicht aufgegangen war, hatten sich die Lotosblüten in allen Teichen geöffnet und neigten sich auf ihren Stengeln *Vasudeva* zu. Es war eine dunkle Nacht, in der eigentlich kein Mondlicht zu erwarten war, dennoch schien der Vollmond, den es wohl verlangte, einen Blick auf das göttliche Kind zu werfen! Seine kühlen Strahlen erhellten die Bambusmatte, auf der das Neugeborene lag, den ganzen Weg entlang. Das Kind, das alle diese Segenszeichen herbeigelockt hatte, wurde in *Nandas* Haus gebracht. Das dort soeben geborene Kindlein nahm *Vasudeva* mit, brachte es zu *Devakī* und legte es ihr in die Arme. Dann brach er in Tränen aus und konnte nicht mehr aufhören zu weinen."

Noch während *Shukadeva* diese Worte sprach, rief plötzlich *Parikshit* laut: „*Krishna! Krishna!*" Alle wandten sich dem König zu und eilten zu ihm. Sie erblickten eine Schlange, die ihn in den rechten Fuß gebissen hatte und nun schnell davonglitt.

Allen war klar, dass nun das Ende gekommen war. Von allen Lippen klangen *Parikshits* Worte zurück: „*Krishna! Krishna!*", riefen sie in einem fort und: „Oh *Dvārakāvāsa! Brindāvana-Vihāra!*" Die ganze riesige Versammlung dachte einzig und allein an Gott, hatte nur noch den Namen Gottes auf den Lippen.

Der König fiel zu Boden und wiederholte: „*Krishna! Krishna!*" Die Gelehrten sprachen vedische Gebete, die Gläubigen sangen im Chor Gottes Lobpreis, die Weisen und Asketen versanken in stille Wiederholung des göttlichen Namens und in Meditation.

Shuka vergoss Tränen der inneren Seligkeit und verkündete: „Der König ist bei *Gopāla* angelangt!" Er ordnete die Bestattungszeremonien an und entfernte sich unbemerkt.

Das Wort *Shuka* bedeutet Papagei. Jawohl, er war der „Papagei", der die nektargefüllte reife Frucht namens *Bhāgavata*, Erfüllung in Gott, vom Baume der Veden pflückte und der Welt die Möglichkeit brachte, sie zu kosten und sich daran zu erquicken. Möge die Welt diese Frucht genießen, sich damit stärken und daraus die Seligkeit gewinnen, die sie schenken kann! Möge die Menschheit zur wahren, überirdischen Freude finden!

Glossar

abhaya	furchtlos, Furchtlosigkeit; die *Abhaya*-Geste, welche besagt: „Fürchte dich nicht!", ist eine Segnungsgeste, die mit der erhobenen rechten Hand ausgeführt wird, wobei die Handfläche dem Betrachter zugewandt ist.
Abhimanyu	Arjunas Sohn, *Parikshits* Vater; in der Schlacht von *Kurukshetra* wurde *Abhimanyu* von *Duhshāsana* getötet.
ādhibhautika	auf die Erde, das Materielle bezogen.
ādhidaivika	die *Devas* betreffend, auf das Wesen der *Devas* bezogen.
ādhyātmika	auf den *Atman*, das höchste Selbst bezogen.
Ādishesha	Name der tausendköpfigen Kobra, auf deren Leibeswindungen *Vishnu* zwischen den Schöpfungen ruht. Der *Ādishesha* (auch *Shesha* oder *Ananta* genannt) ist ein Symbol der Ewigkeit.
advaitānanda	die Glückseligkeit der Nicht-Zweiheit; die Glückseligkeit der Erfahrung von Einheit.
āgneyāstra	(*āgneya-astra*) „die Waffe des *Agni*"; die Waffe, die der Feuergott *Agni Krishna* übergab.
agni	Feuer, der Feuergott; die göttliche Energie, die jeglichem Feuer (z.B. auch dem Verdauungsfeuer) innewohnt.
Āhuka	ein König der Monddynastie; *Krishnas* Urgroßvater.
ajnāna	Unwissenheit, Nichtkenntnis; *Ajnāna* besteht darin, dass man sich mit dem sterblichen Körper identifiziert und nicht mit dem *Atman*.
ākāsha	Himmel, Raum, Äther, das Raumelement; *Ākāsha* ist das feinste der fünf Elemente und durchdringt das ganze Universum. Der Klang und der menschliche Gehörsinn sind diesem Element zugeordnet.
ākāshavānī	eine Stimme, die aus dem Äther oder vom Himmel erklingt.
aksharaparabrahman	das unvergängliche höchste *Brahman*.
akshauhinī	Bezeichnung für eine bestimmte Heereinheit, bestehend aus 109.350 Soldaten zu Fuß, 65.610 Soldaten zu Pferd, 21.870 berittenen Elefanten sowie 21.610 Streitwagen mit Besatzung.
akshayapātra	„das unvergängliche, unzerstörbare Gefäß"; Bezeichnung für das nahrungsspendende Gefäß, das die *Pāndavas* vom Sonnengott erhielten.
Ambarīsha	ein indischer König, der ein treuer Verehrer *Vishnus* war.
amrita	unsterblich; Nektar der Unsterblichkeit; *Dhanvantari* brachte den Menschen diesen Unsterblichkeitstrank.

amsha-avatāra	eine göttliche Inkarnation, die Teile (amsha) der göttlichen Persönlichkeit verkörpert.
ānanda	vollkommene und höchste Glückseligkeit; wahre und anhaltende Freude; göttliche Glückseligkeit.
ananta	„unendlich, ohne Ende"; s. *Ādishesha*.
Aniruddha	„frei, ungebunden"; ein Enkel *Krishnas*, Vater von *Vajra*, dem letzten Überlebenden der *Yādavas*.
annapūrna	„die, welche voll der Nahrung ist", die Nahrungsspendende; ein Name der göttlichen Mutter.
Arjuna	weiß, hell, rein, makellos; der zweite der fünf *Pāndava*-Brüder, Kriegsheld im *Mahabharata*, Freund und Schüler *Krishnas*.
Ashram	(sanskr.: *ashrama*) Aufenthaltsort eines Weisen oder Heiligen. Ein Zentrum für religiöse Studien mit Meditation.
āshraya	Hilfe, Schutz, Unterstützung, Beistand; *āshraya* ist eines der Kennzeichen der *Puranas*.
Ashvatthāman	Sohn *Dronas*, Held des *Mahābhārata*, der auf Seiten der *Kauravas* kämpfte. Er war einer der letzten Überlebenden und entlud am Ende des Krieges eine Waffe, die sämtliche noch ungeborenen Kinder der *Pāndavas* tötete – bis auf *Parikshit*.
āsura	Dämon, negative Kraft; eine Klasse von Wesen, die gegen die Götter *(deva)* kämpfen. Alle schlechten Eigenschaften des Menschen sind Ausdruck dieser Kräfte.
ātmajnāna	das Wissen vom Selbst, die Erkenntnis des innersten Selbst.
Atman	(sanskr.: ātman) das wahre, unsterbliche Selbst, die Seele, der göttliche Funke, die innerste Wirklichkeit des Menschen.
Avatar	(sanskr.: *avatāra*) „Herabkunft"; das Erscheinen Gottes auf Erden in einer von ihm frei gewählten Form; eine Inkarnation des göttlichen Bewusstseins auf Erden.
Ayodhyā	die „uneinnehmbare Stadt", eine Stadt, in die kein Feind eindringen kann. Die Stadt der Sonnenkönige, Hauptstadt des Königreiches von *Dasharatha*, *Rāmas* Vater.
Āyurveda	„das Wissen vom langen Leben"; Name der alten vedischen Wissenschaft der Medizin. Āyurveda ist ein ganzheitliches Heilsystem, das von *Dhanvantari* eingeführt wurde.
Bālagopāla	„Kuhhirtenjunge", ein Name für *Krishna*.
Balarāma	„stark und entzückend"; Name von *Krishnas* älterem Bruder.
bhagavān	„der Erhabene, Heilige"; eine ehrerbietige und liebevolle Anrede für Gott, den Herrn.
bhāgavata	„zum Erhabenen gehörig"; der oder das Gott Zugehörige, von Gott Erfüllte.
Bhāgavatam	s. *Purana*.

Bhāgavatapurāna	s. *Purana*.
bhāgavatashāstra	„das *Bhāgavata*-Lehrbuch" (s. auch *Shastra*); indem *Shukadeva* diesen Begriff für das *Bhāgavatam* benutzt, weist er darauf hin, dass das *Bhāgavatapurāna* das Lehr- und Handbuch für den *Bhakta* oder *Bhāgavata* ist.
bhagavattattva	die Natur, das Wesen des Erhabenen; die eigentliche transzendentale Gestalt Gottes.
Bhāgīrathī	„Tochter des Bhagīratha"; ein Name des heiligen Gangesflusses, der nach der Überlieferung von einem König namens Bhagiratha auf die Erde gebracht wurde.
bhakta	Verehrer, Anbeter; der Gottergebene, Gottverbundene; jemand, der von Hingabe erfüllt ist.
Bhaktiyoga	der Weg zu Gott durch liebevolle Hingabe; *Bhaktiyoga* ist auch die Bezeichnung für eine bestimmte Planetenkonstellation, die andeutet, dass der unter dieser Konstellation Geborene den Weg der Hingabe gehen wird.
Bharata	ein Halbbruder des *Rāma-Avatars*.
Bhārata	der Name Indiens; das Land des *Bharata*; Bezeichnung für einen Bewohner des Landes von *Bharata* oder einen Nachkommen des *Bharata*.
Bhīma	„schrecklich, gewaltig, ungeheuerlich"; der zweitälteste der *Pāndava*-Brüder, der für seine außerordentliche Stärke bekannt war; *Bhīmas* Vater war *Vayu*, der Gott des Windes.
Bhīshma	„schrecklich, furchterregend"; der Großvater oder genauer gesagt Großonkel der *Kauravas* und der *Pāndavas*. Er war der Erzieher beider Gruppen; in der *Mahabharata*-Schlacht kämpfte er auf Seiten der *Kauravas*.
Brahma	der Schöpfergott, der die Entstehung des Universums bewirkt; der schöpferische Aspekt Gottes. *Brahma* darf nicht mit *Brahman* verwechselt werden.
brahmajnāna	Erkenntnis des *Brahman*, der göttlichen Wirklichkeit.
brahmamuhūrta	die „Stunde des *Brahman*"; die frühen Morgenstunden zwischen 3 und 6 Uhr.
Brahman	(sanskr.: brahman) das Allumfassende; das Universelle; das alles durchdringende, göttliche, namenlose, formlose, ewig absolute, allem innewohnende Prinzip.
Brahmapriya	„die dem *Brahma* lieb ist", Geliebte des *Brahma*; Name des ersten weiblichen Wesens.
brahmarshi	Rishi aus der Brahmanenkaste; Ehrentitel für einen Weisen, der völlig im *Brahman* gegründet ist.
brahmayajna	Opfer zur Ehre Gottes für die Weisen und die spirituelle Lehre.
Brindāvana	„der Wald der Herden"; Name der Wälder und Weide-

	gründe, wo *Krishna* in seiner Kindheit mit den *Gopas* und *Gopis* spielte.
Brindāvanavihāra	„der in *Brindāvana* lebt"; ein Name für *Krishna*.
Buddha	„der Erwachte"; eine der Inkarnationen *Vishnus*.
cakra	Rad, Kreis, Scheibe, Ring; eines der Wahrzeichen *Vishnus*.
candāla	Nachkomme einer Frau aus dem Brahmanenstand und eines Vaters aus dem vierten Stand *(shūdra)*; Kinder, die aus solcher Kastenvermischung hervorgingen, waren Ausgestoßene der Gesellschaft und wurden als die „Niedrigsten unter den Niedrigen" betrachtet.
daitya	„Sohn der Begrenztheit"; Bezeichnung für eine bestimmte Klasse von Dämonen, die das Bewusstsein des Menschen in den Fesseln der Begrenzungen gefangenhalten.
dānava	Dämonen, Nachkommen des Dämonen Danu.
dānavatva	Teuflisches, Dämonisches; der Zustand, in dem man von dämonischen Eigenschaften beherrscht wird.
Darshan	(sanskr.: *darshana*) das Sehen, Schauen, Zeigen, Lehren; das Sehen einer heiligen Persönlichkeit; auch: innerliche Gottesschau.
Dāruka	„Holzstück, hölzerne Puppe"; Name des Wagenlenkers von *Krishna*.
Dasharatha	„zehn Wagen habend"; Name des Königs von *Ayodhyā*, Vater von *Rāma*.
dehin	verkörpert, inkarniert; Mensch, Person, Seele; der Bewohner des Körpers.
deva	göttlich, himmlisch, leuchtend; Gott, Gottheit, göttliche Wesenheit; Bezeichnung für die Götter, die sich auf einer höheren Ebene befinden als die Menschen. *Deva* ist auch eine Beifügung zum Namen Erleuchteter, die göttliches Bewusstsein in sich verwirklicht haben, z.B. *Shukadeva*.
Devakī	„göttliche Energie"; Name der leiblichen Mutter *Krishnas*, Gemahlin von *Vasudeva*.
devī	weibliche Form von *Deva*; Göttin, göttliche Mutter; Beifügung zu Frauennamen als Ausdruck der Achtung, z.B. *Kuntīdevī*.
dhana	Besitz, Geld, Reichtum; ein wertvoller Besitz; ein Objekt, auf das die Zuneigung gelenkt worden ist.
Dhanvantari	„Hüter des Reichtums"; Name des Arztes der Götter, einer Inkarnation *Vishnus*. Er war der Lehrer der medizinischen Wissenschaft *(āyurveda)*. Der von ihm gehütete Reichtum ist die Gesundheit.
dharma	Ordnung, Gesetz, Gebot Gottes, göttliches Gesetz ; die

	Pflicht des Menschen; Rechtschaffenheit, Gerechtigkeit, Moralgefühl; Moralkodex; Regeln der Selbstdisziplin.
Dharmarāja	König der Rechtschaffenheit, der Garant des Rechten; ein Name Yudhishthiras.
dharmātman	gerecht, tugendhaft, religiös; ein Heiliger, eine religiös gesinnte Person.
Dhritarāshtra	der blinde König von *Hastināpura*, Bruder von *Pāndu* und *Vidura*. Von seiner Gemahlin *Gandhārī* hatte er hundert Söhne, die *Kauravas*. Zwischen diesen und den Söhnen *Pāndus*, den *Pāndavas*, entbrannte die Schlacht um das Königreich, die im *Mahabharata* geschildert wird. *Dhritarāshtra* verkörpert die „blinde", eigensüchtige Liebe zum Weltlichen.
dhyāna	Meditation, Versenkung, Kontemplation, Bewusstseinsschulung.
Draupadī	Gemahlin der fünf *Pāndava*-Brüder. Sie wurde von *Arjuna* im Wettkampf erobert, und als die Brüder mit ihr nach Hause kamen, kündigten sie ihrer Mutter *Kuntī* an, dass sie reiche Beute mitgebracht hätten. *Kuntī*, die die „Beute" noch nicht gesehen hatte, sagte, dass die fünf Brüder alles redlich miteinander teilen müssten. Alle fünf vermählten sich daraufhin mit *Draupadī*, die für jeden ihrer fünf Gatten die gleiche Liebe empfand.
Drona	„Eimer, Gefäß"; Name des Lehrers, der die *Pāndavas* und die *Kauravas* zusammen in der Kriegskunst unterwies. In der *Mahabharata*-Schlacht kämpfte er auf der Seite der *Kauravas*.
Drupada	„Säule, Pfeiler"; *Draupadīs* Vater.
Duhshāsana	„unkontrollierbar, schwer im Zaum zu halten"; einer der *Kauravas*, Bruder von *Duryodhana*. Er verkörpert den Ungehorsam, die Disziplinlosigkeit, durch welche die Tugend – verkörpert durch *Draupadī* – entehrt wird.
Durvāsas	„schlecht gekleidet, nackt"; Name eines *Rishi*, der bekannt war für seine Reizbarkeit und Wutausbrüche.
Duryodhana	„schwer zu besiegen, unbesiegbar"; der älteste von *Dhritarāshtras* 100 Söhnen, Anführer der *Kauravas*, der von klein auf eine starke Abneigung gegen die *Pāndavas* zeigte.
Dvāparayuga	das dritte im Zyklus der vier *Yuga*, in dem nur noch ein geringer Teil des göttlichen Bewusstseins des Menschen lebendig ist.
Dvārakā	Name einer Hafenstadt an der indischen Westküste, in der *Krishna* lebte.
Dvārakāvāsa	„der in *Dvārakā* wohnt"; ein Name für *Krishna*.

gadā	Keule, Streitkolben; eines der Wahrzeichen *Vishnus*.
Gandhamādana	„betäubend duftend von Blüten"; Name eines Berges im Himalaja, der für seine duftenden Wälder berühmt ist.
Gandhārī	Name der Gattin des blinden Königs *Dhritarāshtra*, Mutter der *Kauravas*. Vor ihrer Vermählung verband sie sich für immer die Augen, um blind zu sein wie ihr Gemahl.
gandharva	Bezeichnung für eine bestimmte Klasse himmlischer Wesen; die himmlischen Musikanten.
Gāndīva	Name des Bogens von *Arjuna*, den er von *Agni*, dem Feuergott, erhielt.
Garuda	„Verzehrer, Verschlinger"; der König der Vögel, *Vishnus* Reittier. *Garuda* wird dargestellt als Menschengestalt mit Flügeln und Vogelschwanz, Adlerklauen statt Füßen und mit einem Adlerschnabel. Er gilt als Verkörperung der Sonnenstrahlen, die die Dunkelheit verzehren.
Gaurī	„die Glänzende, Reine, Goldene, Strahlende"; ein Name der göttlichen Mutter, der Gemahlin *Shivas*.
Gokula	„Kuh-Familie"; Herde, Kuhstall; Name der Stadt am Ufer der *Yamuna*, wo *Krishna* seine Kindheit als Hirtenknabe verbrachte.
go-loka	„die Kuhwelt"; Bezeichnung der höchsten transzendenten Welt der Glückseligkeit, in der *Krishna* seine ewigen *Līlās* mit den *Gopas* und *Gopis* spielt.
Gopa	(sanskr.: *gopā*) Kuhhirte, Hirte.
Gopāla	„Beschützer der Kühe"; ein Name *Krishnas*. Man kann für „go" auch die Bedeutung „Sinn" und „Sinnesorgan" annehmen; *Gopāla* ist demnach der „Beschützer der Sinne".
Gopi	(sanskr.: *gopī*) Hirtenmädchen, Kuhhirtin; die Gespielinnen und Verehrerinnen *Krishnas* in *Brindāvana*.
Gopīvallabha	„Geliebter der *Gopis*"; ein Name *Krishnas*.
Govardhana	„der das Wohlergehen der Kühe fördert"; Name eines Hügels, den *Krishna* als Knabe eine Woche lang auf seinem kleinen Finger trug, damit alle Einwohner von *Brindāvana* mit ihren Kuhherden darunter Schutz vor einem von *Indra* veranlassten Unwetter finden konnten.
grihastha	„der, welcher sich im Haus befindet"; Haushälter; die zweite der Lebensstufen des Menschen, in welcher er seine Pflichten der Gesellschaft gegenüber erfüllen muss.
guna	Eigenschaft; Grundeigenschaften, aus denen sich alle Objekte der Erscheinungswelt zusammensetzen; s. *Sattva, Rajas* und *Tamas*.
Guru	(sanskr.: guru) „schwer, gewichtig, groß"; ein Lehrer geistiger Disziplinen, insbesondere der spirituelle Meis-

	ter. Spirituell bedeutet die Silbe „gu" Dunkelheit oder Unwissenheit, und „ru" steht für die Entfernung oder Vernichtung derselben.
gurudakshinā	zeremonielles Abschiedsgeschenk des Schülers an den spirituellen Lehrer.
hamsa	Schwan, Gans; der weiße himmlische Schwan ist ein Symbol der Reinheit. Es heißt, dass er Milch von Wasser trennen und Recht und Unrecht unterscheiden kann.
Hanumān	„mit starken Kinnbacken versehen"; Name des Heerführers der Affen; er war einer der unerschrockensten und hingebungsvollsten Diener *(bhakta)* von *Rāma* und wird als ein Wesen dargestellt, welches zur Hälfte Affe, zur anderen Hälfte Mensch ist.
Hara	wegführend, ergreifend, zerstörend, einnehmend; ein Name für *Shiva*.
Hari	ein Name für *Vishnu* und *Krishna*; *Hari* wird oft als generelle Bezeichnung Gottes verwendet. *Hari* soll wie *Hara* aus der Sanskritwurzel „hri" = fortnehmen stammen und „der die Sünden fortnimmt" bedeuten.
Harihara	eine Kombination der Namen für *Vishnu* und *Shiva*, die die grundlegende Einheit der beiden anzeigt. *Harihara* wird dargestellt als männliches Wesen, dessen linke Seite hell ist und *Shivas* Attribute trägt. Die rechte Seite ist blau oder schwarz und ist mit den Abzeichen *Vishnus* ausgestattet.
Hastināpura	„Elefanten-Stadt"; die Hauptstadt der *Pāndavas*.
Hiranyakashipu	„der in Gold gekleidete; der auf goldenem Kissen sitzt"; Name eines Dämonenkönigs, Vater von *Prahlāda*.
Hiranyāksha	„der Goldäugige"; ein Dämon, Zwillingsbruder von *Hiranyakashipu*.
Indra	der König der Götter *(deva)*, der das Böse vernichtet und die Dunkelheit vertreibt.
Indraprastha	die Residenzstadt der *Pāndava*-Prinzen.
Irāvatī	„voller Nahrung, Freudespenderin"; Name der Gemahlin *Parikshits*.
īsha	Herr, Meister; Gott in seinem allmächtigen Aspekt.
īshānucarita	die Nacherzählung der Herrlichkeiten und Taten Gottes.
īshvara	Herr, Meister; der Mächtige und Allgewaltige. Im Sanskrit ist *Īshvara* eine der allgemeinsten Bezeichnungen für Gott, die unabhängig von einer bestimmten Glaubensrichtung ist.
Janamejaya	„der, welcher die Menschen erzittern lässt"; der Sohn *Parikshits*, Urenkel von *Arjuna*.
japa	Flüstern, Murmeln, Hersagen; die Wiederholung eines heiligen Namens, eines Gebetes oder *Mantras* als Form der Meditation.

Jarāsandha	ein mächtiger König, der Krieg gegen viele Herrscher führte und Hunderte von Königen gefangenhielt. Er versuchte auch, *Krishna* zu besiegen und führte Krieg gegen die Stadt *Mathurā*. Die *Pāndavas* kämpften für *Krishna*, und *Bhīma* tötete *Jarāsandha* mit *Krishnas* Hilfe.
jātakarman	ein Ritus, der für den Säugling nach der Geburt durchgeführt wird, wobei bestimmte Gebete gesprochen werden.
Jatāyu	ein Halbgott in Vogelgestalt, Sohn des *Garuda*. *Jatāyu* war ein Verbündeter *Rāmas*. Er versuchte, die Entführung *Sītās* durch *Rāvana* zu verhindern.
jīva	die individuelle Seele; personifiziertes Ichbewusstsein, Mensch.
jīvin	der Bewohner des menschlichen Körpers, die Einzelseele, die sich getrennt von der Außenwelt fühlt. Das veränderliche Ich, das auf dem Missverständnis des Körperseins beruht. Als solches wird das Wort *Jīvin* auch in der Bedeutung von *Jīva* gebraucht.
jnāna	Wissen, Weisheit; Verständnis, Erkenntnis, spirituelle Einsicht.
Kaikeyī	eine Gemahlin des Königs *Dasharatha*, Mutter seines Sohnes *Bharata*, Stiefmutter von *Rāma*.
kaivalya	Ausschließlichkeit, Einzigartigkeit; Ungebundenheit, Freiheit.
kalā	ein Teilchen, Bruchteil; ein Sechzehntel.
kāla	schwarz, dunkel; die Zeit.
kali	Streit, Zwietracht, Krieg.
Kaliyuga	das Zeitalter, in dem *Kali* herrscht; das letzte der vier Zeitalter, in dem das soziale und geistige Leben aus den Fugen gerät.
Kāliya	Name eines Schlangendämons, der von *Krishna* besiegt wurde.
Kalki	Name des zehnten *Vishnu-Avatars*.
kalpa	Weltenzyklus, Weltperiode; ein Tag und eine Nacht *Brahmas*
kalpataru	ein wunscherfüllender Baum, einer der fünf Bäume, die in *Indras* Paradies stehen; der göttliche Baum, von dem man alles erhält, was man erbittet.
Kamsa	ein dämonischer König, der mit allen Mitteln versuchte, *Krishna* zu töten, schließlich aber selbst von *Krishna* getötet wurde.
Karma	(sanskr.: karman) Tat, Handlung, Aktivität; *Karma* kann verstanden werden als: 1. eine geistige oder körperliche Handlung; 2. Konsequenz einer geistigen oder körperlichen Handlung; 3. die Summe allen Tuns eines Wesens in diesem oder vorangegangenen Leben; 4. die Kette von Ursache und Wirkung in der moralischen Welt; 5. rituelles Handeln.

Karna	„Ohr"; ein Halbbruder der *Pāndavas;* ein Sohn von *Kuntī* und *Surya,* dem Sonnengott. *Karna* kämpfte auf Seiten der *Kauravas* gegen die *Pāndava*-Brüder.
Kaurava	„von Kuru abstammend, Nachkomme des Kuru"; gemeint sind insbesondere die 100 Söhne *Dhritarāshtras,* die die schlechten Eigenschaften des Menschen versinnbildlichen.
Kausalyā	eine Prinzessin des *Kosala*-Geschlechts; *Rāmas* Mutter, Gemahlin *Dasharathas.*
Kaushikā	Name eines Flusses, der auch Satyavati – Fluss der Wahrheit – genannt wird.
khāndavavana	„Wald der Süßigkeiten"; ein Wald in *Kurukshetra,* der dem *Indra* heilig war und von *Agni* mit *Arjunas* Hilfe verbrannt wurde.
Khatvānga	„Keule"; ein König aus der Sonnendynastie, der für die *Devas* gegen die Dämonen kämpfte.
Kosala	Name einer Gegend; *Rāmas* Reich mit der Hauptstadt *Ayodhyā.*
Kripa, Kripācarya	Name eines alten Lehrers und Beraters am Hofe der *Pāndavas.*
Krishna	„schwarz, dunkelblau"; der achte der *Vishnu-Avatare,* eine vollkommene Inkarnation Gottes (pūrnāvatāra).
Krishnacandra	„*Krishna,* der Mond"; dieser Name bezieht sich auf die „mondgleichen" Eigenschaften *Krishnas*: mild, gütig, beruhigend, ausgleichend.
Kritayuga	das erste der vier Weltzeitalter; das Zeitalter größter Vollkommenheit, auch Satyayuga – Zeitalter der Wahrheit – genannt.
kshatriya	Bezeichnung des zweiten Standes, der Krieger, Fürsten und Könige. Ihre Aufgabe ist es, die Gemeinschaft zu beschützen.
kshīrasāgara	das Milchmeer; der Ozean aus Milch, der das absolute, reine Bewusstsein symbolisiert.
Kubera	der Gott der Schätze und Reichtümer.
Kuntī	auch: Kuntīdevī; die Gemahlin *Pāndus.* Der Heilige *Durvāsas* hatte sie in ein *Mantra* eingeweiht, mit dem sie jeden Gott herbeirufen konnte. Da sie von *Pāndu* keine Kinder bekommen konnte, rief sie verschiedene Götter an, von denen sie Yudhishthira, *Bhīma* und *Arjuna* als Söhne erhielt.
kūrma	Schildkröte; *Vishnu* in seiner zweiten Inkarnation als Schildkröte.
kurukshetra	das Feld der Kurus, auch: Feld der Handlung; Name einer Ebene bei Delhi in Nordindien, in der die *Mahabharata*-Schlacht stattfand.

Lakshmana	„gute Zeichen besitzend"; ein Halbbruder *Rāmas*, Sohn von *Dasharatha* und seiner Gemahlin Sumitrā.
Lakshmī	Schönheit, Glück, Wohlstand; Göttin des Wohlstandes, des Gedeihens, des Glücks und der Schönheit. *Lakshmī* oder *Shrī* ist die Gemahlin *Vishnus*.
Lankā	der alte Name der Insel Ceylon *(Sri Lanka)*. Die Hauptstadt hieß ebenfalls *Lankā*. Der Dämon *Rāvana* hatte hier seinen Wohnsitz.
līlā	Spiel, Unterhaltung, Vergnügen; Schönheit, Anmut, göttliches Spiel, göttliche Tätigkeit und Wesensart.
lokapāla	der Beschützer und Behüter der Welt.
Madanamohana	„die Liebe weckend"; ein Name *Krishnas*.
Mādhava	süß, aus Honig bestehend, frühlingshaft; ein Name für *Krishna*.
mādhavatva	das *Mādhava*-Sein, die Göttlichkeit.
Madhusūdhana	den Madhu besiegend; etwas, das süßer ist als Honig; ein Name für *Krishna*.
Mahabharata	(sanskr.: mahābhārata) Name des großen Epos, das den Kampf der *Kauravas* mit den *Pāndavas* beschreibt. Der Verfasser soll der Heilige Vyāsa sein.
mahāprasthāna	Aufbruch zur großen Reise (ins Jenseits).
mahāpurusha	eine berühmte oder herausragende Persönlichkeit; ein Heiliger oder Weiser.
mahārāja	großer König, Herrscher, Majestät; auch eine ehrenvolle Anrede für *Sadhus*.
mahātma	„eine große Seele besitzend oder seiend"; großherzig; das höchste Selbst; Ehrenbezeichnung für bedeutende spirituelle Lehrer und Führer.
mahāyuga	ein großes Weltzeitalter; eine Zeitspanne, die vier *Yugas* umfasst.
Maheshvara	„der große Herr"; ein Name *Shivas* oder *Vishnus*.
mānasasarovara	der See des Geistes, des inneren Bewusstseins.
Mandara	„langsam, dicht, fest, stabil"; Name des Berges, der beim Quirlen des Milchmeeres als Rührstock diente.
mangalya	„das, was Glück bringt, schön, rein, heilig ist"; Eheglück, glücklicher Zustand.
Manigrīva	„der Juwelengeschmückte"; ein Sohn des Gottes *Kubera*, der zusammen mit seinem Bruder Nalakūbara von *Nārada* verflucht und von *Krishna* erlöst wurde.
manovākkāya	*(manas-vāk-kāya),* die Übereinstimmung von Geist, Stimme und Körper; Rezitieren der Namen Gottes mit vollem Gewahrsein von Gedanken, Gefühlen und Ausdruck.
Mantra	(sanskr.: mantra) wörtl.: „Denkwerkzeug"; Vers aus dem *Veda*; Gesang, heiliges Wort oder Gebetsformel.

Manu	Mensch; der Inbegriff des Menschen; der Stammvater der Menschheit.
manvantara	das Zeitalter eines *Manu*.
Māruti	„der vom Wind Abstammende"; ein Name für *Hanumān*. *Māruti* ist auch ein Beiname von *Bhīma,* dessen Vater der Gott des Windes war.
Mathurā	eine der sieben heiligen Städte Indiens; *Krishnas* Geburtsort.
matsya	Fisch; der Fisch-*Avatar Vishnus*.
Maya	Name des Baumeisters der Dämonen.
Maya	(sanskr.: māyā) Täuschung, Illusion, Schein; Schöpferkraft.
moha	Bewusstlosigkeit, Verwirrung, Verblendung, Täuschung.
moksha	Befreiung, Entkommen, Rettung, Erlösung, Freiheit. Das, was *Moha* – die Täuschung – zerstört.
muhūrta	kurze Zeitspanne, Augenblick; 1/30 eines Tages.
mukti	Lösung, Befreiung, Freiheit.
mūla	Wurzel, Basis, Beginn.
munikumāra	Sohn oder Zögling eines Muni oder *Rishi;* junger Asket.
Nakula	einer der fünf *Pāndava*-Brüder; seine Mutter war Mādrī.
Nalakūbara	s. *Manigrīva*
nāmakarana	die Zeremonie der Namensgebung eines Kindes.
Nanda	„Freude, Glücklichsein"; Name des Pflegevaters von *Krishna*.
Nandanandana	„*Nandas* Sohn; *Nandas* Freude"; die Freude, die aus dem Glücklichsein resultiert; ein Name für *Krishna*.
nara	Mann, Mensch, Held.
Nārada	einer der sieben großen *Rishis*, über den in den *Puranas* viele Geschichten berichtet werden. Er ist der Herr der himmlischen Musikanten *(gandharva).* Es heißt, dass er nach Belieben Zugang zu allen Welten hat, wobei er ständig das Lob Gottes singt.
naraka	Hölle, Unterwelt
naranārāyana	„Mensch und Gott"; die Verschmelzung und Gemeinschaft der menschlichen Seele mit Gott. Name eines *Avatars*, der sich in Gestalt von Zwillingen verkörperte. Die Bezeichnung *Nara-Nārāyana* wird auch auf *Krishna* zusammen mit *Arjuna* angewendet.
narasimha	„Mann-Löwe"; einer der *Avatare Vishnus,* der in dieser Form erschien, um seinen *Bhakta* Prahlāda vor seinem dämonischen Vater *Hiranyakashipu* zu retten.
nārāyana	eine Bezeichnung Gottes in seinem Aspekt als Urwesen, als erstgeborenes Wesen der Schöpfung, von dem alles ausgeht.
nirgunabrahman	das formlose, eigenschaftslose *Brahman*.
nirodha	Kontrolle, Unterdrückung, Zurückhalten, Eindämmung, Zerstörung; eines der zehn Merkmale der *Puranas*.

padmāsana	„Lotossitz"; eine Sitz-Position des *Yoga* mit verschränkten Beinen.
Pancajana	„fünf Völker"; Name eines Dämons, der von *Krishna* getötet wurde.
Pancanada	das Fünfstromland; das heutige Panjab.
pancaprānāh	die fünf Lebensenergieen; s. *prāna*.
Pāndava	ein Nachkomme des *Pāndu;* Bezeichnung für die Söhne des Königs *Pāndu*, die fünf Brüder Yudhishthira, *Bhīma*, *Arjuna*, *Nakula* und *Sahadeva*.
Pandit	(sanskr.: pāndita) vedischer Wissenschaftler, Gelehrter; insbesondere ein vedischer Gelehrter, der den in seiner Tradition überlieferten Text auswendiggelernt hat und frei rezitieren kann.
Pāndu	„weiß, bleich, blaß"; Name des Vaters der fünf *Pāndavas*. Er war der Bruder von *Dhritarāshtra* und *Vidura* und war König von *Hastināpura*.
pāpa	schlimm, böse; Sünde, Unheil, Leid; *Pāpa* ist eine Bezeichnung für Verstöße gegen das göttliche Gesetz, die karmische Folgen nach sich ziehen.
parabrahman	das höchste *Brahman;* das universale Absolute in seiner reinen Form.
paramahamsa	„der höchste Schwan"; ein Gottverwirklichter, der in ständiger Glückseligkeit ist.
paramātman	das höchste Selbst, der allerhöchste *Atman;* die ewige Seele, die nicht durch Raum und Zeit begrenzt ist.
Parashurāma	„Rama mit der Axt"; die sechste Inkarnation Vishnus.
parīkshā	Suche, Untersuchung, Forschung, Nachforschen, genaue Betrachtung.
Parikshit	Name eines Königs. Er war der Sohn von *Abhimanyu* und der Enkelsohn von *Arjuna*.
Pārvatī	„dem Gebirge zugehörend"; ein Name der Gemahlin *Shivas*.
pāshupatāstra	die Waffe von Pashupati *(Shiva)*, dem Herrn der Tiere; eine Bezeichnung für *Shivas* Dreizack, der die Herrschaft über die drei Zeiten – Vergangenheit, Gegenwart und Zukunft – symbolisiert.
pāvaka	„rein, klar, hell, glänzend; reinigend, läuternd"; ein Name des Feuers.
poshana	das Nähren, Erhalten, Unterstützen.
Prabhāsakshetra	ein bekannter Wallfahrtsort an der indischen Westküste, nahe *Dvārakā*.
Prajāpati	Herr der Geschöpfe, Herr des Universums; ein Name für *Brahma*, den Schöpfergott.

prakriti	Natur, Urnatur, Konstitution, Zustand, Ursache, Ursprung.
pralaya	Zerstörung, Auflösung, Vermittlung; die Auflösung der manifesten Welt am Ende eines Weltenzyklus.
prāna	Atem, Lebenskraft; die den Körper durchdringende kosmische Energie, die ihn erhält und am deutlichsten als Atem in Erscheinung tritt. Es werden fünf verschiedene *Prānas* unterschieden, die im Körper wirksam sind.
prema	Liebe; reine, unwandelbare, aufrichtige, allumfassende Liebe, die frei von Bindung ist.
prithivī	Erde, das Element der Erde; die Erdgöttin.
Prithu	„weit, breit, groß, reich"; der erste König und Städtebauer der Menschen; nach ihm wurde die Erde benannt.
pūjā	Verehrung, Zeremonie, Gottesdienst, Ritual.
punya	heilig, rein, gut, tugendhaft; Verdienst, der durch gute Handlung erworben wurde.
Purana	„uralt, urtümlich, althergebracht"; Name einer Literaturgattung, deren Texte zu den klassischen heiligen Schriften zählen.
purānapurusha	Urmensch, das ursprüngliche männliche Wesen; eine Bezeichnung für *Vishnu*.
Purandara	„die Stadt erobernd"; ein Name für *Indra*.
pūrnāhuti	„volle Opfergabe"; ein Opfer, das mit einem vollen Löffel dargebracht wird.
purushottama	die höchste Person, der höchste Geist, das höchste Selbst.
Pūtanā	„die Stinkende"; ein weiblicher Dämon
Rādhā	„Erfolg, Wohlstand, Glanz"; bevorzugte Seelengefährtin *Krishnas*; aufgrund ihrer besonderen Hingabe berühmteste der *Gopis* von *Brindāvana*.
rājarshi	*(raja-rishi)* ein königlicher Weiser; ein Angehöriger des *Kshatriya*-Standes, der durch spirituelle Lebensführung zum *Rishi* aufgestiegen ist.
rajas	„Staub"; eine der Grundeigenschaften *(guna)*, die sich im menschlichen Leben als Aktivität zeigt, insbesondere als Streben, Gier, Leidenschaft und Ruhelosigkeit.
rājasa tapas	von *Rajas* bestimmte Askese; Menschen, die den Körper quälen, ohne die Sinneseindrücke zu dämpfen und die Gefühle zu beherrschen, üben *rājasa Tapas* aus.
rājasūya	Königsweihe; das Ritual der Einsetzung eines Königs.
rākshasa	böse, dämonisch, teuflisch; Dämon, böser Geist. Im menschlichen Leben zeigen sich die *Rākshasas* als negative Eigenschaften.
Rāma	„Entzücken; das, was erfreut"; der siebente *Avatar Vishnus*.
rasa	Saft, Flüssigkeit; Geschmack, Genuss; Leidenschaft, Liebesverlangen; Freude, Gefühl; die Erfahrung über-

	sinnlicher Freude in einem Zustand der Vereinigung mit Gott.
rāsakrīdā	(auch: *rāsalīlā*) Spiel, Liebesspiel; *Krishnas* göttliches Tanzspiel mit den *Gopis* von *Brindāvana*.
Rāvana	„Schreien oder Weinen verursachend"; ein Dämonenkönig, der *Rāmas* Gemahlin *Sītā* raubte und nach *Lankā* entführte.
Rishi	(sanskr.: rishi) Seher; insbesondere die Seher, denen die vedischen Hymnen offenbart wurden.
ritvij	Priester, Opferpriester.
Rohinī	*Balarāmas* Mutter; eine Gemahlin *Vasudevas*, die in *Brindāvana* lebte.
Rudra	„der Schreckliche, der Heuler"; eine Bezeichnung für *Shiva* in seinem zerstörerischen Aspekt.
Rukminī	„die Goldgeschmückte"; *Krishnas* Hauptgemahlin, mit der er in *Dvārakā* lebte.
sādhaka	wirkungsvoll, effizient, erfüllend; ein Strebender, Gottsuchender, der sich ernsthaft um Fortschritt bemüht. Im allgemeinen ist ein *Sādhaka* jemand, der zu einer regelmäßigen spirituellen Praxis gefunden hat.
sādhana	spirituelle Praxis, Übung, Bemühung, Disziplin.
Sadhu	(sanskr.: sādhu) gut, tugendhaft; tugendhafter Mensch, Weiser, Heiliger.
sādhvīmani	ein Juwel unter den tugendhaften Frauen.
Sahadeva	der jüngste der *Pāndava*-Brüder, ein Zwillingsbruder von *Nakula*.
samādhi	Sammlung, Einheitserfahrung, reines Bewusstsein; Zustand der Glückseligkeit, Ausgewogenheit, Stille und Wachheit jenseits der Dualität.
samdhyā	Vereinigung, Gelenk; Dämmerung, Übergangszeit.
samdhyāvandana	Gottesdienst, Verehrung zur Zeit der Morgen- und Abenddämmerung sowie am Mittag, der auch eine Übergangszeit ist.
Samkarshana	das Herbeiholen, Zusammenbringen; das Sichangezogenfühlen; ein Name von *Balarāma*, dem Bruder *Krishnas*.
samsāra	Wanderung, Kreislauf, Wandel; die objektive Welt, die weltliche Existenz; der Kreislauf von Geburt und Tod.
Sandīpani	„erleuchtend, entzündend"; Name des Lehrers von *Krishna* und *Balarāma*.
Sanjaya	einer, der seine Sinne völlig beherrscht; jemand, der den Sieg errungen hat; Name des Wagenlenkers und Vertrauten von König *Dhritarāshtra*. Da das Leben des Kriegers auf dem Schlachtfeld sehr von der Geschicklichkeit seines Wagenlenkers abhing, war dieser stets auch ein intimer Freund und Vertrauter.

saptarshi	die sieben *Rishis*.
sarga	Entlassen, Hervorkommen, das In-Erscheinung-Treten; die Schöpfung, der Schöpfungsprozeß.
sarvam sajīvam	„alles ist mit Leben ausgestattet; alles lebt."
sat-cit-ānanda	Sein-Bewusstsein-Glückseligkeit.
sattva	Sein, Natur, Konstitution; Güte, Tugend, Wahrheit; Stärke, Energie; im Kontext der Lehre von den drei *Gunas* ist *Sattva* die Qualität der Ausgewogenheit, der Reinheit und Klarheit.
sāttvika tapas	spirituelle Bemühung, die von der *Sattva*-Qualität bestimmt ist. *Sāttvika Tapas* beinhaltet zwar auch Disziplin und Mut, ist aber frei von jeder Selbstzerstörung und Selbstverneinung.
Satyabhāmā	eine von *Krishnas* Gemahlinnen.
saumya	schön, angenehm, sanft, mild, glückverheißend; dem Mond zugehörig.
Shabarī	„die Scheckige, Mehrfarbige, Gefleckte"; Angehörige des Shabara-Volksstammes, der durch Kastenvermischung entstand und daher als verachtenswert angesehen wurde. Eine Frau namens *Shabarī* lebte zu Zeiten des *Rāma-Avatars*. Sie hatte ihr ganzes Leben dem Dienst an Gott geweiht, und ihr ganzes Sehnen und Trachten galt dem *Rāma-Avatar*, den sie in hohem Alter noch in ihrer Einsiedelei empfangen durfte.
Shakatāsura	„der Wagen-Dämon"; ein Dämon, der die Gestalt eines prächtigen Wagens annahm. Der drei Monate alte *Krishna* wurde im Schatten dieses Wagens zum Schlaf gebettet. Mit einem Fusstritt vernichtete der kleine *Krishna* den Dämon.
shakti	Kraft, Macht, Fähigkeit, göttliche Energie, Stärke; ein Name für *Shivas* Gemahlin.
Shalya	„Dorn, Pfeil, Stachel"; ein König, Onkel der *Pāndavas*, der als *Karnas* Wagenlenker auf der Seite der *Kauravas* kämpfte. Er wird mit *Ashvatthāman* zusammen zu den blutrünstigsten Kriegern des *Mahabharata* gerechnet. Nur mit *Krishnas* Hilfe konnte Yudhisthira ihn besiegen.
Shamīka	Name des *Rishi*, von dessen Sohn *Parikshit* verflucht wurde.
Shankara	Heil, Frieden bringend; ein Name *Shivas*.
shankha	Schneckenmuschel, Muschelhorn; eines der Attribute *Vishnus*.
Shastra	(sanskr.: shāstra) Gebot, Befehl, Regel; heilige Schrift, Lehrbuch; Sittengesetze; die *Shastras* enthalten Aussagen der Veden und des *Vedanta*. Sie gehen oft auf alte Seher, Weise und Heilige zurück und besitzen daher eine große Autorität. Der spirituell Strebende sollte seine persönlichen Erfahrungen immer anhand von *Shastras*, egal welcher

	Tradition sie entstammen, prüfen, um auf seinem Weg nicht in die Irre zu gehen.
Shatarūpa	„hundert Formen, hundertfältig"; Name der ersten Frau, der Stammutter der Menschheit.
Shatrughna	„Feindestöter"; *Rāmas* Halbbruder, Zwillingsbruder von *Lakshmana*.
shesha	„Rest, Ende, Ziel, Tod"; s. *Ādishesha*.
Shishupāla	„Beschützer des Kleinkindes"; ein König des *Yādava*-Stammes, der *Krishna* hasste und sein ganzes Leben lang nur danach trachtete, ihn zu schmähen. *Krishna* tötete ihn schließlich mit seinem Sudharshana-*Cakra*, wobei alle Anwesenden sehen konnten, dass *Shishupāla* im Tode in *Krishna* aufging. *Krishna* erklärte, dass das geschehen sei, weil *Shishupāla* ständig nur an ihn gedacht hatte. *Shishupāla* war einst *Vishnus* Torwächter in *Vaikuntha* gewesen. Aufgrund eines Fluches musste er dreimal als dämonisches Wesen auf Erden geboren werden: als *Hiranyakashipu*, als *Rāvana* und als *Shishupāla*. Jedesmal wurde er von einer Verkörperung *Vishnus* selbst getötet: von *Narasimha*, von *Rāma* und von *Krishna*.
Shiva	„gütig, freundlich, gnädig, segensreich"; in der Drei-Einheit von *Brahma, Vishnu* und *Shiva* stellt *Shiva* den auflösenden und transformierenden Aspekt dar. Seine segenbringende Natur zeigt sich vor allem im Vernichten der Unwissenheit und in der Weltzugewandtheit des Menschen. Als der Ewig-Gütige, Unerschütterliche und Ausgeglichene ist er der Herr aller *Yogis*.
shrī	Reichtum, Majestät, Würde, Schönheit, Glanz; ein Ehrentitel; *Shrī* ist auch ein Name der Göttin *Lakshmī*.
Shringi	der Sohn des *Rishi Shamīka*, der den Fluch über *Parikshit* aussprach.
shruti	das Hören, das Gehörte, der Klang; eine Bezeichnung für die Veden, deren ewiger heiliger Klang von den *Rishis* „gehört" wurde.
shūdra	ein Mitglied des vierten Standes. Die *Shūdras* bilden die Grundlage für menschliches Wohlergehen durch dienende Tätigkeiten.
Shuka, Shukadeva	„Papagei"; *Shukadeva,* der Sohn des *Rishi Vyāsa*, erzählt *Parikshit* das *Bhāgavatapurāna*. In der traditionellen indischen Dichtkunst wie in der Malerei gilt der Papagei als Liebesvogel und als Sinnbild für *Japa*, denn es war üblich, dass junge Frauen ihrem Papagei den Namen ihres Geliebten beibrachten, um ihn ständig zu hören.

Shūrasena	„starkes Heer, ein Heer von Helden"; Name eines Volkes und Staates am *Yamuna*-Fluss. Die Hauptstadt des Staates war *Mathurā*.
Shyāmasundara	„der mit einer wunderschönen dunklen, blauen Hautfärbung"; ein Name *Krishnas*.
Sītā	„Ackerfurche"; die treue Gemahlin *Rāmas*. Sie erhielt diesen Namen, weil sie beim Pflügen aus der Erde hervorkam. *Sītā* versinnbildlicht die Natur *(prakriti)*, die nie von Gott getrennt sein sollte und sich auch nicht trennen will. *Sītā* folgte ihrem Gemahl *Rāma* in die Verbannung in die Wälder, wo sie von *Rāvana* geraubt wurde. Nachdem *Rāma* sie zurückerobert hatte und mit ihr in sein Königreich zurückgekehrt war, zweifelte einer seiner Untertanen ihre Reinheit an, weil sie auf *Rāvanas* Grundstück gewohnt hatte. Darum schickte *Rāma* sie allein in die Verbannung. Schließlich kehrte sie wieder in die Erde zurück, aus der sie hervorgegangen war.
srishti	Schöpfung, Erschaffung, Entstehung.
sthāna	das Stehen, Feststehen; Zustand; Objekt.
sthitaprajna	eine sichere, feste Urteilsfähigkeit besitzend, unbeirrt; unbewegt durch die Aufregung der Gefühle; jemand, der in der Weisheit des *Atman* fest gegründet ist, der sich weder durch Freude erregen noch durch Sorgen niederdrücken lässt.
Subadhrā	„sehr segenbringend"; Name der Schwester *Krishnas*. *Subadhrā* war eine Gemahlin *Arjunas*. *Abhimanyu, Parikshits* Vater, war ihr Sohn.
sūrya	Sonne, der Sonnengott.
svārājya	Selbstbeherrschung, Unabhängigkeit; politische Unabhängigkeit.
Takshaka	„Zimmermann", Name eines Schlangenkönigs; s. *Khāndava*-Wald.
tamas	Finsternis, Verblendung, Unwissenheit; der materiebezogene Aspekt der drei *Gunas,* die dumpfen, inaktiven Kräfte in der Natur.
tāmasa tapas	Askese, spirituelle Praxis, die von niederen Motiven, von *Tamas*, bestimmt wird.
tapas	Hitze, Glut, Erhitzung; spirituelle Praxis, Disziplin; Askese, asketische Übung.
tat	„Das"; in den vedischen Texten wird *tat* häufig benutzt, um das unaussprechliche Seinsprinzip, das unergründliche Geheimnis des unendlichen Absoluten zu bezeichnen.
Tretāyuga	das zweite der vier Weltzeitalter.

Trināvarta	Name eines Dämons, der in Gestalt eines Wirbelsturms nach *Gokula* kam und *Krishna* mit sich forttrug. *Krishna* wurde in seinen Armen immer schwerer, so dass der Dämon wieder zur Erde niedersinken musste, wobei *Krishna* ihn erwürgte.
Tripitaka	„die drei Körbe"; eine Sammlung von drei heiligen Schriften; die heilige Schrift der Buddhisten.
tvam	„Du"; so wie *tat* als Bezeichnung des Absoluten benutzt wird, steht *tvam* für die Dualität.
tyāga	Entsagung, Loslösung, Aufgeben aller Bindungen und Loslassen von Wünschen und Begierden.
Uddhava	„Opferfeuer; Fest, Feier; Freude"; Name eines Mannes aus dem *Yādava*-Stamm, der *Krishnas* Freund und Berater war.
upādhi	Hinzufügung; Erscheinung, Ersatz, Verhüllung; Eigenschaft, Attribut, Verkleidung.
upanayana	das Herbeiführen, Näherheranbringen; das Führen des Schülers zum Lehrer *(Guru)*; Einführungszeremonie, Einweihung.
Upapurāna	s. *Purana*
upavāsa	Fasten, Abstinenz; *Upavāsa* als spirituelle Übung umfasst Enthaltsamkeit von allem, was die Sinne anregt, z.B. Blumen, Salben, Duftöle, Schmuck, Betelkauen, Musik, Tanzen usw.
Upaveda	untergeordneter *Veda;* zu den vier *Upavedas* gehören: 1. der *Āyurveda*, das System der Heilkunde, 2. der Gandharvaveda, der sich mit Musik und Tanz befasst, 3. der Dhanurveda, der vom Bogenschießen und der Kriegskunst handelt, 4. der Sthāpatyaveda, der Architektur und Bauplanung umfasst.
Ūrmilā	Name der Schwester von *Sītā*; Gemahlin des *Lakshmana*.
ūti	Weben; Freude, Hilfe, Gunst; das Weben des Schicksals
Uttara	Name eines Onkels von *Parikshit*; der Bruder von *Uttarā*, *Parikshits* Mutter.
Uttarā	„Norden, nördlich"; *Parikshits* Mutter, die Tochter des Königs *Virāta*.
vaidya	„der Wissende"; Bezeichnung für einen *Ayurveda*-Arzt.
Vaikuntha	Himmel; *Vishnus* Himmelsebene, ein Bereich, in dem es keinen Schatten, kein Leid und keinen Schmerz gibt.
Vajra	„Donnerkeil"; Name des Urenkels von *Krishna*. Er war der einzige Überlebende des *Yādava*-Stammes.
vajrayoga	Bezeichnung für eine bestimmte Planetenkonstellation; wer unter dieser Konstellation geboren ist, wird u.a. „am Anfang wie am Ende seines Lebens glücklich sein, ist mutig, anmu-

	tig und heldenhaft, hegt keine Wünsche und wird allen Reichtum aufgeben" (zitiert aus „Parāshara horāshāstra").
Vāmana	klein, kurz; Zwerg; Name eines *Vishnu-Avatars* in Zwergengestalt.
Varāha	Eber; die dritte Inkarnation *Vishnus* in Gestalt eines Ebers.
Vasishtha	der Höchste, Beste, Reichste; Name eines berühmten Heiligen und Sehers; einer der sieben *Rishis*.
Vasudeva	Name des Vaters von *Krishna;* ein Name für den Gott des (materiellen) Reichtums; der Name leitet sich ab von Vasu = gut, strahlend, wohltuend; Reichtum, Wohlstand.
Vāsudeva	„der Sohn von *Vasudeva*", ein Name für *Krishna*; eine Bezeichnung für *Vishnu*, der in allen Wesen wohnt (abgeleitet aus der Sanskritwurzel „vas" = wohnen, bleiben).
Veda	Wissen, spirituelle Erkenntnis; Bezeichnung für die Gesamtheit der ältesten indischen Texte, die nicht-menschlicher (göttlicher) Abstammung sind.
Vedanta	(sanskr.: vedānta) das Ziel, Ende des *Veda*, des heiligen Wissens; Bezeichnung für die abschließenden Texte der *Shruti*, die Upanishaden.
Vena	„Wunsch, Verlangen, Sehnsucht"; Name eines Herrschers, der durch irreligiösen Lebenswandel den Verfall der Kasten herbeigeführt haben soll und deshalb von den *Rishis* seines Landes mit *Mantren* getötet wurde. Er hinterließ keine Nachkommen, darum rieben die Weisen seinen toten Körper, aus dem daraufhin *Prithu* als sein Sohn hervorging.
Vibhīshana	„der Schreckliche"; ein Dämon, Bruder von *Rāvana*; *Vibhīshana* war *Rāma* treu ergeben und wurde nach *Rāvanas* Tod von *Rāma* zum König von *Lankā* ernannt.
Vidura	„weise, klug"; Name des Bruders von *Pāndu* und *Dhritarāshtra*.
vīnā	ein traditionelles Musikinstrument mit vier Saiten.
Virāta	Name eines Königs, bei dem die *Pāndavas* das dreizehnte Jahr ihrer Verbannung verbrachten und der sich mit ihnen verbündete. Er war der Vater von *Uttarā*, der Mutter *Parikshits*.
visarga	Geschenk; Schöpfung, Erschaffung; Schöpfung im konkreten Sinne; Nachkommenschaft.
Vishnu	der alles Durchdringende; der Erhalter der Schöpfung, der sich als solcher von Zeit zu Zeit inkarniert. Die Tradition kennt zehn solcher Inkarnationen *(Avatare)*.
vishnumāyā	die Schöpferkraft *Vishnus;* die Täuschung der Relativität, die aus *Vishnu* hervortritt.

Vishvāmitra	„der Freund von allem"; Name eines Heiligen, der als *Kshatriya* geboren wurde, durch intensives *Tapas* zum *Brahmarshi* aufstieg und so zu einem der sieben großen *Rishis* wurde.
Vraja	„Menge, Herde, Kuhstall"; Name der Gegend, in der *Krishna* als Hirtenknabe lebte.
Vrishabhendrapura	„Stadt des Königs der Stiere"; Name des Wohnorts von *Rādhā*.
yādava	von *Yadu* abstammend; Nachkomme des *Yadu;* eine Bezeichnung für *Krishna*.
Yadu	Name eines Königs aus der Mond-Dynastie.
yāga	Opfergabe, Opfer, Opferzeremonie.
yajna	Opfer, Ritual, Gottesdienst; Verehrung, Hingabe, Gebet, Lobpreis.
yajnashālā	Opferhalle.
yajnasvarūpa	die Verkörperung des *Yajna*.
Yama	Zügel, Zügellenker; der Gott des Todes, König der Toten und der Unterwelt.
yāma	der achte Teil eines Tages, eine Zeiteinheit von drei Stunden.
Yamuna	ein Nebenfluss des Ganges, an dessen Ufern *Krishna* seine Kindheit verbrachte.
Yashodā	„die Ruhmbringende"; Name der Pflegemutter *Krishnas*, der Gemahlin von *Nanda*.
Yoga	(sanskr.: yoga) Vereinigung, Verbindung, Kontakt; unter dem Begriff *Yoga* werden die Übungen, Praktiken und Disziplinen zusammengefasst, mit denen der Kontakt zum Selbst *(ātman)* bzw. zu Gott hergestellt werden soll. In der vedischen Astrologie werden bestimmte Planetenverbindungen als *Yoga* bezeichnet.
Yogi	(sanskr.: yogin) jemand, der *Yoga* praktiziert bzw. darin Vollendung erlangt hat.
yuga	Joch; Generation; Zeitalter, Weltzeitalter; nach den Lehren der *Puranas* gibt es im Zyklus der Schöpfung vier *Yugas* (*Kritayuga, Tretāyuga, Dvāparayuga* und *Kaliyuga*), die zusammen ein *Mahāyuga*, ein großes Weltzeitalter bilden.
yugāvatāra	die göttliche Inkarnation eines Zeitalters; ein *Avatar*, der kommt, um eine Epoche zu beschließen und eine andere einzuleiten.
yukti	Verbindung, Vorrichtung, Mittel, Vorbereitung; Nachdenken, Meditation.
Zend Awesta	die heilige Schrift der Parsen. Die Religion der Parsen, die auf den Religionsstifter Zarathustra (Zoroaster) zurückgeht, ist heute noch in Indien verbreitet.